KB064613

Affluenza

국립중앙도서관 출판시도서목록(CIP)

소비중독 바이러스 어플루엔자 / 지은이: 존 드 그라프, 데이비드
왠, 토마스 네일러 ; 옮긴이: 박웅희. – 고양 : 나무처럼, 2010
p. ; cm

원표제: Affluenza : the all consuming epidemic
원저자명: John De Graaf, David Wann, Thomas H. Naylor
영어 원작을 한국어로 번역
ISBN 978-89-92877-15-2 03330 : \20000

소비[消費]
소비 문화[消費文化]

321.89-KDC5
339.47-DDC21 CIP2010004307

이 도서의 국립중앙도서관 출판시도서목록(CIP)은
e-CIP 홈페이지(http://www.nl.go.kr/ecip)에서 이용하실 수 있습니다.
(CIP제어번호: CIP2010004307)

소비중독 바이러스
어플루엔자

존 드 그라프 · 데이비드 왠 · 토머스 네일러 지음 | 박웅희 옮김

나무처럼
Namubooks

소비중독 바이러스 어플루엔자

초판 1쇄 발행 2010년 11월 30일　초판 2쇄 인쇄 2012년 05월 10일
지은이 존 드 그라프 · 데이비드 왠 · 토머스 네일러　옮긴이 박웅희
펴낸이 엄민영　펴낸곳 나무처럼　디자인 오필민디자인
주소 서울 마포구 서교동 377-13 성은빌딩 102호(121-894)
전화 02) 337-7279　팩스 02) 337-7230　메일 namubooks@naver.com

ISBN 978-89-92877-15-2

In memory of

DAVID ROSS BROWER

데이비드 브라워를 기리며

(1912~2000)

20세기 사상과 실천의 거목인 데이비드 브라워를 기리며

그는 언젠가 이런 날이 오기를 희망했다.

우리가 다양한 방법으로 빠르게 지구를 정복하거나

소유와 집착에 연연하는 것이 진정한 진보가 아님을 깨닫고

진보란 진실을 찾는 수단으로

삶의 평온과 사랑, 존경을 찾는 길이요

항구적인 조화를 함께 누리는 것이니…

And in memory of

DONELLA MEADOWS

도넬라 메도스를 기리며

(1941~2001)

과학자이자 양치기였던 도넬라 메도스는 우리 모두에게

지속가능한 사회로 가는 길을 제시했다.

추천의 글

처음 TV프로그램 〈어플루엔자〉의 진행을 맡아달라는 제안을 받았을 때는 미지근한 뿌리차 한 잔을 받은 느낌이었다. 홀짝일 때마다 인상을 찌푸리게 하는 쓰디쓴 차 같다고나 할까. 이런 생각을 하고 있는데 한쪽에서는 흙투성이 샌들을 신고 재활용 페트병으로 만든 우중충한 파카를 걸친 열성 환경운동가들이 커피숍이나 쇼핑몰에 들어가는 죄 없는 행인에게 "물질 숭배자! 탐욕스런 낭비가! 지구를 오염시키는 악당!"이라고 호통을 쳐댔다. 프로그램 기획안을 펼쳐보니 내 일정을 소란스럽게 하고도 남을 활동으로 가득 채워져 있었다.

전에도 이 제작진과 함께 작업한 적이 있었다. 그들과 보낸 시간은 즐거웠고 나는 그들을 좋아하고 존경했다. 기획안을 읽고 마음이 움직였다. 그들이 제안한 프로그램은 위트 있고 느낌이 풍부했으며 독창적이었다. 무겁지 않으면서도 핵심을 찔렀으며 성격이 뚜렷했다. 기획안은 나를 사로잡았고 나는 제안을 받아들였다. 그러면서도 〈어플루엔자〉가 그리 큰 관심을 끌리라고는 생각지 못했다. 기껏해야 일부 관심 있는 시청자에게 중요한 볼거리와 견해를 제공하는 것이 고작일 성싶었다. 대다수 방송 프로그램이 그렇듯이 프로그램 역시 조그마한 파장만 남긴 채 증발할 거라 생각했다.

내가 간과한 건 바로 시기였다. 〈어플루엔자〉를 방영한 1990년대는 많은 미국인이 두둑한 은행계좌를 가졌음에도 내적으로 공허하다고 느끼던 시기였다. 쇼핑과 주식투자가 국민적 오락이다시피 했고, 많은 사람이 단지 물질을 얻기 위해 자산을 현금으로 바꾸고 일상의 난폭한 투쟁에 열중하고 있었다. 그런데 예상을 뒤엎고 〈어플루엔자〉는 열렬한 반응을 불러일으켰다. 토론 그룹이 소집되고 녹화테이프와 방송원고가 나돌았다. 별생각 없이 방송 프로그램의 번득이는 기지에 이끌렸던 시청자는 〈어플루엔자〉가 양심을 자극한다는 것을 깨달았다.

이 책은 이렇게 정신과 마음에 〈어플루엔자〉 사고방식을 받아들인 사람들로부터 얻어낸 유쾌한 호기심의 결과물이다. 이 책에는 도시를 개혁하고 세법체계를 다시 짜서 경쟁보다는 공유를 강조해 새로운 공동체를 건설하자는 제안을 담았다. 하지만 좀더 안락하고 행복한 인생을 살고자 열심히 일하는 사람들에게까지 손가락질하는 책은 아니다. 오히려 그 반대로 이 책 『소비중독 바이러스 어플루엔자』는 인간적인 욕망을 존중한다. 다만 썩어문드러질 시중의 상품이 아닌, 진정하고 영구적인 안락함과 고상함, 즐거움을 얻는 방법을 창출하려고 노력한다. 실질가치로 보면 이 책은 대다수 신생기업이나 닷컴기업보다 더 큰 가치를 창출한다. 그 가치란 바로 우리 인생의 진정한 행복을 산출하는 새로운 계산법이다.

스콧 사이먼
내셔널 퍼블릭 라디오 방송진행자

개정판을 내며

10년 전 공동저자 존 드 그라프와 내가 방송국 구내식당에서 커피잔을 앞에 두고 "너무 많이 사고, 소유하고, 낭비하는" 미국인의 생활습관을 다큐멘터리로 제작할 것을 의논하던 때를 돌아보건대, 그간 참 많은 성과가 있었다.

긍정적인 면을 보면, 현재 수많은 단체가 단순한 삶simplicity, 지속가능한 생활방식, 녹색 소비 등을 전파하고자 적극적으로 활동하고 있다. 2001년에 존과 나는 단순한 삶을 고민하는 저술가, 미술가, 활동가와 함께 '단순한 삶 포럼Simplicity Forum'을 시작했다. 잡지를 보면 자동차, 컴퓨터, 머리염색제 같은 상업성이 아주 강한 업체까지 나서 자사제품이 단순한 삶을 보장한다고 광고한다. 우리 포럼의 회원은 이런 사태 발전이 당혹스럽다. 우리는 성공하고 있는 것일까, 아니면 게걸스런 상업 기계에 오히려 먹히는 것일까?

다른 여러 트렌드를 보면 글로벌 경제라는 쓰나미가 단순한 삶을 지향하는 트렌드를 집어삼켰다고 볼 수 있다. 괴물 같은 SUV 허머가 날로 늘어나고 있다. 미국의 저축률은 제로에 가깝고 가계부채는 증가하고 있다. 국가부채 역시 공화당 출신 대통령이 백악관을 차지하고서는 방향이 묘하게 바뀌었다. 이 책을 쓰는 지금, 보수적인 재정정책을 지지하는 공화당 정부가 글로벌 차원의 대테러 전쟁을 수행하면서 서서히 적자를 늘리고 있다. 사실, 9·11 이후 미국이 대응을 잘못하면서 (그동안 어렵게나마 사회와 환경 분야의 입법으로, 조금씩 물질적으로 신중해지고 정신적으로 관대해지던 우리는) 어느새 반세기 정도 과거로 후퇴했다. 조지 W. 부시 정권하의 미국은 요새를 무장하는 데만 정신이 팔려 사회적 약자(혹은 나무나 아동, 멸종 위기에 처한 종)를 지원하는 정책을 폐지하고 있다.

이런 시대에 당근과 채찍을 어떻게 결합해야 대중의 관심을 끌 수 있을지 참으로 난감하다. 꼭 맞벌이해야만 과중한 주택담보대출과 의료보험, (집요한 판촉과 상술에 넘어간) 아이들 등쌀에 사줄 수밖에 없는 그 많은 게임을 겨우 감당할 수 있으니 가계 사정은 갈수록 나빠진다. 그런데도 가족을 중시하는 미국인이 오히려 삶의 질을 개악하는 정책을 지지한다. 사실 미국에서는 요람에서 무덤까지 삶의 모든 영역을 상업화하려는 압력 때문에 우리 모두 의기가 꺾이고 안전이 취약해졌으며 소속감이 약해지고 생활환경 자체가 불량해졌다. 그래도 우리는 그 방식을 고치려 하지 않는다. 물론 우리 개인은 소비 규모를 적정하게 유지한다고 할지 모르지만, 전체적으로는 갈수록 더 큰 글로벌 골칫거리가 되고 있다.

어플루엔자가 해결하기 어려운 다른 사회 문제와 비슷하다면 이 문제를 효과적으로 해결한 사례에서 교훈을 얻을 수도 있지 않을까. 예를 들어, 어플루엔자는 흡연과 비슷할까? 흡연의 나쁜 영향이 분명하게 드러나면서 흡연반대 단체는 담뱃갑에 경고문을 붙이도록 의회에 압력을 가했다. 간접흡연의 폐해가 밝혀지자 우리는 흡연자가 비흡연자에게 해를 끼칠 정도에 한도를 설정했다. 어플루엔자는 흡연과 어떻게 비슷한가? 어플루엔자는 검약하고 합리적인 소비자를 원치 않는 광고와 쇼핑몰에 노출시키고 그로 말미암은 어플루엔자의 부작용을 치유하느라 사회적 비용을 발생시킨다. 애석하게도, 우리는 무차별 소비junk consumption에 아직 사회적 차원의 제한을 가하지 못하지만, 이것이 사람은 물론 다른 생물에도 해독을 끼치고 있음은 명백하다. 어플루엔자는 쓰레기와 독성물질의 발생, 천연자원의 고갈, 쓰레기매립사업에 붐을 조성함으로써 우리 모두를 위험에 빠뜨린다. 그런데 우리는 그 문제를, 개인의 선택이나 오염 요소가 있거나 과포장 상품의 구매를 삼가는 정도로, 절조 있는 사람들에게 맡긴다. 그렇다면 우리는 보채는 아이를 달래며 어렵게 무해한 제품을 찾아내어 웃돈을 얹어주면서까지 살 수밖에 없다.

흡연 문제에서는 쉽게 담배를 주범으로 지목하고 그 생산과 소비를 추적할 수 있지만, 앞으로 알 수 있듯이, 어플루엔자 문제는 단순하지 않다. 어플루엔자 때문에 사랑하는 사람이 죽는 일은 없어서인지 몰라도 우리의 정치적 열정은 타오르지 않는다. 하지만 이 책을 읽으면 어떻게 변해야 하는지, 그리고 의회 의원을 포함한 다른 사람들이 어떻게 변해야 하는지도 아주 분명해질 것이다.

어쩌면 어플루엔자는 성관계로 전염되는 질병에 더 가까울 수 있다. 단기적으로는 기분 좋은 어떤 것이, 장기적으로는 고통스럽고 심지어 치명적이기까지 하다. 많은 무방비 섹스가 콘돔을 자기 주머니나 지갑에 가진 사람 사이에 일어난다. 그들은 그걸 쓰면 느낌이 좋지 않다고 한다. 마찬가지로, 무분별한 쇼핑은 한도 남은 카드가 한 장밖에 없는 사람 사이에서 일어난다. 우리에게는 "이웃에 뒤처지지 않으려는" 충동이 있기 때문에 가까이만 있어도 어플루엔자에 감염되는 것이다.

설문조사 결과를 보면, 남이 소비를 줄이면 자기도 흔쾌히 그러겠다는 사람이 많은 것을 알 수 있다. 자, 그럼 모두 함께 하나… 둘… 셋! 이제 더 적게 사고, 연비가 더 높은 차를 삽시다.

사실, 사람들이 SUV를 사는 공통된 이유 하나는 다른 차와 충돌했을 때 살아날 확률을 높이자는 것이다. 다른 사람이 소비를 늘릴 때 우리도 소비를 늘리는 것은 생명까진 아니더라도 우리의 지위라도 유지해 보자는 것이다. 어플루엔자가 목숨을 위협하거나 몸을 쇠약하게 한다면, 그건 공중보건 문제이다. 우리는 문화와 정치 지도자들을 통해 집단 의지를 표출함으로써 그것과 싸워야 한다.

만약 쇼핑이 기쁨과 슬픔, 행운과 불운, 절망과 희망에 대한 반응이라면, 그건 일종의 약물오남용substance abuse이다. 과중한 업무, 스트레스, 인간관계 상실, 채무 등이 결합해 우리의 삶을 갈수록 더 악화시킨다. 사회 전체로 보아도 마찬가지다. 우리는 농토에서 지나치게 많이 수확하고, 광산에서 지나치게 많이 캐내며, 건물을 지나치게 많이 짓고, 대기를 지나치게 뜨겁게 가열하며, 천식, 암, 자가면역 질병의 증가로 고생한다. 이 모든 것이 다른 요인과 함께 윤택한 삶을 지탱하고 조상이 물려준 건강한 지구를 다음 세대에 전할 능력을 고갈시킨다. 이 책을 내는 하나의 바람은 우리가 이미 바닥에 이르렀음을 되도록 자상하고 재미있게 보여주는 것이다.

마지막으로 『소비중독 바이러스 어플루엔자』는 일종의 중재명령으로, 친절하고 확고한 태도로 소비 때문에 발생하는 문제를 직시하라고 요구한다. 이 책은 우리를 조롱하지 않지만, 사정을 봐 주지도 않는다. 그리고 다른 약물오남용에 대한 중재와 마찬가지로 경험과 희망, 그리고 치유 "프로그램"을 통해 악습을 버리고 자기 존중, 성실성, 소속감을 회복한 사람들의 긍정적인 에너지를 제공한다. 책 뒷부분에 제공한 프로그램은 개인 차원에서 선택을 바르게 하는 것에서부터, 우리를 윤택하고 공정하며 지속가능한 미래로 밀어가는 모든 행동에 상을 주도록 게임규칙을 바꾸는 것에 이르기까지 여러 수준에서 작용한다. 그러니 즐기시라! 이 책은 어려운 문제를 다루는 양서지만… 약간의 유머를 섞었으니 이 약을 넘기는 것이 좀더 수월할 것이다.

비키 로빈
『돈이냐 삶이냐』의 저자

저자의 말

이 글을 쓰고 있는데 뉴스 하나가 책상에 놓인다. 체코 출신 슈퍼모델 페트라 넴코바를 다룬 기사다. 얼마 전까지만 해도 그녀는 그 미모 덕에 호사를 누리며 살았다. 호화 유람을 즐기고 최고급 의상만 입었다. 그러던 중에 태국의 푸껫에서 휴가를 보내는데, 하필 그때 동남아에 거대한 쓰나미가 밀어닥쳐 남자친구가 파도에 쓸려 죽었다. 넴코바는 심한 상처를 입었지만 8시간 동안 야자나무를 붙들고 버틴 끝에 구조대의 도움으로 겨우 목숨을 건졌다. 퇴원하자 그녀는 기자들 앞에서 그 비극으로 자신은 완전히 딴사람이 되었다고 밝히며 이후로는 모델 일을 하지 않고 UN 구호활동에 참여하겠고 했다. "과거의 생활방식이나 명성, 재산은 이제 관심 없어요. 정말이에요! 그런 건 전혀 중요하지 않습니다. 세상에는 그런 것보다 중요한 것이 아주 많아요. 건강이나 사랑, 마음의 평화 같은 것 말이에요."

어플루엔자 시대에 우리가 모두 배워야 할 교훈이다. 책상 위에는 초대장도 하나 놓여 있다. 리드 웨스트의 백만장자 강습에 무료로 참석할 수 있는 표를 몇 장 제공한다는 내용이다. 참석하면 소득세를 31퍼센트나 절감하고 이자소득세를 한 푼도 내지 않는 방법을 배울 수 있다고 한다. 좋은 이야기이긴 하지만, 모두 세금을 내지 않으면 학교와 공원, 공공편의시설은 어떻게 운영할 것인가. 더구나 무분별한 소비도 훨씬 많아지리라. 부유하다고 해서 행복한 건 아니다. 형편이 어려운 사람과 함께 나누고, 공동선을 위해 건설하고, 친구 사이에, 그리고 가정과 사회에서 우애가 넘치는 생활을 하는 것이 바람직한 삶이다. 나는 누구에게도 쓰나미가 닥치기를 바라지 않을뿐더러 페드라 넴코바가 비극을 겪으며 깨달은 바를 배워야 한다고 생각한다.

영상물은 책에서 출발하는 것이 보통이지만 이 책은 거꾸로 영상물에서 출발했다. 1996년, 나는 동료 프로듀서인 비비아 보와 함께 미국 사회의 과소비와 그 폐해에 관한 다큐멘터리를 제작하기로 했다. 조사 결과 우리는 이 주제 범위가 굉장히 넓다는 것을 알았다. 미국인의 생활을 어떤 사회적·환경적 주제보다도 다양한 측면에서 조명했기 때문이다.

이 주제를 어떻게 이해할 것인가? 어떻게 해야 시청자가 '소비욕' 때문에 발생하는 복잡한 문제를, 또 그 문제의 연관성을 이해할 수 있을까? 프로그램의 3분의 2가량을 촬영하고서도 우리는 여전히 광범위한 취재내용을 어떻게 편집할지 고민했다. 그런데 촬영차 시애틀에서 워싱턴으로 가는 비행기에서 어떤 기사를 읽다가 '어플루엔자affluenza' 라는 단어가 눈에 띄었다. 순간 만화에서처럼 전구가 '반짝' 머리 위에 켜지는 느낌을 받았다. 그래, 바로 이거다! 어플루엔자! 용어 자체가 재미있어 TV프로그램 제목으로 그만일 뿐만 아니라, 단 한마디로 과소비에서 비롯한 질병임을 나타낼 수 있는 단어였다.

비비아와 나는 과소비의 해악을 더욱 분명하게 알릴 방법에 의

견일치를 보았다. 즉 과소비 문제를 유행병 수준에 이른 바이러스 증후군으로 보는 것이다. 그러면 우리는 이 병이 어디에서 비롯해, 어떻게, 왜 퍼지는지, 무엇이 병을 옮기고, 어느 곳이 병소인지 알 수 있을뿐더러 병을 어떻게 다스려야 하는지도 알 수 있을 터였다. 그때부터 우리는 이 용어를 사용했고, 인터뷰 대상에게도 우리의 생각이 어떤지 물어보았다. 의사들 말로는 많은 사람이 어플루엔자 증후군을 앓고 있고, 신체증상으로 나타나는 경우도 흔하다고 했다. 한 정신과 의사는 자기 환자 가운데 많은 사람이 어플루엔자를 앓지만 자신의 병에 대해 아는 사람은 거의 없다고 했다.

우리가 제작한 다큐멘터리 〈어플루엔자〉는 1997년 9월 15일 PBS를 통해 처음으로 전파를 탔다. 방송이 나가자 전국 각지에서 시청자의 전화와 편지가 쇄도했다. 우리 프로그램이 시청자가 고민하는 것의 핵심을 건드렸다는 증거였다. 아흔세 살의 한 시청자는 손자에 대한 우려를 표명했고, 스무 살의 한 시청자는 신용카드 빚에 떠밀려 깊은 수렁에 빠진 사연을 속속들이 털어놓았다. 〈워싱턴 포스트〉 일요판 섹션의 머리기사는 소박한 삶을 지향하는 사람들을 다루면서 그들이 이 프로그램을 활용하는 모습을 함께 소개했다. 노스캐롤라이나 시골의 한 교사는 수업시간에 아이들에게 이 프로그램을 보여주고 2주 동안이나 토론 주제로 삼았는데 대체로 아이들은 필요보다 세 배나 많은 물건을 가지고 있었다. 어떤 여자아이는 더는 벽장문을 닫지 못할 지경이라며 그 이유를 이렇게 설명했다. "물건이 너무 많아서요. 입지 않는 옷도 있지만, 버릴 순 없잖아요."

과거에는 소비병에 대한 비판이 대개 진보 계열에서 제기되었지만 〈어플루엔자〉는 모든 정파의 관심을 끌었다. 한 보수 가족단체의 회장은 우리에게 보낸 격려편지에서 이렇게 말했다. "이 문제는 가족에게 매우 중요합니다."

솔트레이크, 휴스턴 등 보수적인 도시의 시청률과 시청자 반응도 샌프란시스코나 미니애폴리스 같은 진보적인 도시 못지않게 높았다. 현재 여러 대학이 『소비중독 바이러스 어플루엔자』를 교재로 쓰고 있는데, 브리검 영에서도 버클리 못지않게 인기가 좋다. 노스캐롤라이나 주 애팔래치안 주립대학의 학생과 교수들은 부유한 교회는 물론 가난한 산골 마을 주민에게도 이 프로그램을 보여주고 그들의 반응을 취재하여 「산골에서 어플루엔자 벗어나기」라는 제목의 비디오를 제작하기도 했다.

1998년, 우리는 〈어플루엔자 탈피〉라는 제목으로 〈어플루엔자〉후속편을 만들었다. 이 병의 치료법을 좀더 자세히 다루려는 의도에서였다. 이후 이 두 프로그램은 미국 전역은 물론 외국에서도 널리 방송 되었다. 우리는 어플루엔자가 세계적인 문제임을 확신했다. 어플루엔자에 대해 걱정하는 사람이 있으리라고는 생각지도 않은 나라에서도 연락을 취해 왔다. 예를 들어 타이, 에스토니아, 러시아, 나이지리아 등이다.

스리랑카의 한 이슬람계 경제 잡지는 우리에게 어플루엔자와 관련한 원고를 부탁했다. 미안마 북부 시골지역의 활동가들은 우리 TV 프로그램을 카친이라는 현지어로 번역하고 싶다고 했다. 열여섯 살 난 이스라엘 소녀는 텔아비브 쇼핑센터의 벽에 영사를 허락해 달라고 요청했다. 그들은 모두 과소비를 질병으로 보면 문제를 더 잘 이해하고 다른 사람들에게 설명하기도 더 쉽다고 했다.

'어플루엔자' 란 용어는 사용하는 사람에 따라 '빗나간 부유층 자제' 나 '벼락부자증후군' 을 가리키는 말로 다르게 사용한다. 하지만 이런 식으로 정의한다면 우리가 이 용어에 부여한 사회 · 정치적 의미는 사라지고 순전히 개인의 행동에 관한 문제로 전락하고 만다. 우리가 보기에 이 바이러스는 상류층뿐만 아니라 사회 구석구석을 누비며 부유층은 물론 빈곤층에도 침범한다. 그들은 물질의 풍요를 원하지만 그럴 가능성은 희박하다. 빈익빈 부익부라는 사회구조 탓에 가난한 사람은 이중처벌을 받는 셈이다. 이렇게 어플루엔자는 우리 모두를 침범한다. 다만 그 방식이 다를 뿐이다.

TV 방영이 끝난 뒤, 나는 세 사람의 권유에 힘입어 같은 주제의 책이 필요하다고 확신했다. 경제학자 토머스 네일러와 환경 과학자 데이비드 왠은 공동 집필을 제안했고, 뉴욕의 출판대리인 토드 키슬리는 책이 나온다면 열성적인 독자를 확보할 수 있을 거란 견해를 덧붙였다. 나는 TV 특집방송으로 나간 〈어플루엔자〉에 대한 시청자 반응에 크게 고무되었다. 하지만 TV는 정보의 매개체로는 피상적일 수밖에 없다. 정해진 시간 안에 많은 내용을 담는 것이 어떻게 가능하겠는가. 이 책이 나오게 된 건 이런 연유에서다. 더 많은 사례와 증상, 증거를 곁들여 '어플루엔자' 를 좀 더 깊이 있게 설명하고 싶었다. 이 책에는 방송 내용 이외에도 3년에 걸친 별도의 조사결과를 반영했다. 또 통계수치도 새로 바꾸고 설명도 추가했다. 소비자 입장에서는 새롭고 유익할 것이다.

초판은 2001년 9월 11일의 비극이 있기 바로 직전에 시장에 나왔다. 페트라 넴코바의 충격적인 쓰나미처럼 세계무역센터 공격은 많은 미국인이 자신에게 무엇이 중요한지를 다시 생각하게 하는 계기가 되었다. 갑자기 가족과 친구들이 일이나 물건보다 중요한 듯했다. 하지만 그때조차도 광고업체는 계속해서 기어를 높이고 있었다. 조지 부시 대통령은 이렇게 말했다. "당신이 애국자가 되고 싶다면 쇼핑몰이나 가게로 가서 공포와 싸우기 위해 소비하라."

민주당 쪽의 반응도 똑같았다. 전 샌프란시스코 시장 윌리 브라운은 커다란 성조기로 장식한 '미국: 기업하기 좋은 나라 AMERICA: OPEN FOR BUSINESS' 라고 쓴 쇼핑백을 100만 개 쯤 나누어 주었다. 워싱턴 주 상원의원 패티 머리는 2001년 휴일 쇼핑시즌에 판매세를 면제해주는 '어서 나가서 삽시다 Let's go shopping' 법안을 제안했다. 개발도상국의 테러리스트 감정을 부추길 미국인들의 방탕한 소비에 대해 감히 분노하고 질타하는 사람은 거의 없었다.

『소비중독 바이러스 어플루엔자』 초판이 발행되자 이 책은 북클럽과 대학 교재로 널리 사용되었다. 우리는 이런 반응에 전율을 느꼈다. 이 책은 적어도 6개 국어로 번역되어 전 세계로 퍼져 이 주제가 전 세계의 관심거리라는 것을 보여주었다. 이 책과 비슷한 내용을 담고 있는 호주판版 『소비중독 바이러스 어플루엔자』도 발행되었다.

우리는 '어플루엔자' 라는 말이 일상용어가 되기를 희망한다. 그리고 그 일은 실제로 일어나고 있는 듯하다. PBS에서 방송을 내보내기 전에 인터넷을 뒤져 보았더니 200여 건의 검색 결과가 나왔다. 모두 이탈리어였는데, 그저 단순히 풍요를 나타내는 낱말이었다. 그런데 요즘 구글에 이 단어를 검색해 보았더니 대략 30만 건이 검색되었다! 대부분 '과소비' 를 가리키는 말로 쓰였다. 런던의 〈인디펜던트〉 신문은 2003년 신조어 중 가장 많이 쓰인 단어로 이 단어를 뽑았다.

『소비중독 바이러스 어플루엔자』 초판이 나온 지 이제 4년이 지난 지금 어느 면에서 미국은 상황이 바뀌었다. 90년대 말의 호황은 실감이 날 정도로 급속히 냉각되었고, 초판에 실은 수많은 자료는 이제 구식이 되어 여기 개정판을 내어 완전히 업데이트했다.

이 책에서 우리는 일반 부유층이나 돈 자체를 비난할 생각은 전혀 없다. 공동선을 위해 사용하면 돈도 어플루엔자의 유행을 거들기보다는 우리 사회의 건강에 이바지 할 수 있다. 사실 이 책만 해도 후원자들의 아낌없는 재정적 지원이 없었다면 세상의 빛을 보지 못했을 것이다.

즐거운 독서가 되길 빌며…….

존 드 그라프

워싱턴 주 시애틀에서 2005년 2월 23일

차례

2부 – 어플루엔자의 원인

3부 – 어플루엔자의 치료

서문

한 의사가 값비싼 옷으로 치장한 예쁜 여자 환자를 진료하고 있다. 의사가 말한다. "몸에는 이상이 없습니다." 환자는 도무지 알 수 없다는 표정이다. "그럼 왜 이렇게 기분이 엉망일까요? 커다란 새집을 장만하고 차도 최신형으로 바꾸고 옷장도 새로 샀어요. 직장에서는 봉급도 크게 올랐고요. 그런데도 아무런 흥이 나지 않고 오히려 비참한 생각이 들어요. 치료약은 없을까요?" 의사는 고개를 젓는다. "안됐지만, 없습니다. 당신의 병을 치료할 약은 없어요." 환자가 깜짝 놀라 묻는다. "무슨 병인데요, 선생님?" 의사는 어두운 표정으로 대답한다. "어플루엔자라는 신종유행병입니다. 감염력이 매우 높아요. 치료는 가능하지만 쉽지 않습니다."

물론 이건 가상의 장면이지만 이 병은 실제로 존재한다. 새 밀레니엄의 여명을 뒤덮은 번영과 활황, 낙관적인 분위기의 한복판에서 강력한 바이러스가 미국사회를 침범하여 우리의 지갑과 우정, 가족, 공동체, 환경을 위협한다. 우리는 이 바이러스를 '어플루엔자' 라 부른다. 미국은 세계경제의 모델이므로 모든 대륙이 이 바이러스에 노출되었다 해도 과언이 아니다.

드러나지는 않았지만 어플루엔자로 인한 비용은 막대하며 그 결과는 어마어마하다. 치료하지 않으면 결국 큰 병에 걸릴 것이다. 이 낱말이 『옥스퍼드 영어사전』에 오른다면 그 풀이는 이럴 것이다.

> **어플루엔자Affluenza** : ¶ 고통스럽고 전염성이 강해 사회적으로 전파되는 병. 끊임없이 더 많은 것을 추구하는 태도에서 비롯한 과중한 업무, 빚, 근심, 낭비 등의 증상을 수반한다.

미국인은 유사 이래 늘 더 많은 것, 특히 많은 물질을 추구했다. 소위 '나me' 시대라는 80년대 이후 다른 가치는 거의 배제한 체 오로지 한 가지 목적만을 추구했던 것이다. 지난 몇 년간 계속된 장기호황 시절 미국인은 마치 굶주린 아이 같았다.

어플루엔자의 앞잡이

어플루엔자 바이러스는 보이지 않는 마음의 도굴꾼처럼 은밀하게 미국의 정치적 담론을 완전히 사로잡았다. 앨 고어는 상원의원 시절인 1992년에 『위기의 지구Earth in the Balance』라는 책에서 이렇게 말했다.

> 미국은 석탄과 석유, 신선한 공기, 물, 나무, 표토 등을 지각에서 떼어내어 우리가 필요한 생활재와 주거 외에도 굳이 필요치도 않은 수많은 물질을 생산하고, 해가 갈수록 더 많이 소비하는 버릇에 어느 때보다 강력히 매달린다…… 물질과 재화의 축적은 유사 이래 최고 수준에 달했지만 삶의 공허감을 느끼는 사람의 수도 마찬가지로 늘었다.

미국인이 물질에 중독되어 있음을 시사하는 내용이다. 그는 인간의 문명이 끊임없이 쏟아져 나오는 때깔 좋은 신제품의 소비로 행복을 약속하지만 그 약속은 항상 거짓이라고 썼다. 그리고 1년이 지나 앨 고어는 미국 부통령이 되었다. 취임식에서 한 소프라노 가수가 셰이커 교도의 아름다운 찬송가 「소박한 은총Simple Gifts」을 불렀다. "소박한 삶은 은총, 자유로운 삶은 은총……." 노래가 계속되는 동안 고어는 고개를 끄덕여 동의를 표했다. 하지만 몇 년이 지나자 앨 고어 역시 마음의 도굴꾼에게 사로잡혔다.

1996년의 부통령 후보 토론에서 앨 고어의 경쟁자 잭 켐프는 다음 15년 내에 미국 경제 규모를 두 배로 키우겠다고 호언장담했다. 그런데도 고어는 소비를 두 배로 늘리는 것이 좋은 일인지 따져 묻지 않았다. 그리고 2000년 대통령선거 때 고어는 어플루엔자의 앞잡이로 변신한다. 그는 대통령 후보 토론에서 10년 내에 미국의 경제규모를 30퍼센트 키우겠다고 약속했다.

ABC TV의 인기 프로그램은 "누구, 백만장자 되고 싶은 사람?"이라고 묻는다. 누구나 백만장자가 되고 싶다. 신문 편집인들은 소프트웨어 주가가 치솟거나 닷컴기업을 창업해서 거부가 된 사람의 성공담을 앞다투어 싣는다.

이런 강박관념에는 부정적인 측면이 있게 마련이며 우리는 마음속으로 이미 그것을 알고 있다. 여론조사 전문가 리처드 하우드는 1995년 퍼키패밀리 펀드사의 의뢰를 받아 미국인의 소비행태를 조사한 결과 이런 사실을 알아냈다. "사람들은 우리가 필요한 것보다 훨씬 많이 사들인다고 말한다. 아이들이 물질 중심적으로 커가고, 오늘 원하는 것을 소비하기 위해 미래 세대, 심지어 자신의 미래까지 희생한다고도 한다. 그런 태도는 종교, 나이, 인종, 소득, 교육 등의 차이에 상관없이 나타난다. 이 나라 사람은 다들 우리가 지나치게 물질 중심적이고 탐욕스러우며, 자기도취적이고 이기적이라는 것을 인식하고 있다. 그리하여 수세기에 걸쳐 이 나라를 이끌어 왔던 온전한 가치를 회복해야 한다고 믿는다. 신앙, 가족, 책임감, 타인에 대한 배려, 우정 같은 가치 말이다."

새 행성을 찾아서

우리 견해로는 어플루엔자라는 돌림병은 소위 '아메리칸 드림'의 핵심원리인 경제적 팽창에 대한 강박적이고 맹신에 가까운 욕구에서 비롯한다. 이 병은 국가적 진보를 재는 최고의 척도가 소위 국내총생산(GDP), 곧 4분기마다 울리는 금전등록기의 벨소리라고 말한다. 이 병은 지금 세대가 이전 세대보다 물질적으로 더 풍족할 것이라는 생각, 어떤 식으로든 다른 소중한 것을 잃지 않고도 그 한 가지 목표를 추구할 수 있다는 생각에서 비롯한다.

하지만 그 생각은 잘못이다. 'buy now(지금, 당장 사라)'라는 우리 문화의 끊임없는 요구를 거절하지 않으면 세상은 상상하지 못할 방식으로 대가를 치를 것이다. 어음 만기가 이미 가깝다. 증세가 극심할 때 '어플루엔자'는 지구 자체를 거덜 낼 징후마저 보인다. 기업비평가 제러미 리프킨은 이렇게 말한다. "우리 인류는, 특히 금세기에는 우리 행성이 오염을 흡수하거나 자원을 보충하는 속도보다 훨씬 빠르게 생산하고 소비하고 있다." 과학자들은 지구상의 모든 사람이 일시에 미국식 생활방식을 채택한다면 우리에겐 여러 새로운 행성이 필요하다고 말한다.

달까지 늘어선 쓰레기 트럭들

1998년 〈퍼레이드〉에 실린 다음과 같은 시나리오를 생각해 보자.

> 미국 경제는 전문가의 예상을 깨고 전 지구적인 금융위기와 대통령 탄핵 분위기 속에서도 건재했다. 미국 소비자의 왕성한 스태미너 덕분이다…… 나쁜 소식이 많았다…… 전국 각지의 기상 여건은 엉망이었다. 캘리포니아에는 폭우가 쏟아졌고, 오하이오 강에서는 엄청난 홍수가 났고, 텍사스에서는 섭씨 40도 안팎의 고온이 몇 주나 계속되었으며, 버지니아에는 치명적인 폭풍우가 몰아닥쳤고, 동부 주들은 200년 만에 최악의 허리케인을 만났다. 1997년의 빈곤율은 70년대보다 훨씬 높았다. 연방정부의 재정적자는 해소되었다 해도 국민은 어느 때보다 무거운 빚을 졌다…… 하지만 이런 뉴스는 높은 고용수준, 낮은 인플레이션, 실질임금의 증가, 수십 년 사이에 가장 낮은 대출이율과 휘발윳값 등의 희소식에 묻혀 버렸다…… 소비지출은 한 해 동안 줄곧 높은 수준을 유지하여 지속적인 경제성장을 보장했다.

최저 수준의 휘발윳값과 악천후, 지속적인 경제성장과 고질적인 가난, 소비자의 자신감과 급증하는 부채. 이 모두가 어떤 식으로든 연관이 있지 않을까? 우리는 그렇다고 생각한다.

지난 4년간 해마다 대학졸업자보다 더 많은 미국인이 개인파산을 선언했다. 우리가 매년 만들어내는 고형固形 쓰레기를 트럭에 실어 한 줄로 세우면 거의 달까지 닿을 지경이다. 쇼핑센터 수는 고등학교보다 더 많다. 지금 미국의 연간 노동시간은 다른 어느 산업국가보다 높다. 인구는 세계 전체 인구의 4.7퍼센트밖에 되지 않으면서도 온실가스는 전체의 25퍼센트를 방출한다. 노동자의 95퍼센트는 가족과 더 많은 시간을 보내고 싶다고 말한다. 호수와 하천의 40퍼센트는 오염이 너무 심해 수영이나 낚시를 할 수 없다. CEO들의 수입은 일반 노동자의 400배에 달하는데, 이는 1980년에 비해 10배가 증가한 수준이다. 1950년 이후 미국인은 그전에 지구에 살았던 그 누구보다 많은 자원을 써 없앴다.

외견상으로 아무리 무관해 보일지라도 이들은 모두 연관이 있다. 모두 어플루엔자의 여러 증상이다. 우리는 논의의 초점을 주로 미국에 맞출 것이다. 이 나라 국민의 소비행태가 세계에서 가장 방만하기 때문이다. 더욱이 전 세계 거의 모든 국민이 미국인의 생활방식을 모범으로 삼으니, 이 나라에서 벌어지는 일은 분명 다른 나라에서도 반복할 것이다. 하지만 다른 나라는 미국보다 선택의 여지가 많다. 어플루엔자가 아직 유행병으로 만연하지 않은 지역에서는 병의 확산을 피하고 균형 잡힌 생활방식을 견지하기가 더 쉽기 때문이다. 우리는 모든 나라, 모든 사람이 미국의 잘못을 반면교사 삼으리라고 믿는다. 더구나 전 세계인이 글로벌 경제의 영향을 받기에 우리 모두 이 병을 이해하고 억제하는 데 노력해야 한다.

1부 어플루엔자의 다양한 증상들

이 책은 3부로 이루어졌다. 1부에서는 어플루엔자의 여러 증상을 살펴보는데 되도록 각각의 증상을 진짜 인플루엔자의 증상과 비교했다. 독감 바이러스에 감염되었을 때 몸에 어떤 이상이 생기는지 생각해 보라. 대개는 열이 난다. 코도 막힌다. 온몸이 욱신거린다.

오한을 느낄지도 모른다. 배탈이 난다. 온몸에 힘이 없다. 내분비샘이 팽창하고, 발진이 생기기도 한다.

비유하자면 어플루엔자 시대에 들어선 미국 사회도 이 모든 증상을 보인다. 우리는 한 장章에 한 가지씩 그 증상을 다루되, 개인에서 출발하여 사회적 건강 상태로 나아가고, 마지막으로 어플루엔자가 환경에 미치는 영향까지 살펴볼 것이다.

몇몇 장에서 당신은 놀라운 사실을 깨닫고 충격을 받을지 모른다. "아니, 이거 내 이야기잖아!" 다른 장에서는 친구가 앓는 병증에 대해 논의하는 것을 볼 것이다. 또 다른 장에서는 환경 자체보다는 우리 자녀에게 심각한 영향을 끼치는 증상도 있다. 당신은 물질적으로는 풍요로울 수 있으나, 끊임없이 스트레스에 시달리거나 인생의 목적도 의미도 없다고 느낄지 모른다. 혹은 자라는 아이에게 없어서는 안 된다고 광고하는 상품을 가난 탓에 자녀에게 사주지 못하는 무능함에 화가 날지 모른다. 꽉 막힌 도로에서 다른 운전자와 핏대를 올리며 입씨름을 한 경험이 있을 것이다. 차고가 세 개나 딸린 집이 줄지어 들어설 주택단지를 조성하기 위해 불도저가 동네에 유일하게 남은 유휴지를 파괴하는 광경을 보았을 것이다. 자녀를 둔 독자 중에는 자식이 카드대금을 갚지 못해 끙끙대는 모습을 목격한 사람도 있을 것이다. 젊은 독자라면 미래를 염려할 수도 있다. 당신의 경험이 어떤 것이든 적어도 몇 가지는 분명히 어플루엔자 증상이다.

2부 어플루엔자의 원인

2부에서는 그 원인을 찾고자 한다. 어플루엔자는 일부에서 주장하듯이 인간의 본성일 뿐인가, 이 강력한 바이러스의 원천은 어디인가, 전 역사를 통해 어떻게 변화해 왔으며 언제 돌림병의 반열에 올랐는가, 우리는 감염을 막고자 사회적 선택(예를 들어 여가와 봉급 사이의 선택)에서 어떤 태도를 보이는가 등에 대해 생각해 본다. 또 시대와 문화를 초월한 경고를 세심하게 살펴보고 억제와 격리를 통해 이 병을 근절하려던 초기의 노력도 살필 것이다.

우리는 사회적 조건뿐만 아니라 기술문명 또한 병의 확산을 부단히 조장했음을 알고 있다. 어플루엔자는 앞으로도 계속 비효율적이고 파괴적인 방식으로 우리의 욕구를 충족시킬 것이다. 하지만 일부 사이비 의사들이 공모하여 질병의 진단 결과와 증상의 심각성이 일반 대중에게 알려지는 것을 가로막고 있다.

3부 어플루엔자의 치료

우리는 사람들이 영원히 앓도록 내버려 두지는 않을 것이다. 어플루엔자는 치료할 수 있으며 미국에서 수백만에 달하는 보통 사람이 이미 그 방향으로 나아가고 있다.

2004년 뉴아메리칸드림센터의 여론조사에서는 미국인의 48퍼센트가 지출이 줄어들었다고 주장했다. 또한 85퍼센트가 사회가 점점 나빠진다는 생각을 밝혔다. 응답자 중 93퍼센트는 미국인은 돈을 버는 일에만 너무 집중하고 있으며, 91퍼센트가 필요한 것보다 더 많이 사고 소비한다고 했다. 이 중 81퍼센트는 환경을 보호하기 위해서는 중대한 변화가 필요하다고 밝혔다. 응답자의 절반 이상이 너무 많은 빚을 졌다고 답했고, 87퍼센트가 현대의 소비문화는 아이들에게 긍정적인 가치관을 심어주기 어렵다고 답했다.

하지만 지금도 치솟는 소비 열기는 치열하고 무의미한 경쟁을 부추기고, 기업 마케팅 담당자들은 수많은 잠재적 소비자에게 군침을 흘리며 접근을 시도한다. 실제로 기업은 자사 제품을 사들여서 단순한 삶을 누리라고 우리를 부추기고, 타임 워너의 〈리얼 심플Real Simple〉이라는 잡지는 첫 발행본이 나오기도 전에 40만 명이나 되는 독자를 확보해 놓았다(잡지 이름은 〈리얼 시니컬Real Cynical〉이 더 어울렸을 것이다. 지면이 대부분 값비싼 제품광고로 뒤덮였으니까).

3부에서는 우리가 찾아낸 몇 가지 해결책을 제시한다. 증상을 다룰 때와 마찬가지로 우리는 치료법도 개인 차원에서 시작해 사회·정치적 차원으로 옮겨갈 것이다. 물론 치료법도 의학적 비유를 이용한다. 당신이 독감에 걸렸을 때 하는 것처럼 말이다. 휴식과 아스피린과 닭고기 수프…… 이런 개인적인 처방은 이미 '새로운 검약' 이나 '자발적 단순화' 같은 운동을 통해 대중화되고 있다.

우리는 확실한 치유력을 지닌 자연에 관심을 두도록 권장한다. 『트렌드 2000』의 저자 제럴드 셀렌티의 생각이 옳다. "어느 광고에서 한 중년 남자가 두 팔을 휘저으며 숲 속을 걷는 모습이 나온다. 그러다 다음 장면에서는 갑자기 숲을 배경으로 제법 돈을 들여 설치했을 법한 러닝머신 위를 걷는다. 이해가 안 가는 행동이다. 숲 속을 거니는 것이 훨씬 유익할뿐더러 돈도 들지 않는데 말이다."

우리는 가족과 공동체를 다시 세우고 지구와 지구의 생물학적 법칙을 존중하고 회복하는 전략을 제시한다. 정치적 처방도 제공한다. 신중히 고려해 만든 법률(예를 들어 검약을 포상하고 낭비를 제재하는)은 어플루엔자에 덜 친화적인 사회 환경을 조성하고 모든 사람이 병을 회복하여 다시는 재발하지 않도록 하는 것이다.

우리는 또 개인적·사회적 차원의 면역체계 강화를 위해 백신과 비타민 등의 예방책도 제시한다. 연례적인 정기검진을 받을 것도 권한다. 우리의 검진은 세 단계로 진행한다.

1. 당신의 건강상태가 어느 정도인지 조사한다.
2. '지속가능 지수'를 이용해 공동체의 진정한 건강을 측정한다.
3. 국민건강을 측정하는 현재의 낡은 잣대, 국내총생산(GDP) 대신 더 유용한 잣대를 찾는다.

우리는 '진정 진보지수(GPI)'★라는 경제지표를 추천한다. 현재 캘리포니아 주 오클랜드에 있는 두뇌집단인 '진보재정의협회'★★

★ Genuine progress indicator. 기존의 국민 총생산이나 국내 총생산 개념에 대한 대안으로 미국 소장 경제학자들이 주창한 새로운 경제지표

에서 자세히 다듬은 지표다. 우리의 건강 상태를 나타내는 여러 가지 요소를 포괄함으로써, GPI는 사회 차원에서 우리의 진정한 성공에 대해 아주 다른 그림을 보여준다. GDP는 우리 역사 전반에 걸쳐 꾸준히 증가해 온 반면 GPI는 1973년 이래 떨어지고 있다.

그런 다음 우리는 재미로 이 질병이 점점 나빠지는지 아니면 점점 좋아지는지를 측정할 열 체온계를 준비했다.

자, 시작이다

이 책에 특별히 새로운 정보는 없다. 하지만 넘치는 '정보의 시대'에 문제는 더 많은 정보를 얻는 것이 아니라 우리가 이미 아는 것을 어떻게 이해하느냐다. 우리는 외견상 아무런 관련이 없어 보이는 개인적·사회적·환경적 문제를 이해하는 한 가지 방식을 제공한다. 이를 통해 자신과 다음 세대의 미래를 위협하는 돌림병의 여러 증상을 이해할 수 있을 것이다. 우리는 당신이 책의 모든 내용에 동의하기를 바라지는 않는다. 지금 당장 어플루엔자를 진짜 병이라고 확신할 거라 기대하지도 않는다. 우리의 의도는 소비 환상에 대한 사회 전체의 담론을 조성하고, 우리 모두의 소비가 어떤 결과를 초래하는지 명확히 인식하고 선택할 수 있게 하려는 것이다.

이 책의 요지는 상품구매를 중지하자는 게 아니라 신중하고 의식적인 구매행위에 따르는 진정한 수익과 비용을 따지자는 것이다.

인생에서 가장 중요한 건 물질이 아니라는 사실을 늘 명심하고서.

★★ Redefining Progress. 경제를 인간과 자연을 우선시하는 체제로 재정립하기 위한 정책과 도구를 개발하는 미국의 비영리단체

1부
어플루엔자의 다양한 증상

쇼핑 열병 01

내 말 들어/ 돈 가진 것 몽땅 가져 와
이 몸이 어떤 분인지 몰라?/ 나와 데이트하고 싶으면/ 똑바로 알아 둬
난 뭐든 최고급으로 사야 직성이 풀려……
이봐, 한창 쇼핑 철이잖아……
통장에서 돈 좀 찾아 와/ 살 게 엄청나게 많으니까……
• 앨런 앳키슨, 포크송 가수

추수감사절 날, 여덟 살 난 제이슨 존스는 칠면조 요리와 월귤, 아이스크림을 곁들인 호박파이를 배불리 먹었다. 제이슨은 컴퓨터 앞에 앉아 크리스마스에 산타클로스에게서 받고 싶은 선물목록을 정리하느라 정신없이 자판을 두드려댄다. 제이슨은 크리스마스시즌, 그러니까 어플루엔자가 유행하는 시즌이 시작하는 다음날 선물목록을 산타클로스에게 넘길 생각이다. 목록에는 디즈니랜드 관광, 산악자전거, 휴대전화, DVD 플레이어, CD 몇 장 등 10여 가지 품목이 올라 있다.

제이슨은 바보가 아니므로 산타클로스가 정말 있다고는 생각하지 않는다. 하지만 산타클로스에게 사달라고 한 것들은 엄마 아빠가 사줄 것을 알기에 금요일 해가 뜨자마자 자리에서 일어나 얌전히 행동한다. 제이슨과 엄마 자넷은 링컨 내비게이터에 탔고, 30분 후에는 올스타쇼핑센터에 도착한다. 이미 수천 명이 정문 가까이 차를 세우려고 아귀다툼을 벌이고 있다.

쇼핑센터는 명절 쇼핑 인파로 발 디딜 틈이 없다. 다들 어플루엔자 바이러스 소굴에 들어와서도 위험을 모르고 신용카드와 수표장만으로 무장하고 돌아다닌다. 한 점포 앞에 사람들이 몰려서 두 부모가 마지막 남은 디노맨을 놓고 드잡이하는 광경을 구경한다. 역도선수 몸통에 티라노사우루스 머리를 얹은 디노맨은 최근 아이들에게 선풍적인 인기를 끈 인형이다. 한쪽 구석에서는 한 어머니가 울고 있다. 너무 늦게 도착하는 바람에 아들에게 디노맨을 사주지 못해 가슴이 아파서 우는 것이다. "어젯밤부터 밖에 텐트를 치고 기다렸어야 했는데……." 그녀가 울부짖는 소리다. 벌써 지친 다른 고객들은 산더미처럼 쌓인 상품과 에스컬레이터 사이에 놓인 벤치에 피곤하고 긴장한 표정으로 앉아 있다.

줄을 서서 기다리기를 한 시간, 제이슨은 마침내 산타에게 선물목록을 전달할 수 있었다. 엄마는 녀석을 비디오게임장에 남겨 두고 수많은 점포를 돈다. 몇 시간이 지나고 집으로 돌아가는 길에 엄마는 제이슨이 밤에 심심하다고

투정부릴까 싶어 블록버스터 비디오가게에 들러 비디오테이프를 빌린다. 늦가을답지 않게 날씨는 화창하고 따뜻했지만 제이슨이 사는 중상류층 주택가 공원에는 아이들이 한 명도 보이지 않는다. 젊은 전문직 종사자가 많이 사는 이 동네에는 아이가 많지만 쇼핑하러 가지 않는 한 집 안에서 닌텐도 게임기나 인터넷 만화 사이트를 동무 삼아 놀기 때문이다. 정말 내키지 않는 일이었지만 제이슨은 더 할 게임이 없었으므로 TV를 켠다.

물론 제이슨은 요즘 아이들의 특성을 혼합해 만든 가공인물이다. 하지만 쇼핑센터에서 본 제이슨의 모습은 우리에게 조금도 낯설지 않다. 미국소매협회의 조사로는 1999년 한 해 동안 미국인은 명절 선물로만 2,000억 달러에 가까운 돈을 썼다. 한 사람당 850달러가 넘는 액수다. 미국소매업계는 어플루엔자시즌, 그러니까 추수감사절에서 크리스마스에 이르는 기간에 총 이윤의 25퍼센트를 올린다.

여론조사에서 대다수 미국인은 명절 지출 비용을 줄이고 싶다고 말한다. 3분의 1은 작년에 소중한 사람에게 무엇을 선물했는지도 기억하지 못하며, 그중 많은 사람은 크리스마스에 진 빚을 다음 해 여름까지도 청산하지 못한다. 그런데도 과시 충동은 그칠 줄 모르고 끓어오른다. 미국인은 마치 자기 의지와는 무관하게 어플루엔자 면역체계에 문제가 생겨 후천성 의지력 결핍증에라도 걸린 듯하다.

소비잔치

제2차 세계대전 이후 지금까지 미국은 역사상 유례 없는 소비 잔치로 흥청댔다. 특히 지난 수년 동안의 호황은 잔치판을 거의 광란으로 몰아넣었다. 우리는 한 해 7조 달러 넘게 지출하는데 대부분 소비재 지출로 이는 미국 경제 최근 성장분의 3분의 2에 해당한다. 우리는 고등 교육(990억 달러)보다 신발과 보석, 시계 등(1,000억 달러)에 더 많이 지출한다. 또 종교와 복지활동에 쓰는 비용만큼 자동차 유지에도 돈을 쓴다. 미국인의 거의 30퍼센트가 애완동물에게 크리스마스 선물을 사준다. 하지만 이웃에게 선물하는 사람은 11퍼센트 뿐이다.

1986년만 해도 미국에는 고등학교가 쇼핑센터보다 많았는데 불과 20년이 안 되어 쇼핑센터의 수(46,438)가 고등학교(22,180)의 두 배를 넘어섰다. 어플루엔자 시대(두 번째 밀레니엄 도래를 전후한 수십 년 사이)에 쇼핑센터들은 교회마저 밀어내고 문화적 가치의 상징으로 자리 잡았다. 사실 예배는 참석 안 해도 쇼핑은 매주 한다는 미국인이 전체의 70퍼센트나 된다.

고딕양식의 성당에 버금가는 메가몰(초대형 쇼핑센타)이 먼 지역의 소비자들까지 끌어들이며 끊임없이 작은 상점들을 좀먹는다. 메가몰은 대개 풍요로운 수확을 자랑하던 비옥한 농지에 들어선다. 실제로 매시간 미국의 일급농지 가운데 19만 제곱미터가 개발이라는 명목으로 사라진다. 새 메가몰이 문을 열 때면 중세에 노트르담이나 샤르트르 성당에서나 볼 수 있을 법한 화려한 의식이 치러진다.

1995년 10월 워싱턴 주 오번 시에서 슈퍼몰이 문을 열었을 때는 자그마치 10만 명이나 몰려들었다. 쇼핑객들은 워싱턴 주에 있는 4,392미터 높이의 레이니어 산을 본뜬 모형구조물 아래에서 테이프 커팅에 이은 불꽃놀이와 화려한 개점행사를 지켜봤다.

마이크 앞에 선 연사마다 싱클레어 루이스의 배비트(싱클레어 루이스가 쓴 동명의 소설 속 주인공으로 속물 실업가)가 무척이나 좋아할 법한 말로 새로운 쇼핑센터의 경이로운 면면을 침이 마르도록 칭송했다. 오번 시장은 다음 한 해 동안 이곳을 찾을 고객이 120만 명이 넘을 것으로 예상한다며 열성적인 쇼핑객들은 12만 제곱미터에 달하는 매장에서 지쳐 쓰러질 때까지 쇼핑을 즐길 수 있다고 떠벌렸다. 어떤 사람은 이 지역의 경마장과 카지노로 미국 서부 전체와 캐나다의 쇼핑객까지도 휴가를 즐기러 오리라고 예상했다. 아울러 일자리를 4,000개나 창출하고 지역 전체에 걸쳐 삶의 질을 높이리라고 말하는 사람도 있었다. 예상하는 경제효과의 30퍼센트는 이 쇼핑센터에서 평균 다섯 시간씩 보내는 관광객 한 사람당 200달러를 지출하면서 관광객이 책임질 거라고 했다.

가족행사

개점행사에 참석한 수천 명의 쇼핑광은 연설을 듣는 내내 따분하고 짜증스러운 빛이 역력했지만 말잔치가 끝나고 문이 열리자 정신없이 매장 안으로 몰려 들어갔다. 한 여인은 "우리 도시에 이런 대형 쇼핑센터가 들어서서 정말 기뻐요. 그렇잖아도 이런 시설을 기다리고 있었어요."라고 했다.

어떤 점주店主는 기쁨이 가득한 얼굴로 "우리는 쇼핑센터를 짓기만 하면 사람들이 몰려들 거라고 예상했는데 정말로 그렇게 되었다."며 흥분했다. 또 다른 점주는 단단한 마룻바닥을 가리키며 "타일이나 화강암 석판을 깔았을 때보다 훨씬 걷기 편해서 더욱 특별하다."고 거들었다. 그러면서 특히 아이들이 마룻바닥을 좋아할거라며 쇼핑은 이제 아주 중요한 가족행사라고 말했다.

사실이다. 그리고 그건 좋은 일이기도 하다. 미국인은 현재 일주일에 6시간을 쇼핑에 할애하면서도 아이들과는 40분밖에 놀아주지 않기 때문이다. 워싱턴 D.C.에 있는 상업주의연구소의 설립자 마이클 제이컵슨은 이렇게 말한다. "여러 지역에서 쇼핑몰이 공동체의 중심이 되었으며 어른들은 물론 아이들도 심심할 때 찾을 곳으로 쇼핑센터를 제일 먼저 떠올린다."

원정쇼핑

"쇼핑몰은 어느 곳이나 다 비슷하다." 일부 비판자들은 이렇게 비웃지만 열성적인 쇼핑객들(일부 심리학자들은 그들이 쇼핑에 빠져들 수밖에 없다고 말한다)은 이에 동의하지 않는다. 그들은 새로운 쇼핑 체험을 위해서라면 비행기를 타고 멀리 날아가는 것도 마다하지 않는다. 일부 항공사는 포토맥밀스와 같은 쇼핑의 메카를 오가는 패키지 상품까지 내놓았다. 각 매장을 '이웃'이라는 듣기 좋은 말로 나누어 놓은 초대형 할인점 포토맥밀스는 연간 방문자 수가 셰넌도어 국립공원보다 많은 '버지니아 최고의 관광 명소'라고 광고한다.

TV 다큐멘터리 〈어플루엔자〉의 진행자인 스콧 사이먼이 촬영차 포토맥밀스를 방문했다. 고객들은 어디에서 왔는지, 쇼핑몰을 방문한 소감이 어떤지 등을 물으면 열심히 응답했다. 사이먼이 만난 사람들 가운데 진땀을 흘리는 사람은 아무도 없었다. 하지만 모두 어플루엔자의 첫 번째 증상인 쇼핑 열기에 사로잡힌 듯했다.

텍사스 주 댈러스에서 왔다는 여성 두 명은 남편이 근처에서 골프를 치는 사이에 내리 사흘 동안 쇼핑센터를 돌고 있다며 이렇게 자랑했다. "우리는 항상 특가상품을 찾아다니죠. 브랜드만 알고 있으면 문제없어요. 경험이 많으니까요." 상품을 가득 실은 카트를 끌던 한 남자는 이렇게 말했다. "필요한 물건이 있어서 온 건 아닙니다. 그냥 쇼핑하러 왔어요. 돌아다니다 뭐든 마음에 드는 것이 보이면 사는 거죠." 한 여성은 또 이렇게 말했다. "올 때 계획했던 것보다 훨씬 많이 샀어요. 마음에 드는 것이 많은데 어떡해요."

견물생심, 이것이 문제다. 이 때문에 대형 쇼핑센터는 단위 면적당 매출액을 소형 경쟁업체보다 높일 수 있다. 많이 보면 많이 사게 되는 충동구매야말로 대형 쇼핑센터가 이윤을 많이 남기는 비결이다. 살 물건을 미리 정해서 쇼핑센터에 가는 사람은 전체 고객 중 4분의 1에 불과하다. 나머지는 그냥 쇼핑하러 간다. "그 외에 뭐가 중요하죠?" 댈러스에서 왔다는 여인이 농담만은 아닌 듯한 표정으로 물었다.

"전 아주 중요한 용건이 있어서 왔어요. 돈을 쓰는 거죠." 한 10대 소녀가 으쓱해서 하는 말이었다. 소녀는 엄마가 마음껏 쓰라고 준 100달러를 쓰고 있었다. "난 쇼핑이 좋거든요." 그녀가 이유를 설명했다. 사실 그녀만이 아니다. 한 여론조사에서 미국 10대 소녀 가운데 99퍼센트가 가장 좋아하는 활동으로 쇼핑을 꼽았다.

나이가 지긋한 부부가 넘치도록 물건을 실은 카트를 끌며 지나갔다. "아직 한 차 더 있어요." 남편이 신이 나서 말했다. "살 품목을 가득 적어 왔는데 목록에 없는 물건도 많이 샀지 뭐예요." 아내가 덧붙였다. 물론 충동구매였다. 두 사람은 포토맥밀스에서 제공한 지도를 보면서 이렇게 말했다. "지도가 없으면 어디가 어딘지도 모르겠다니까."

하지만 포토맥밀스는 미네소타 주 블루밍턴에 있는 몰오브아메리카에 비하면 구멍가게에 불과하다. 매장 면적이 39만 제곱미터에 달하는 미국 최대의 쇼핑센터(온도가 항상 22도인 곳!)는 풋볼 경기장 78개를 합쳐 놓은 크기이다. 쇼핑센터에 근무하는 사람만 1만여 명에, 매년 4,200만 명의 고객이 드나든다. 몰오브아메리카는 성당에 비유되는데, 실제로 그곳에서 결혼식을 올리는 사람들이 있기 때문이다. 이곳 역시 세계에서 손꼽히는 어플루엔자 바이러스 소굴이다.

어플루엔자 시대에는 뭐든 과도한 것이 최고다. 로스앤젤레스의 한 부동산업자는 이렇게 말한다. "좋은 쇼핑센터는 가장 이윤이 큰 알짜배기 부동산으로 돈을 찍어내는 기계예요." 그러면서 그는 좋다는 건 더 크다는 것과 같은 뜻이라고 덧붙인다. 이런 이유로 메가몰을 유치하려고 도시 간에 치열한 경쟁이 붙는다. 도시들은 저마다 뒷날 조세 수입처를 미리 확보하고자 파격적인 조건을 내건다. 쇼핑몰 개발업자는 그런 조건을 위해 가장 이윤 좋은 소매업자를 놓고 경합을 벌인다. 〈새크라멘토 비〉에 따르면, 시애틀 소재의 노드스톰사는 캘리포니아 주 로스빌의 갤러리아몰에 점포 하나를 넣고 간접보조금과 장려금으로 3,000만 달러를 받았다. 왜냐고? 노드스톰사는 업계에서 매장 단위 면적당 매출이 가장 높기 때문이다. 쇼핑몰 개발업자 마이클 레빈의 말에 따르면, 사람들은 보통 차로 30분 거리 내에 있는 쇼핑센터로 가지만 노드스톰사가 있다면 훨씬 먼 곳이라도 찾아간다.

홈쇼핑

물론 근래에는 굳이 차나 비행기를 타지 않아도 얼마든지 쇼핑을 할 수 있다. 쇼핑센터나 월마트, 코스트코 같은 대형할인점의 매출은 계속 증가하고 안방에서도 쇼핑을 즐긴다. 지난해만도 180억 부의 통신판매용 카탈로그가 가정에 쏟아져 들어왔는데 한 사람에게 약 70부씩 돌아가는 양이다. 취급 품목도 비누에서 과일, 냉장고, 속옷에 이르기까지 없는 것이 없다. "물건은 지금 사고 돈은 나중에!"라고 그들은 외친다. 카탈로그를 싫어하는 사람도 있긴 하지만 대다수 미국인은 목을 빼고 기다렸다가 닥치는 대로 주문한다. 더러는 돈을 내고 카탈로그(예를 들면 시어스)를 받아 볼 정도다.

홈쇼핑도 있다. 비판론자는 멍청이들에게 끊임없이 싸구려 물건을 보여주는 채널이라고 조롱하지만, 아주 볼만하고 유익한 채널로 꼽는 미국인도 상당히 많다. 과거에 누군가 TV를 '커다란 쓰레기장'이라고 불렀지만 그건 쇼핑채널이 등장하기 전의 일이다.

통신판매 카탈로그와 홈쇼핑채널은 단순히 상품 정보만 전하는 것이 아니라 어플루엔자를 효과적으로 확산시키는 매개체다. 이제부터는 카탈로그를 받으면 고성능 현미경으로 검사하라.

인터넷 쇼핑

지난 몇 년 사이 인터넷이라는 새로운 어플루엔자 매개체가 등장했다. 이 매개체는 쇼핑센터, 카탈로그, 쇼핑채널 등을 다 합친 것보다 더 큰 위협이다. 동시에 어디든 존재하는 인터넷을 쇼핑센터로 만드는 광기는 캘리포니아와 알래스카에서 금맥을 발견했을 때나 텍사스의 석유 붐 때 경험한 광기 외에는 비교할 대상이 없을 정도다. 전체 미국인의 20퍼센트가 일주일에 평균 5시간을 인터넷에 할애하는데 그 시간의 대부분은 쇼핑이다. 현재 인터넷 사이트들은 대부분 무언가 팔고 있기 때문이다.

2003년 어플루엔자시즌의 소비지출은 온라인으로만 무려 170억 달러로 지난 4년간 합친 금액의 두 배가량으로 대단한 성장세다. 2004년 추수감사절시즌 일주일간의 인터넷 쇼핑금액은 2003년의 세 배이고 이 해에만 인터넷 쇼핑은 500억 달러를 기록했다. 이 금액은 소매업에서 차지하는 3조 4천억에 비하면 미미한 수준이지만 인터넷 쇼핑은 조만간 카달로그 매출액을 능가할 것이다. 이제는 상상할 수 있는 것, 더러는 상상할 수 없는 것조차도 모두 온라인으로 살 수 있을 것이다.

설립 역사가 10여 년에 불과한 세계 최대의 온라인업체인 이베이에는 없는 게 없다고 한다. 2003년 매출은 230억 달러나 되고 캥거루 음낭(10달러)과 같은 기상천외한 물품까지도 판매한다. 1초에 729달러씩 팔려나가는 것이다.

사면 살수록 이익이다

스콧 사이먼이 포토맥밀스를 방문했을 때, 이 쇼핑몰에선 베키트 로이스라는 매혹적인 여배우를 내세워 보기 드물게 재치 있는 광고를 펼쳤다. 그녀는 머릿속이 텅 빈 듯하면서도 제 딴에는 영악한 인물을 연기했다. 여배우는 소파에 기댄 채 노래하듯 말한다. "쇼핑은 마음을 다스리는 약이에요. 당신의 머릿속에서 작은 목소리가 들리지 않나요? 쇼핑, 쇼핑, 쇼핑."

로이스의 독백은 은근히 쇼핑채널과 카탈로그 쇼핑을 조롱하면서 포토맥밀스의 쇼핑을 부추겼다. 로이스는 매장 통로를 깡충깡충 뛰어다니며 이것저것 집어다가 계산을 하고는 종알거린다. "어머! 100달러나 벌었네!" 포토맥밀스는 물건이 싸니 이곳에서 물건을 사면 돈을 번 셈이라는 것이다.

"사면 살수록 이득입니다." 시애틀의 백화점 봉마르셰의 광고 문구다. 수많은 미국인이 이 터무니없는 산술을 믿는 것이 분명하다. 베키트 로이스는 엄청난 광고료를 받고 귀 얇은 사람에게 '물건도 사고 돈도 벌라' 고 꼬드기는 것이다. 초등학교 수준의 수학만 알아도 이런 꼬임에 넘어가는 일은 없어야 하지만 갈수록 수학 점수가 떨어지고 있으니 어쩌랴!

02 수렁에 빠진 사람들

여보, 우리 적자에요.
신용카드 청구서를 보니
크리스마스시즌이 거의 끝났는데도
카드요금이 계속 늘고 있잖아요.

• 뉴아메리칸드림센터의 얼터너티브 캐럴, 「루돌프 사슴 코」의 곡에 맞추어

추수감사절이 지난 월요일, 제이슨의 엄마 자넷 존스는 아이를 학교에 태워다 주고는 정체가 심한 도로를 요리조리 빠져나가 최근에 개장한 쇼핑센터로 간다. 안으로 들어간 그녀는 두 눈을 부릅뜨고 세일 매장을 찾는다. 손에는 제이슨 녀석이 산타클로스에게 적어 준 희망 물품목록이 들려 있다. 녀석이 엄마에게 제가 바라는 것을 알게 하려고 한 장 더 프린트해서 실수로 그런 것처럼 제 침대 위에 슬쩍 놓아둔 목록이다.

처음 몇 가지는 잘 산 것 같다. 속으로 헤아려 보니 100달러는 번 것 같다. 하지만 산악자전거를 사려는 순간 제동이 걸린다. "죄송합니다만 이 카드는 한도를 초과했습니다. 다른 카드 있습니까?" 젊은 여점원의 말이다. 잠시 당황했지만 얼른 지갑을 열며 말한다. "물론이죠. 몇 장이나 있는데요." 이런 광고 문구가 떠오른다. "가격을 매길 수 없을 정도로 귀중한 물건이 있습니다. 하지만 걱정 마세요. 마스터카드 하나면 안심입니다." 그녀가 점원에게 다른 카드를 건네자 여점원은 카드판독기에 통과시킨다. "죄송합니다." 여점원이 안 됐다는 표정으로 말한다. "역시 한도초과군요." 자넷은 얼른 주위를 둘러본다. 이런 낭패스러운 순간을 아무도 보는 사람이 없기를 바라는 마음에서다. 그녀는 "뭔가 착오가 있는 것 같군요." 하고는 자전거 점포를 나온다. 집으로 돌아가는 길에 소비자신용 컨설팅서비스(CCCS)★의 사무실을 지나며 이곳의 도움을 받아야 할 때가 아닐까 생각한다. 안으로 들어갔다면 그곳의 분주한 광경을 보았을 것이다. 근래 들어 부쩍 많은 사람이 여러 나라에 걸쳐 1,100개의 사무실이 연계망을 이루는 CCCS를 찾고 있다. 깊은 부채의 수렁에 빠졌으나 터널의 끝이 보이지 않는 사람들이다.

신용카드 천국

콜로라도스프링스 지역 CCCS의 임원인 마리엘 외천은 말한다. "사람들이 여기 올 때 우리가 맨 처음 시키는 일은 신용카드를 잘라 버리게 하는 겁니다. 발급받기 쉽고 이용이 편리하기 때문에 사람들은 실제 돈을 쓰고 있다는 것을 의식하기 어렵거든요."

외천은 선반에서 커다란 상자를 내리더니 바닥에 쏟았다. 잘린 카드가 수백, 아니 수천 장이었다. 현재 미국인은 일반적으로 다섯 장이 넘는 카드를 가지고 있으니 전국적으로 따지면 10억 장도 넘을 것이다. 많이 가질수록 더 발급받기가 쉬운 것이 카드다. 최근 카드 발급을 신청한 토머스의 아들은 이제 겨우 열두 살이다. 끊임없이 쇄도하는 발급 신청서로 미국 전역의 우체통이 넘쳐나며 카

★ Consumer Credit Counseling Service. 빚이나 신용불량 상태에서 벗어나도록 도와주는 단체

드사는 항공 마일리지, 이자율 인하, 최소 지급액 인하 등을 유인책으로 제시한다. 그런 것도 영예인지 기네스북에 따르면 현재 신용카드를 1,262장이나 가진 사람도 있다고 한다.

"신용카드 회사는 소비를 조장할 뿐만 아니라 되도록 빚을 많이 지게 하려고 여러 가지 마케팅 기법을 구사합니다." 외천의 설명이다. 이것이 카드회사(은행)가 돈을 버는 방법이다. 카드로 2,000달러를 지출(연 18퍼센트 이율로)하고 매달 최소 지급액을 갚아 나간다고 하자. 다 갚으려면 11년이 걸릴 테고 결국 원금의 두 배를 물어 주는 셈이다. 그것도 또 다른 카드지출이 없을 때 이야기다.

외천은 이렇게 지적한다. "카드회사는 당장 만족을 부추깁니다. 지금 당장 사고 걱정일랑 잊어버려라. 매달 조금씩 갚아 나가면 된다. 변제 기간이야 고객이 원하는 대로 정할 수 있다. 충분히 감당할 수 있다. 이것이 카드회사가 내세우는 윤리입니다. CCCS를 방문하는 사람들은 바로 거기에 걸려든 사람들이죠."

사실 미국인 가운데 매달 할부금을 지급함으로써 연체이자를 면하는 사람은 3분의 1도 되지 않는다. 2002년 한 해 동안 미국의 가계는 평균 9,000달러의 카드빚을 졌다. 모두 합쳐 7,640억 달러다. 대학생들조차 평균 2,500달러의 빚을 지고 있다. 미국인의 카드 부채는 1990년대에 비해 세 배나 증가했다.

두 아이를 둔 젊은 부부 신디와 키튼 애덤스는 사정이 더욱 나쁘다. 부부는 여러 면에서 CCCS의 전형적인 고객이었다. 그들은 2만 달러의 빚을 지고 카드 할부금을 갚아 나갈 수 없게 되자 CCCS를 찾았다. 키튼은 이렇게 말했다. "지구라도 살 수 있을 것 같은 생각이 들었죠. 하지만 막상 그렇게 하려니까 안 되더라고요."

당연한 이야기다. 모든 건 키튼이 열여덟 살에 머빈 카드를 발급받으면서 시작되었다. 그는 이렇게 말한다. "그 카드부터 시작해서 나와 신디는 비자카드를 발급받았어요. 결국 우리는 카드를 여러 장 갖게 되었죠." 그들은 많은 것을 사들였고 모두 카드로 지급했다. 물건뿐만 아니라 카드로 새 차를 살 방법도 찾았다. "형편에 맞는 선에서 쓸 만한 8,000달러짜리 차를 고르고 싶진 않았어요." 신디가 털어놓는 말이다. "카드를 긁어서 1만8,000달러짜리 차를 샀지요. 우리가 살 수 있는 가장 좋은 차였어요."

하지만 그들에게 남은 건 깊어만 가는 빚의 수렁이었다. 그러다 마침내 채무회수 대행자가 나타나 물었다. "왜 청구서를 결제하지 않는 거죠?" 키튼은 그제야 정신이 들기 시작했다고 한다. 채무회수 대행자가 CCCS를 권하자 그는 권유를 받아들였다. 애덤스 부부는 신용카드가 잘리는 것을 보는 건 괴로웠지만 지금은 누군가 그렇게 해주어 기쁘다고 말한다.

빚에 쪼들리는 사람들

애덤스 부부 같은 상황에 처한 사람들은 흔하게 볼 수 있다. 〈로스앤젤레스 타임스〉는 "미국인은 경기 호황에 힘입은 소비 잔치로 쌓인 기록적인 빚더미에 눌려 쪼들리고 있다."고 보도했다. 현재의 파산율은 대공황 당시의 파산율을 능가한다.

한 경제전문가의 말에 따르면 부채 증가는 미국 경제의 부실한 하체라고 한다. 부실한 하체는 쇼핑 열기가 또 다른 어플루엔자 증상, 즉 줄 파산으로 이어짐에 따라 붉은 딱지로 뒤덮였다. 600만 명의 미국인이 애덤스 부부처럼 파산지경에 놓였다.

실제로 매년 100만이 넘는 사람(1980년에는 313,000명이었음)이 개인 파산을 신청한다. 미국인 70명당 한 명꼴이니 이는 대학졸업자보다 많은 숫자로 1996년 이래 계속되는 현상이다. 15초 간격으로 한 명씩 파산한다는 말이다. 평균 채무는 월급 22개월치와 맞먹는 액수이고 파산자의 92퍼센트는 중산층이다. 그중 50퍼센트는 무모한 소비로 빚어진 결과다. 나머지는 갑자기 불어난 의료비나 실직 등의 결과다. 이런 상황에 대응하여 여신기관은 의회를 상대로 로비를 벌여 파산선고를 더 어렵게 만드는 한편 고객을 계속해서 재정파탄으로 몰아갔다.

1980년 미국 가계부채는 실소득의 65퍼센트였는데 현재는 수입의 125퍼센트에 육박한다. 〈로스앤젤레스 타임스〉는 이렇게 썼다. "미국의 가족은 전례 없이 지급 능력을 초과하여 부채를 늘렸다. 최근 지표를 보면 가계부채 총액이 역사상 처음 세후 소득총액을 넘어섰다. 무엇보다 두려운 건 경제가 비틀거리고 일자리가 사라질 때 빚을 진 수많은 가족이 처할 상황이다."

저축률 제로

현재 미국에서는 아주 묘한 현상이 벌어지고 있다. 전체적인 수입이 증가할수록 저축은 줄어든다는 것이다. 상식적으로는 정반대여야 한다. 월급봉투가 두둑해지면 저축할 돈도 많아지는 것이 당연하다. 그런데 그렇지가 않다. 방송용 〈어플루엔자〉를 제작할 당시 미국인은 소득의 4퍼센트가량을 저축했는데 이는 독일인의 절반, 일본인에 비하면 4분의 1에 불과한 저축률이었다. 당시에도 이는 매우 좋지 않은 조짐이었다. 1980년만 해도 저축률이 10퍼센트 정도는 되었기 때문이다. 하지만 오늘날 우리의 저축률은 0에 가까우며 몇 달은 그 선 아래로 떨어지기도 한다. 반면 중국, 인도, 파키스탄의 가난한 노동자들은 수입의 4분의 1을 저축한다.

광고는 흔히 대중의 심금을 울리기 위해 과장법을 사용한다. 예를 들어 〈유에스에이 위켄드〉 최근호의 뒤표지를 보자. 아름다운 여성이 웃고 있다. "베로니카 린, 플로리다 주 베벌리 힐스 거주. 도랄 담배를 피움." 나머지 지면에 그녀의 말이 있다. "이건 내 봉급보다 오래가요." 여기서 말하는 "이것"이란 도랄 담배다. 바탕에 깔린 메시지를 찾기는 그리 어렵지 않다. 현재 미국에서는 봉급이 오래가지 않는다는 것.

일류 역사상 가장 많이 받는 월급이 담배 한 갑 태우는 시간에 사라지는 나라. 하지만 걱정할 것이 무엇인가! 불을 붙여라. 이미 어플루엔자에 걸린 몸, 암 좀 걸린다고 대수인가?

위험한 도박

하버드대학 경제학 교수 줄리엣 쇼어는 대다수 미국인이 적절한 재정적 완충장치 없이 살아간다고 지적한다. "미국 가정의 60퍼센트는 재정 위기에 대한 대비가 워낙 미흡하다. 만일 실직이라도 한다면 현재의 생활수준을 한 달 정도밖에 유지하지 못할 것이다. 부자에 버금가는 사람이라도 다르지 않다. 오래 버텨도 석 달 반 정도일 것이다."

일부 경제전문가는 지레 겁먹을 필요는 없다고 주장한다. 현재 미국 국민의 절반이 주식을(그리 많지 않지만) 소유하고 있으니 급하면 그것을 팔면 된다는 것이다. 주가가 상승 국면에 있으니 주식을 소유한 고소득층 베이비붐 세대는 절약할 필요를 느끼지 못한다. 그들은 몇 년 지나 은퇴할 때 높은 가격에 주식을 팔 생각이다. 하지만 『베이비붐 세대가 은퇴하지 못한다면』의 저자인 경영 컨설턴트 팁 파커는 이는 위험한 도박이라고 주장한다. 주가가 계속 상승하려면 베이비붐 세대가 주식을 팔 때 다음 세대 직장인들이 최고 가격에 사줄 수 있어야 한다.

이 시나리오에는 몇 가지 난점이 있다고 파커는 지적한다. 장래에는 주식을 살 직장인의 수가 더 적을 것이므로 퇴직자들은 더 싼 가격에 주식을 처분해야 한다는 것이다. 게다가 1929년의 폭락사태 때 뼈저리게 경험했듯이 주가는 오를 수도 있지만 폭락할 수도 있다. 일부 종목은 이미 과대평가됐고 기업의 실질 수익은 주가를 뒷받침하지 못한다.

다른 분석가들은 현재의 줄파산은 주로 계층 간 소득격차가 심화하는 시기에 인플레이션을 따라잡을 수 없는 저소득층의 문제라고 주장한다. 하지만 최근에는 마이크로소프트사의 백만장자들까지 파산자 대열에 합류했다. 주가가 한창 오를 때 값비싼 휴가를 보내거나 호화주택을 사들이기 위해 주식을 담보로 잡힌 사람들도 있다. 어떤 사람은 "1만 달러가 필요하면 언제든 살로먼 스미스 바니 증권사에 전화하면 된다."고 말했다. 하지만 주가가 내려가자 살로먼 스미스 바니가 그녀에게 빚을 갚으라는 전화를 했다. 그때 부채는 이미 주식을 팔아도 갚을 수 없는 상태였다.

그렇다면 왜 우리는 그렇게 많은 소비를 하는 것일까?

03 탐욕으로 부푼 기대심리

우리 사회는 탐욕에 감염됐다. 이건 최악의 전염병이다.

• 닥터 패치 애덤스

기억을 거슬러 올라가 보라. 제2차 세계대전과 대공황은 끝났고 이제 미국은 성장 중이다. 도시 주변 곳곳에 주택이 들어선다. 새 차들은 생산라인에서 나와 곧장 새로 포장한 도로를 달린다. 곧 대서양에서 태평양까지 닿을 전국 고속도로망의 토대가 마련된다. 집집이 오븐에 TV디너(TV dinner 데워 먹을 수 있도록 요리된 냉동식품)를 데우고 있다.

"멋진 인생이잖아, 밥?" 50년대 광고 속의 한 남자가 소파에 앉아 TV를 보는 젊은 부부와 더벅머리 아들에게 노래하듯 말한다. "내일은 더 멋질 거야. 세상 사람 모두에게 말이야." 물론 그 멋진 세상에서 가난하고 차별받는 사람들은 예외였다. 그리고 중산층조차도 아무런 고민이 없었다. TV 드라마 〈비버에게 맡겨〉가 첫 전파를 탄 1957년 10월 4일, 소련이 인공위성 스푸트니크호를 쏘아 올렸다. 니키타 흐루쇼프는 미국인들을 '경제적 경쟁의 안식처'에 묻어주겠다고 호언장담했다. 그 결과야 우리가 아는 대로다.

하지만 1957년은 덜 알려진 또 다른 이유로도 중요한 해였다. 인생이 매우 행복하다고 느끼는 미국인의 숫자가 이후 20세기 내내 깨지지 않을 기록적인 수준에 이른 해이기도 했다. 그 다음해, 그러니까 미국인들이 2억 개의 훌라후프를 산 그 해에 경제학자 존 케네스 갤브레이스가 영향력 있는 책을 한 권 냈다. 미국을 『풍요로운 사회』라고 부른 책이다.

당시 우리는 지금보다 더 부유하다고 느꼈다. 심리학자 폴 워첼은 오늘날 대다수 미국인이 부유하다고 생각하지 않는다고 말한다. "국민총생산은 당시보다 두 배가 넘습니다. 집 안의 물건도 두 배나 돼요. 그런데도 부유하다는 느낌, 행복을 느끼는 정도는 그때보다 높지 않습니다. 어쩌면 오히려 낮을지도 모르고요."

진보적인 경제학자들은 1973년 무렵부터 미국 중산층의 실질임금은 그리 많이 오르지 않았으며 떨어진 경우도 많다고 주장한다. 젊은 부부들은 자신의 부모가 누렸던 것을 누릴 만한 여력이 없다고 불평한다. 반면 보수적인 경제학자들은 연방정부가 산출한 물가상승률은 과장된 것이며, 따라서 실질임금은 실제로 상당히 많이 올랐다고 주장한다. 어쨌든 한 가지에 관해서만큼은 논란의 여지가 없다. 우리는 지금, 이전 세대보다 훨씬 많은 소유물을 갖고 있고 물질적 기대도 훨씬 높다는 사실이다.

커져만 가는 주택

주택을 예로 들어 보자. 현재 새로 건설되는 주택의 평균 규모는 1950년대의 두 배가 넘지만 가족의 규모는 더 작다. 시애틀에서 드림하우스 부동산을 운영하는 라니타 왜커는 25년 넘게 주택을 팔고 있다. 그녀는 그 사이 무슨 일이 벌어졌는지를 보여주겠다며 우리를 태우고 동네를 돌아다녔다.

그녀는 우리에게 제2차 세계대전 이래 지은 주택들을 보여주고 집이 10년 단위로 얼마나 커졌는지 설명했다. 그녀의 설명으로는 교외 주택의 경우 2차대전 직후에는 넓이 70제곱미터가 보통이었다고 한다. "그러던 것이 50년대에는 18제곱미터가 불어 88제곱미터가 보통이 되었어요." 60년대에 이르면 일반적인 주택의 규모는 102제곱미터가 되었고 70년대에는 124제곱미터에 이르렀다. 지금은 214제곱미터다.

라니타 왜커는 주택이 욕실 하나 딸린 집에서 둘 딸린 집으로 바뀐 무렵인 1972년부터 주택매매업을 시작했다. 당시 자동차 두 대가 들어가는 차고가 유행하기 시작했는데 80년대 말에 이르자 자동차 세 대가 들어가는 차고를 갖춘 집이 지어졌다. 차고 면적만 56제곱미터에서 84제곱미터가 되는 셈인데 "이 정도면 50년대 초에는 온 가족이 사용하는 공간이었다." 왜커는 "그 정도로도 온 가족이 쓸 수 있었는데 갈수록 집 안에 넣을 물건이 많아졌다."고 덧붙였다.

자신의 주장을 입증하기 위해 왜커는 우리를 차 네 대가 들어가는 차고가 딸린 집으로 데려갔다. 고급 승용차들과 보트 한 척이 밖에 세워져 있었다. 주인이 나와서 라니타에게 무엇이 궁금하냐고 묻자 "드림하우스 부동산의 대표인데 당신의 집이야말로 꿈의 저택이군요." 라고 하자 주인이 웃으며 "이 집은 아내의 설계도에 따라 지은 거요."하고 응답했다. 라니타가 "네 대나 들어가는 차고가 필요한가요?"하니 집주인은 "창고가 필요해서요."하며 차고에는 물건이 가득하다고 설명했다. 그러면서 그는 유쾌한 목소리로 이렇게 덧붙였다. "창고가 넉넉지 않으면 차고도 늘 부족한 법이오." 라니타가 자녀가 있는지 묻자 그는 이렇게 대답했다. "식구는 아내와 나뿐이올시다."

물론 차 넉 대가 들어가는 차고를 갖춘 집은 예외적인 경우다. 하지만 현재 모든 사람이 더 큰 주택을 바라는 것도 사실이다. 왜커는 이렇게 설명한다. "50년대에는 부부가 쓰는 침실이 12제곱미터 정도였을 겁니다. 지금은 중간 가격대의 집들도 부부 침실이 족히 28제곱미터는 될 겁니다."

특히 최근 몇 년 사이 집은 유난스런 소비의 상징이 되었다. 최근 주식시장의 호황과 전례 없는 경기 팽창으로 덕을 본 수혜자들이 부동산을 사들여 멀쩡한 집을 밀어 버리고 930제곱미터가 넘는 대저택을 짓기 시작하면서 나타난 현상이다. 어떤 사람들은 이런 집을 '졸부의 성' 이나 '괴물 저택' 이라고 부른다.

미국의 꿈의 거리에서는 경쟁이 치열하다. 맥맨션(McMasion 작은 부지에 크고 화려하게 지은 저택)……더블 맥맨션……디럭스 맥맨션……차고 딸린 디럭스 맥맨션…… 넉넉한 주차장이 딸린 디럭스 맥맨션…… 이런 집들이 주택 전쟁의 흥분 속에 우후죽순으로 솟아났다. 서부 산지의 풍광 좋은 소도시에서 이런 대저택들은 사실 벼락부자들이 휴가 때나 이용하는 별장에 불과하다.

화려해지는 자동차 기본사양

자동차도 마찬가지다. 1957년, 포드가 구상한 에드셀이라는 개량 모델은 크롬 도금한 대형차였지만 오늘날의 자동차만큼 정교하지

그런데도 차는 더 커지고 또 커지고 또…

는 않았다. 1960년의 포드 광고에는 페어레인, 선더버드, 팰컨 등의 신차에 탄복하는 구경꾼들이 등장한다. 차들은 마치 팅커벨이 뿌려놓은 듯 반짝이는 별들에 싸여 있다. 광고대로 '포드의 멋진 신세계'다. 하지만 그 멋진 신세계의 고급모델에서조차 오늘날 자동차에 기본으로 들어가는 기본사양은 찾아볼 수 없다.

예를 들어 1960년에는 에어컨을 장착한 차가 5퍼센트를 밑돌았지만 현재는 장착하지 않은 차가 오히려 드물다. 시애틀에서 도요타자동차의 판매원으로 일하는 마이크 실리번은 이렇게 말한다. "요즘은 고객의 기대가 높아서 쾌적하고 문화적인 기본사양을 원해요. 파워핸들, 파워브레이크는 기본이고 선루프에 고급오디오까지 달아야 직성이 풀려요." 오늘날의 차는 한 세대 전과는 다른 의미다. 컴퓨터 기술을 이용한 장치가 가득하다. 70년대 중반의 에너지 위기에 대한 기억이 희미해지자 대형 취향이 되살아났다.

최근 가격이 뛰어오르기 전까지 미국인의 자동차 연료비는 현금 기준으로 볼 때 기록적으로 낮았다. 스포츠 실용차(SUV)★라는 연료 소비가 많은 사륜구동 왜건을 살 때, 우리는 연료효율성에 대한 걱정은 까맣게 잊는다. 90년대 말, 판매한 전체 신차 중 절반이 연방의 연료효율 검사를 면제받는 SUV와 경트럭이었다. SUV는 넓은 실내 공간과 안락한 승차감을 확보하기 위해 마냥 커지고 있다.

자동차 전쟁

최근까지는 5.5미터 길이의 쉐비 서버밴이 대형 승용차의 표준으로 통했다. 그런데 포드자동차가 서버밴보다 30센티미터가 더 길고 무게가 3,175킬로그램에 달하는 초대형 승용차 익스커션을 내놓았다. 포드자동차 회장 윌리엄 포드는 너무 많은 SUV를 내놓은 것을 사과하면서 자사의 익스커션이 연료를 많이 먹는다고 '포드 밸디즈'★★라고 부르기까지 했다. 하지만 그는 SUV가 낭비와 오염을 일으킨다고 비판하면서도 포드자동차는 그런 차를 계속 만들 거라고 말했다. 이윤이 높기 때문이라는 것이었다.

"SUV를 신분의 상징으로 생각하는 사람이 많습니다. 그러니 사람들은 이런 차를 굴리려고 연료비 3,000~4,000달러쯤 들이는 건 아까워하지 않아요." 자동차 판매원 실리번의 말이다.

순순히 물러날 상대가 아닌 제너럴 모터스(GM)가 반격에 나서 걸프전 때 활약한 수송용 차량을 안락하게 개량한 허머를 내놓았다.

★ 교외 공격 자동차(Suburban Assault Vehicles)라고 비틀어서 부르는 사람도 있음

★★ 밸디즈는 알래스카 횡단 송유관의 남쪽 종점이 있는 알래스카 도시

〈뉴욕 타임스〉에 따르면 "GM은 더 크고 공격적인 스타일의 스포츠 실용차는 앞으로 유행이 지속할 것으로 보고 승부수를 던졌다." 같은 신문에서 어느 10대 소년은 "마치 유행 따라 만든 탱크 같다"며 허머를 좋아하는 이유를 이렇게 밝힌다. "다른 차를 내려다보면서 여유 있는 미소를 지을 수 있어서 좋아요. 내가 강한 사람 같잖아요?" 익스커션보다 30센티미터가 더 넓은 허머의 소매가는 9만 3,000달러다. GM은 이 괴물이 맨해튼에서 대단한 인기를 끌 거로 예상했고 충분히 가능한 일이다. 그 차를 내려다보려면 엠파이어 스테이트의 전망대에 올라가야 하기 때문이다.

이제 포드는 어떤 차로 반격할 것인가? '익스틴션Extinction(멸종)'이라는 이름의 더 큰 SUV인가?

우주관광

사람들은 맨해튼 거리를 달리는 허머를 보며 '사담 후세인의 복수'라고 부를지 모른다. 아니면 호허머(Ho-Hummer 재미없고 시시한 일)라 해도 괜찮을 것이다. 거액을 탕진하는 또 다른 방법과 비교하면 그렇다는 이야기다.

2001년 미국인 데니스 티토는 인류 역사상 첫 우주 관광길에 올랐다. 그가 이 여행에 들인 돈은 고작 2,000만 달러였다. 다음해 남아프리카 출신의 마크 셔틀워스가 뒤를 이었다. 비용은 티토와 비슷하게 들었다. 2004년 6월 스페이스십원이 첫 우주비행을 시작했다. 지구 위로 100킬로미터 정도 올라가면 공식적으로 우주이다. 조만간 이 여행의 좌석은 대중화되었고, 비용은 10만 달러가 채 들지 않았다.

괜찮은 거래라고 생각한다면 지금 당장 체온계를 입에 꽂아 보는 것이 좋을 것이다. 10……9……8…….

현란한 먹을거리

이제 음식을 보자. 50년대에는 TV디너가 등장했다. 일회용 쟁반에 칠면조와 완두콩, 으깬 감자를 넣어 단돈 69센트. 스완슨 가게에 감사할 일이다! 어린 시절, 우리는 이 음식을 보고 아주 재미있어 했다. 우리가 먹는 건 늘 그게 그거였다. 색다른 것이라야 살짝 익힌 달걀말이, 초면炒麵, 잡채 같은 중국 음식과 타코, 타말리 등 멕시코 요리가 고작이었다. 타이 음식은 들어보지도 못했다. 지금은 시내는 물론 교외의 쇼핑센터에서도 식당들의 유엔총회를 볼 수 있다.

과일과 채소를 먹으려면 제철을 기다려야 했지만 지금은 제철이 따로 없이 언제고 살 수 있다. 이곳이 겨울이면 뉴질랜드는 여름이지 않은가. 그런데도 우리는 늘 불만을 느낀다. 항상 먹을 수 있는데도 딸기는 그 맛을 잃는다. 선택의 폭이 넓어진 건 나쁘지 않지만 거기에도 손실은 따른다. 이국적인 외래품들이 금방 진부해지고 따분해져서 더욱 새롭고 더욱 값비싼 식품을 찾는 것이다.

커피를 예로 들어보자. 최근까지 우리는 커피란 설탕을 듬뿍 넣어 참을 만큼 쓰게 만든 갈색 액체라고 알고 있었다. 지금은 어딜 가나 고급 커피가 널려 있다. NPR 라디오 진행자 스콧 사이먼은 몇 년 전 워싱턴 주의 한 시골 주유소에 들렀다가 깜짝 놀랐다. 주유소 매점에는 에스프레소 판매대가 있었는데, 커피 종류가 하도 다양해서 제품을 분별하려면 이탈리아어 사전을 뒤져보아야 할 정도였기 때문이다. 하지만 그럴 필요는 없다. 야구 모자를 거꾸로 돌려쓴 점원이 죄다 알고 있으니까.

예전에 외식은 특별한 행사였다. 지금은 직접 요리해 먹는 데 드는 비용보다 식당에서 쓰는 돈이 더 많다. 기대는 더욱 부풀어만 간다. 위장도 팽대해지고 있으니 이것도 어플루엔자의 또 다른 증상이다.

꼭 필요한 필수품

이런 상황도 생각해보자. 1970년대만 해도 사치품으로 통하던 물건을 지금은 절반이 훨씬 넘는 미국 가정에서 쉽게 볼 수 있다. 식기세척기, 빨래건조기, 냉난방장치, 컬러TV와 케이블TV 등을 이젠 대다수 미국인이 생활필수품이라고 여긴다. 1970년에는 전자레인지, VCR, CD 플레이어, 휴대전화, 팩시밀리, CD, 송풍제엽기(바람을 내뿜어 낙엽을 치우는 기계, 소음이 커서 사회 문제가 됨) 포켓몬, 개인용 컴퓨터 등은 없었다. 지금은 대부분 이런 물건을 당연히 있어야 할 가정용품으로 생각하며, 없으면 오히려 박탈을 느낀다.

항상 그렇지만 우리가 최신형 제품을 사면 어느새 더 좋은 제품이 나온다. 컴팩의 개인용 휴대단말기 신제품 아이팩3600 포켓 피시에 대해 쓰면서 〈시애틀 타임스〉의 과학기술 담당 기자 폴 앤드루스는 아이팩이 포르셰처럼 미끈한 외장과 멋진 컬러 디스플레이를 갖춰 가격이 일반 팜파일럿보다 500달러나 비싸다고 경고하면서도 이렇게 탄식한다. "하지만 아이팩의 컬러 디스플레이, 음악, 포토가 없으면 인생이 매우 따분할 것이다."

여행은 또 어떤가. 현재 한 사람이 차를 몰고 나가는 횟수는 반세기 전보다 두 배나 많아졌다. 당시 소득이 중간 수준인 미국인은 두 주간의 여름휴가 때도 집에서 160킬로미터 이상 떨어진 곳까지 나가는 경우가 드물었다. 지금은 부유층을 비롯한 많은 사람이 멕시코 해변 휴양지 푸에르토 발라르타로 여행을 가고, 뉴요커들은 연휴는 파리에서 보내야 하는 것으로 생각한다. 곳곳에서 변변찮은 모텔들이 우아한 숙박시설로 바뀌었고 평범한 피서지들이 클럽메드로 바뀌었다. 이제 '휴가 간다'는 말은 다른 대륙에 며칠 다녀온다는 뜻이 되었다.

부풀려진 생활수준

"우리 사회는 탐욕에 감염되었다. 이건 최악의 전염병이다." 패치 애덤스는 이렇게 말한다. 하지만 그의 말은 절반만 옳다. 우리의 기대를 부풀리는 일차적인 원인은 탐욕이 아니라 뒤처지는 것에 대한 두려움이기 때문이다. 50년대의 한 잡지 광고는 독자에게 이웃에게 뒤처지지 않으려면 남들이 모는 차를 몰라고 부추긴다. 그 차는 쉐비(GM의 시보레에서 나온 모델)다. 코베트도 아닌 세단형 쉐비. 당시에도 저가 차종으로 꼽히던 차가 아닌가.

하지만 이제 이웃들은 더는 시보레 모델을 몰지 않는다. 이제 무작정 이웃이 하는 대로 따라 하지도 않는다. 대기업에서 사람들의 소비행태를 연구한 경제학자 줄리엣 쇼어는 현재 대다수 미국인이 그들에게 필요한 것을 생각할 때면 동료나 TV 등장인물과 비교한다는 것을 밝혀냈다. 미국 기업들은 최근 몇 년 동안 호황을 누렸다. 자연히 사람들은 자기보다 훨씬 봉급을 많이 받는 동료와 접촉할 일이 잦아졌다. 당연히 더 많은 수입을 반영한 그들의 차, 옷,

여행 계획 등이 모든 사람의 표준이 되었다.

쇼어는 이렇게 설명한다. "TV에서도 실제 생활에 비해 크게 부풀려진 생활수준을 보여줍니다. TV 등장인물은 대개 중상류층 이상이지요. 그러니 TV를 많이 보는 사람은 평균적인 생활수준을 아주 부풀려 보게 되는 겁니다. 예를 들어 TV를 많이 보는 사람은 수영장이나 테니스코트, 비행기를 소유하고 가정부를 둔 미국인의 수를 터무니없이 과장하며 자신이 누려야 할 생활수준도 굉장히 올려 잡습니다. 그러니 당연히 더 많이 쓰고 더 적게 저축하며 살게 되죠."

쇼어의 말에 따르면 1980년대에 빈부격차가 계속 심화되자 비교적 수입이 높은 사람조차 벼락부자가 된 다른 사람에게 상대적 박탈을 느끼기 시작했다는 것이다. "그들은 연간 10만 달러를 벌면서도 가난하다고 느낍니다. 억만장자 기업가 도널드 트럼프 같은 사람과 비교하기 때문입니다." 이런 현상은 모든 소득 계층에서 벌어진다고 쇼어는 말한다. "모두가 최정상의 롤 모델과 비교해 불행을 느낍니다." 몇 건의 여론조사를 보면 미국인은 중산층으로서 최소한의 생활을 유지하는 데만도 4인 가족 기준으로 7만5,000달러가 필요하다고 생각한다.

대놓고 자랑하기

2차대전 직후 최고 부유층은 자신들이 부자라는 것을 되도록 감추려 노력했지만 로널드 레이건 대통령취임 축하무도회 이후로는 많은 사람이 내놓고 자랑하기 시작했다. 경제학자 로버트 프랭크가 지적한 바와 같이 1만 5,000달러짜리 지갑, 1만 달러짜리 시계는 물론 심지어 6,500만 달러가 넘는 자가용 비행기까지 주문이 쇄도했다. 이제 미국인 2,000만 명이 대당 2,000달러가 넘는 대형 TV를 본다. 아이들에게 실물 크기로 제작한 5,000달러짜리 다스 베이더(영화 〈스타워즈〉에 등장한 악한) 모형과 1만 8,000달러짜리 레인지로버(영국 랜드로버에서 제작한 고급 SUV)복제품을 사주고 2만 5,000달러를 들여 생일 파티를, 100만 달러를 들여 성년 축하파티를 열어준다. 의식적이든 아니든 이런 식으로 대중문화, 계층화된 직장 등의 병소로부터 새로운 롤 모델들이 어플루엔자 바이러스를 퍼뜨려 우리의 기대를 전례 없이 부풀린다. 부풀어 터질 지경으로.

04 만성 울혈증

집은 물건 더미 위에 덮개를 씌워 놓은 것에 지나지 않는다.

• 조지 칼린

밤 9시, 40대 맞벌이 부부인 카렌과 테드 존스는 집 근처 셀프서비스 물품 보관실에서 깜박이는 손전등 불빛에 의지해 몇 달 전에 치운 물건을 찾고 있다. 남편은 다음날 회사에 제출해야 하는 보고서를 찾았고, 아내는 친구에게 받은 그림을 찾는다. 그 친구가 집에 온다고 했기 때문이다.

"꼭 도둑이 된 느낌이야." 아내가 크리스마스 장식물과 어딘지 낯익은 물건이 든 상자를 뒤지며 나직한 목소리로 말한다. 남편이 왜냐고 물으며 대답한다. "이건 우리 물건이야! 이런 공간이 있어서 다행이지 않아?" 그렇지만 아내는 완전히 확신이 서지 않는다. 차고와 창고가 꽉 찬 상황에서 따로 물건을 보관할 곳이 있으니 다행이긴 하지만, 10제곱미터의 공간을 이용하는 대가로 매달 105달러씩 지급하는 것이 잘하는 일인가? 이렇게 물건이 많아도 괜찮은가? 아무튼 그녀는 확신이 서지 않는다.

이런 사람이 카렌과 테드뿐만이 아니다. 미국에는 현재 3만 개가 넘는 셀프서비스 보관소가 있다. 재택영업을 시작하거나 가구家口를 합치거나 이사하고 짐을 정리하거나 물건 사들이는 버릇을 고칠 수 없는 수많은 고객에게 안전한 저장 공간을 제공하는 것이다. 이 산업은 1960년대 이래 40배로 팽창했다. 거의 맨바닥에서 연간 120억 달러로 규모가 커져 지금은 미국의 음악산업보다 시장이 크다.

우리 주변은 말 그대로 빈틈없이 꽉 차 있다! 사람들은 집과 직장과 거리에서 일상적이고 만성적인 적체에 시달린다. 이런 상황은 끊임없는 유지, 분류, 전시, 교체를 요구하는 어지러운 카오스다.

그 딱한 보고서는 어느 상자에 들어 있단 말인가?

물건 정리하기

베스 존슨에게는 물질을 얻는 것이 단순한 허영을 넘어섰다. 그녀는 물건을 강박적으로 모으는 200만 명을 넘는 다른 미국인처럼 집 안에 가득 찬 물건을 보니 숨이 막혀왔다. 책과 옷, 오래된 지도, 녹음한 CD에 이르기까지. "수집벽이 있는 사람은 흔히 직장생활을 하지 못합니다. 너무 쉽게 다른 곳에 정신이 팔리기 때문입니다. 그들은 거의 모든 물건에서 가치를 발견하고 버리기를 두려워합니다. 마치 자기를 버리는 것처럼 느끼지요." 그녀의 말이다. 온전한 생활을 회복한 그녀는 지금 코네티컷 웨스트 하트포드에서 '난장판 정돈 워크숍'을 운영한다.

베스는 환자의 집을 방문한다. 그들의 집은 방에서 방으로 연결되는 좁은 통로 외에는 온갖 잡동사니로 가득 차 있다. 그녀는 이런 문제를 해결하려면 '차고 세일' 같은 창조적인 도전을 하도록 권장한다. 단지 팔기만 하고 사지는 않는 것이다. 그런 다음 같은 병을 앓는 친구를 집으로 초대하게 한다. 어떨 때는 몇 년 만에 처음으로 친구를 초대하는 사람도 있다.

우리가 물건을 소유할까, 아니면 물건이 우리를 소유할까? 물건이 도처에 널린 이 어지러운 세계에서 우리는 쉽게 압도되어 길을 잃고 만다. 조류에 휩쓸려간 우리는 쇼핑몰로 가서 더 많은 물건을 사거나 자동차 대리점으로 휩쓸려가서 새 차를 사고 만다. 현금이 없어도 되지 않는가!

달리지 못하는 대형차

덴버에 사는 댄 버먼은 TV 광고에서처럼 자신의 중형 SUV 두 대를 길이 험한 산의 정상까지 몰고 올라갈 수는 있었지만 자기 집 차고만큼은 들어갈 수가 없었다. 15년 전에 벽돌로 지은 차고는 너무 작았기 때문이다. 그는 차고를 헐고 새 밀레니엄에 어울리는 차고를 지었다. 덴버의 워싱턴파크에 사는 그의 이웃 중에는 아직 거

야생의 신개발지에서…

기까지 이르지 못한 사람도 많다. 차를 몰고 이웃의 낡은 집을 지날 때면 4만 달러짜리 포드 익스커션이며 링컨 내비게이터가 길가에 서 있는 모습을 볼 수 있다. 하지만 덴버와 같이 복잡한 대도시에서는 그리 많이 달리지 못하는 것이 보통이다.

미국인은 새로운 이정표에 도달했다. 우리는 지금 등록된 운전자보다도 차(2억400만 대)를 더 많이 보유한 나라에서 산다. 이런 미심쩍은 영예를 누리는 사이, 도로의 주행속도는 형편없이 떨어져 러시아워에는 시속 32킬로미터로 달려야 한다. 이 정도 속도라면 낭비하는 시간과 연료가 연간 600억 달러에 달하는 셈이다. 최근 꽉 막힌 도로가 뚫리기를 기다리면서 데이브(이 책의 공동저자)는 도로 위의 모든 차가 사람만 남겨두고 홀연히 사라지는 상상을 했다. 그런다고 그리 큰 혼란이 빚어질 것 같지는 않았다. 걸어서 출근하거나 퍼레이드에 참여하면 될 테니까.

왜 이렇게 되었는가? 예전에 미국은 피자 배달부와 구급차 운전자가 모두 늦지 않게 목적지에 갈 수 있는 나라였다. 하지만 이 어지러운 신세계에서는 두 사람 모두 교통체증에 발이 묶이곤 한다.

어느 남아메리카 작가의 단편소설에 나오는 이야기다. 교통체증이 도무지 풀릴 기미가 보이지 않자 운전자들은 차를 버리고 근처 마을에서 식량을 약탈하기 시작한다. 결국에는 도로변 땅에 곡물을 재배한다. 한 여인이 아이를 낳고 나서야 비로소 차들이 다시 움직인다. 미국(혹은 남아메리카)의 차량 정체가 아직 그 정도에는 이르지 않았지만 혹시 모르니 장갑 손가락 부분에 씨앗 몇 가지를 넣고 다니는 것도 괜찮을 것 같다.

무질서한 도로 확장

교통체증이라면 손 꼽히는 곳이 주간州間 5번 고속도로와 10번, 60번, 101번 도로가 교차하는 로스앤젤레스의 한 지점이다. 매일 50만 대가 넘는 차량이 정체에 시달리며 통과한다. 썩 아름다운 광경은 아니다. 로스앤젤레스 주민은 연간 82시간을 차량 정체로 허비한다. 전국 도시운전자 평균이 34시간이니 심각한 수준이다. 체증 탓에 로스앤젤레스의 운전자는 한 사람당 매년 500리터의 연료를 낭비하고, 매연으로 목욕을 하며 빠른 말투로 쏟아내는 교통방송을 들어야 한다. 지하철처럼 도심 간선망을 땅속으로 설계한 보스턴의 '빅딕Big Dig'은 이후로도 50년 동안 납세자에게서 돈을 짜낼 것이다. 180억 달러에 가까운 건설비는 1975년의 추정치에 비해 25배가 넘는다. 그리고 그 돈은 지금 새고 있다.

교통체증이라면 우리가 모두 겪는 문제이지만 일부 교통공학자들은 자기들만이 우리를 구해낼 수 있다고 생각한다. 공학자들은 교통 수요가 적은 사회를 만들 생각은 하지 않고 여전히 도로 확충에만 골몰한다. 이미 로스앤젤레스의 3분의 2 이상이 포장됐는데도 그들의 시선은 세인트루이스, 투손, 콜로라도스프링스 등으로 향하고 있다.

그러나 텍사스 교통연구소 등에서 최근 시행한 연구는 교통체증의 주된 원인이 도로 부족이나 인구 증가가 아니라 대개 도시의 무질서한 확장에서 비롯된 65퍼센트에 달하는 교통량 증가임을 보여주었다. 연구자들은 도로망이 10퍼센트 증가할 때마다 체증은 5.3퍼센트가 증가한다는 결론을 내렸다. 심각한 부작용을 수반하는 약물 요법처럼 도로 신설은 사태를 악화시키는지 모른다.

큰 도로가 다 막히니, 갈수록 더 많은 운전자가 "배를 버리고 물로" 뛰어든다. 영화 《LA 스토리》에서 스티브 마틴이 맡았던 인물처럼 샛길로 끼어들고 공터를 가로지르는 것이다. 그런데도 공학자들은 첨단 신기술이 실제적인 대책이라고 생각한다. '지능형 자동차'와 '지능형 도로'가 그것이다. 한 공학자는 도로가 막히면 특수센서와 무선통신 시스템을 장착한 자동차들이 컴퓨터의 지시에 따라 운행하는 자동화 도로를 제안했다. "자동운행 방식을 이용하면 운전자는 빠져나갈 지선이 나올 때까지 휴식을 취할 수 있다. 이 지점에서 시스템은 운전자가 다시 차를 운전할 수 있는지 점검하여 만약 잠들어 있거나 아프거나, 심지어 죽어 있어도 필요한 조처를 한다는 것이다."

죽어서도 목적지에 도달할 수 있다니 안심이긴 하다. 하지만 좀 만화 같지 않은가? 어느 면에서 이건 대중교통 체제다. 다만 '지능형 도로'가 개인화된 미국식이라는 점만 빼면 말이다. 이 방식은 결국 비싼 건설비와 유지비뿐만 아니라 고도로 개인화된 소비를 낳는다.

공항에서의 수화물 전쟁

물건으로 가득한 가정이 폐 속의 울혈에 해당한다면 자동차도로는 막힌 동맥, 비행기는 공기를 통해 어플루엔자 매개체를 퍼뜨리는 재채기라 할 수 있다. 1988년과 1998년 사이 항공교통량은 35퍼센트가 증가했으며 앞으로도 무한히 늘어날 것으로 보인다.

공항에서(지연되던 비행편이 마침내 출발 준비를 마치면) 우리는 승무원에게 가방을 하나라도 더 싣게 해달라고 통사정을 하지만 돌아오는 건 승객 보호를 위해 어쩔 수 없다는 단호한 거절뿐이다. 치열한 수화물 전쟁이 벌어진다. 항공사의 전략은 '사람은 많이 물건은 적게'다. 승객은 있는 대로 밀어 넣고 수화물은 되도록 줄인다는 것이다. 승객들의 생각은 반대다. 도착지 수화물창구에서 기다리지 않으려고 되도록 물건을 많이 가지고 타려 한다. 특히 노트북, 화장품, 비상식량 등은 꼭 휴대해야 한다.

"여러분의 짐을 잘 지키십시오." 보안 검색을 받으려고 줄을 서 있는 동안 안내 방송에서 들려오는 소리다. 무슨 일인가? 모두 소지품을 걱정한다! 수화물은 가로 50센티미터 세로 100센티미터까지만 휴대할 수 있다. 공항 직원은 수화물을 받아 엑스레이 검사를 하고 꼬리표를 붙이는 건 물론 주인에게 그 물건에 대해 캐묻는다. 왜 그들은 그렇게 까다롭게 구는가? 물건이 우리의 신분을 상징하기 때문이다. 그들은 우리가 누구인지에 대해서는 관심이 없는가? 없다. 명심하라. 우리는 고객이지 사람이 아니다.

수화물 전쟁의 광기는 비행기가 착륙하면 절정에 달한다. 기장이 좌석벨트를 풀 시간임을 알리는 벨을 울리면 승객들은 좌석에서 튕겨 일어나다 천정 짐칸에 머리까지 부닥치면서 물건을 찾으려고 앞 다투어 기어나간다.

우주 쓰레기

영화《부시맨》에서는 하늘에서 떨어진 콜라병 하나 때문에 아프리카 칼라하리 사막에서 평화롭게 살던 서구 문명을 접해 본 적이 없는 부시맨 부족이 혼란에 빠진다. 캘리포니아 주 사우스게이트 한 시장에 최근 비행기 앞바퀴 하나가 하늘에서 떨어졌다. 겨우 피한

한 여인이 교회로 뛰어들며 소리친다. "쳐다보지 마세요. 하늘이 무너지고 있어요!"

우주마저 물건들로 꽉 차 있다. 3,000톤이 넘는 우주선 잔해가 시속 35,000킬로미터 속도로 지구 주위를 날고 있다. 그 정도 속도면 공깃돌만 한 우주 잔해 하나도 30미터 상공에서 떨어지는 180킬로그램짜리 바위에 맞먹는 운동에너지를 가진다. 위험한 우주 쓰레기장 너머로 나가려는 미래의 우주비행사들은 우주 쓰레기의 총알을 피하는 데 더 많은 시간을 허비해야 할지 모른다.

한편 지구에서는 캐나다 브리티시컬럼비아 주의 짐 버나스 같은 우주 쓰레기 수집가들이 수집품을 늘리려고 더 많은 잔해가 떨어지기를 애타게 기다리고 있다. 버나스는 이미 혜성의 파편과 위성을 회수하려고 고안한 캐나담★을 가지고 고철이 된 우주정거장 미르가 캐나다 어디쯤, 기왕이면 바로 자기 집 뒤뜰에 떨어지기를 간절히 바라고 있다.

정상을 향해서

우리 집을 포함해 미국의 1억200만 가정에서는 현재 역사상 존재했던 모든 가정이 소유한 물건을 다 합친 것보다 더 많은 물건을 보유하고 소비한다. 닫힌 울타리 안에서 우리는 마치 인생이 물건 먹기 대회나 되는 것처럼 제품과 케이블을 타고 들어오는 오락거리 속에 묻혀 지낸다. 소화불량을 알리는 징후가 명백한데도 소비

★ 국제우주정거장에는 전체 네 개의 로봇 팔이 장착되어 있는데, 이 가운데 가장 큰 건 캐나다에서 만든 캐나담(Canadarm)이고, 나머지 셋은 러시아의 스트렐라 화물크레인 두 개와 일본 모듈의 작업을 지원하는 일본 로봇 팔이다

를 계속하고 있다. 그것이 정상이라 믿어 의심치 않는 것도 한 가지 이유다. 칼럼니스트 엘런 굿맨은 이렇게 썼다. "우리는 직장에 나가려고 옷을 사 입고 아직도 할부가 끝나지 않은 차로 막힌 도로를 비집고 출근한다. 이 모든 것이 옷과 차, 그리고 온종일 비워 둘 집을 장만하면서 생긴 빚을 갚기 위해서다. 요즘은 이런 생활이 정상이다."

에리히 프롬은 우리가 정상적이라며 만족하며 살 때 그 이면에 도사린 잠재적 위험에 대해 이렇게 지적한다. "수백만 명이 같은 종류의 정신병을 공유하는 것으로는 그 병을 고칠 수 없다." 건전한 사회(자연적 리듬과 사회적 협력과 신뢰에 토대를 둔 사회)에 비해 우리가 꾸는 꿈이 어찌나 비정상이던지 행동인류학자들조차도 우리가 무엇을 하고 있는지를 알아내려고 고심하고 있다. 알프레드 P. 슬론 재단은 최근 미국인의 생활방식을 조사하고자 2,000만 달러를 들였다. 연구자들은 미국에 사는 호모 사피엔스의 일상적 행동을 세심히 관찰하는 방법을 주로 사용한다.

예를 들어 인류학자 잰 잉글리시루크는 아동 행동을 우리의 생활방식과 관련해 이해하고자 한다. 그녀는 이렇게 말한다. "나는 세 살짜리 아이를 줄곧 따라다니며 지켜보았는데 겉보기로는 아이에게 우리 문화가 체화된 건 아닌 듯했다. 하지만 그 세 살배기 아이가 여동생을 보고 '귀찮게 좀 하지 마. 일하고 있잖아.' 하고 말했을 때는 그냥 듣고 넘길 수 없었다." 아이는 일에 들이는 시간과 부모가 집 안에 쌓아 놓은 물건 사이에 연관이 있음을 이미 파악한 건 아닐까?

애리조나대학에서는 또 다른 인류학자들이 1973년부터 미국의 쓰레기 문제를 연구하고 있다. 쓰레기연구학자들은 우리가 일상에서 사용하는 인공물을 이해하려고 투손의 쓰레기 매립지에 코어 드릴을 박고 폐선이 된 해군 항공모함을 이용해서 분류했다. "현대 쓰레기의 유형이야말로 인간 소비 활동의 명확한 기록이다." 이 계획을 입안한 윌리엄 라데의 말이다. "다음 세대는 우리 삶을 관통해 흐르는 물건에 놀랄 것이다. 3분 만에 요리해 먹을 수 있는 냉동식품을 담았던 용기는 수백 년 동안 썩지 않는다."

다음 휴가 때 우리는 콜로라도의 스키장에 가거나 이탈리아 북부에서 하이킹을 즐길지 모른다. 하지만 그 전에 우리는 값비싼 장비들을 자세히 기록한 점검표가 필요할 것이다. 『하이테크 하이터치High Tech—High Touch』라는 책에서 존 네이스비트를 비롯한 저자들은 모험 여행에 필요한 물품들을 이렇게 묘사한다. "상상 속 여행에서 상상할 수 있는 모든 상황에 대처 가능한 각종 하이테크 장비가 시중에 나와 있다. 디지털 방식으로 최적화한 하이킹 운동화, 27개의 공기구멍이 있는 헬멧, 물통배낭, 휴대용 정수기, 엉덩이 부분에 물 튀김 방지 고무판이 있는 자전거 바지……."

05 과도한 스트레스

우리는 늘 똑같은 푸념을 듣는다. 이건 사는 게 아니다.
아침에 일어나서 아이들을 학교에 보내고, 40분 걸려 직장에 나간다.
늦게까지 일을 하고 밤에 귀가하면 집에는 빨래와 고지서가 기다린다.
뭐든 손에 걸리는 것을 전자레인지에 쑤셔 넣는다.
녹초가 된 채 잠에 떨어지고, 잠에서 깨어나면 똑같은 일상을 반복한다.
이것이 오늘날 미국인의 생활이다.

• 제럴드 셀렌티, 트렌드 연구가

우리는 전자레인지를 보고 서두르라고 고함을 치는 국민이다.

• 조운 라이언, 〈샌프란시스코 크로니클〉

"어플루엔자는 중병입니다. 이것은 의문의 여지가 없습니다." 저술과 강연에 매진하기 전 오랫동안 개업의로 활약한 위스콘신 주 메노모니의 리처드 스웬슨 박사는 이렇게 말한다. 신앙심 깊은 이 의사는 오랜 관찰 끝에 자기 환자들이 생활에서 느끼는 고통은 대부분 신체적 요인보다는 심리적 요인에 기인한다는 결론을 내렸다. "4, 5년쯤 지나자 모든 게 여유의 문제라는 생각이 들었어요." 그는 환자 가운데 많은 사람이 극한까지 자신을 혹사하고 아무런 여유 없이 자신을 돌이켜볼 틈도 없이 산다는 것을 알았다. 그들은 심한 스트레스 증상을 보였다.

스웬슨은 당시의 경험을 이렇게 설명한다. "스트레스는 신체증상으로 나타나는데 두통과 요통, 위산과다, 가슴 통증과 같은 설명할 수 없는 고통과 통증을 앓죠. 우울증과 불안감, 불면증, 과민성으로 상사나 동료, 자식들에게 고함을 치는 행태 등의 정서장애를 보입니다. 그 결과로 과속운전과 과음, 욕하기 등의 증상을 수반하죠. 그들은 삶의 여유와 자제력이 부족합니다. 엑스레이로 확인할 수는 없지만 실제로 존재하는 현상입니다. 그리고 스트레스는 사람들이 삶에 고통과 장애를 일으키는 강력한 원인입니다."

과잉소유

스웬슨은 수많은 환자가 '과잉소유' 라고 부르는 것, 즉 너무 많은 물건에 시달린다고 했다. 그는 이렇게 말한다. "과잉소유란 너무나 많은 물건을 소유해서, 인생 자체가 그 소유물을 유지하고 돌보는 데 사로잡히는 걸 말합니다. 내가 소유하는 모든 것이 거꾸로 나를 소유합니다. 슬픔을 느낄 때 사람들은 어떻게 합니까? 쇼핑을 하면 기분이 나아지지만 그것도 잠시뿐이죠. 소비에는 중독성이 있습니다. 하지만 그 치료법은 아무런 효과가 없어요. 사람들은 온갖 물건을 사들이지만 여전히 공허감과 허탈감을 느끼지 않나요? 그들에게 남은 건 스트레스와 극도의 피로, 신경쇠약뿐입니다. 인간관계는 증발했죠. 그들은 수많은 재미난 장난감에 둘러싸여 있지만 생의 의미는 사라지고 없습니다. 무언가 절실히 원해서 손에 넣었는데 그것이 허망하다고 깨닫게 되면 비극이지요. 그런데 바로 이런 일이 벌어지고 있는 겁니다."

시간이 부족해

지난 20년 사이 사람들의 인사에도 변화가 생겼다. 전에는 직장이나 거리에서 만난 친구들에게 "안녕하세요?"라고 말하면 그들은 "좋아요. 당신은요?" 하고 응대했다. 지금은 똑같은 인사에 흔히 "바빠요, 당신은요?"라는 대답이 돌아온다(그것도 "당신은요?"는 시간 있을 때나 붙이지만). 그러면 우리는 "나도 그래요." 하고 대꾸한다. 과거에 우리는 꽃향기 맡을 시간이 있는지 물었다. 지금은 커피향 맡을 시간도 내기 어렵다. 리처드 스웬슨은 이렇게 말한다. "생활 속도가 숨이 막히도록 빨라졌습니다. 가장 잘 사는 나라들은 스트레스가 가장 많은 나라이기도 합니다."

최근에 친구에게 음식을 대접하려고 한 적이 있는가? 약속을 잡으려면 스케줄을 기록하는 달력에서 한 달쯤 뒤의 날짜를 찾아야 한다. 요즘은 아이들도 그런 달력을 갖고 다닌다. 직장 동료에게 인생에서 무엇이 더 있었으면 좋겠냐고 물어보면 '시간'이라는 대답을 듣기 십상이다. "이건 인종도, 계층도, 성도 넘어서는 문제입니다. 다들 시간이 없대요." 흑인 소설가 바버라 닐리의 말이다. 우리는 모두 디즈니 만화 『이상한 나라의 앨리스』에 등장하는 안경 낀 토끼와 흡사하다. 줄곧 시계를 보면서 "안녕, 잘 가라고 할 시간이 없어. 늦었어! 늦었어! 늦었어!" 하고 중얼거리는 토끼 말이다.

1990년대 초부터 트렌드 연구가들은 유령이 미국을 떠돈다고 경고했다. 시간 기근이라는 유령이다. 광고 전문가들은 "시간은 90년대의 고급 사치품이 될 것이다."라고 지적했다. 시리즈로 이어진 유에스웨스트사의 기발한 TV 광고 '시간이 곧 우리다Time R Us'는 은행이나 지하 특가매장에서 시간을 사려고 안달하는 사람들을 보

여주었다. 한 가게는 사상 최대의 세일 중이다. 지친 여인 하나가 품질 좋은 시간을 어디 가야 살 수 있느냐고 묻는다. 그러자 광고는 이렇게 약속했다. "여러분은 이제 시간을 살 수 있습니다. 유에스웨스트가 제공하는 이동전화 서비스로 여분의 근무 시간을!"

더 많은 근무 시간이라, 흠.

우리는 그 반대가 될 것으로 생각했다. 기술발전과 자동화, 인터넷 세상이 진전되면 여가는 늘고 일하는 시간은 줄어들 것으로 생각했다. 숱한 미래학자들이 "20세기 말에는 여가가 늘어나 우리는 그 시간에 무엇을 해야 할지 모를 것"이라고 예측한 사실을 기억하는가. 1965년, 미국 상원의 한 소위원회에서는 2000년에는 주간 노동시간이 14시간에서 22시간 사이가 되리라 예측한 적도 있었다.

그러나 우리는 기술은 확보했지만 시간은 얻지 못했다. 컴퓨터와 팩스, 휴대전화, 이메일, 로봇, 특급택배서비스, 고속도로, 제트

여객기, 전자레인지, 즉석식품, 즉석사진, 디지털카메라, 즉석 타트(속이 보이는 작은 파이), 냉동와플, 즉석 무엇, 즉석 무엇……. 하지만 여가는 30년 전보다 줄었다. 이동전화를 보자. 이동전화 덕분에 운전 중 여분의 근무 시간을 얻었지만 사고 위험이 음주운전만큼 높아졌다.

진보? 그러고 보니 저 기막힌 송풍제엽기를 잊을 뻔했군.

우리의 바쁜 삶 속에서는 인내심이란 찾아보기 어렵다. 『인내의 끝The End of patience』의 저자인 데이비드 셍크는 이메일과 온라인 쇼핑을 하는 인터넷 속도에 대해 이렇게 말한다. "우리는 우리의 삶 속에 더욱더 많은 것을 채우고 있고, 그 과정에서 인내를 잃어가고 있다. 우리는 무언가를 하려고 기다리는 1초 1초가 무척 고통스러운 지경까지 와 있다." 거대한 노스이스트호텔 엘리베이터에는 모니터로 인터넷뉴스가 방영되고, 수많은 헬스클럽에서는 자전거 페달을 밟으면서 인터넷 검색을 할 수 있다. 주유소에서는 주유하는 동안 고객들이 지루해하지 않도록 TV를 설치해 놓았다.

매우 바쁜 여가계급

우리는 스테판 린더의 말에 귀를 기울였어야 했다. 1970년, 이 스웨덴 경제학자는 더 많은 여가를 원하는 건 이룰 수 없는 현실로, 우리는 곧 시간을 갈망하는 매우 바쁜 여가계급이 될 거라고 경고했다. 린더는 경제성장은 시간의 희소성을 전반적으로 증가시킬 것이라며 이렇게 덧붙였다. "소비재의 양이 증가함에 따라 이 재화를 유지·관리할 필요성이 커졌다. 더 큰 집을 청소해야 하고, 차를 닦아야 하고, 겨울 동안 보트를 보관해야 하고, TV를 수리해야 하기 때문이다." 간단히 말해 어플루엔자에 대한 내성이 커지면 시간 압력으로 생긴 두통도 심해지기 마련이다.

린더는 쇼핑 그 자체가 시간이 아주 많이 드는 활동이라고 지적했다. 사실 미국인은 현재 아이들과 놀아주는 것보다 쇼핑에 더 많은 시간을 쓴다. 우리가 그토록 자랑하는 선택의 자유조차 문제를 한층 심각하게 만들 뿐이다.

어느 것을 고를까

일반적인 슈퍼마켓을 보자. 취급품목이 3만 종에 이르는데 이는 20년 전의 2.5배에 이른다. 예를 들어 당신이 100가지 시리얼 제품 가운데서 하나를 선택해야 한다고 생각해 보라(거의 모든 품목이 마찬가지일 테지만). 가격을 보고 결정해야 한다면 세일하는 상품을 낚아채라. 맛을 보고 선택한다면 달콤한 상품을 택하라. 아니면 영양가? 그렇다면 어떤 영양소가 더 중요한가? 단백질? 콜레스테롤? 열량? 비타민? 지방? 식이섬유? 아이들이 조르는 것을 못 이겨 코코아 뻥튀기를 살 수도 있다. 비타민과 노화방지 효과를 노릴 수 있고 한 컵의 열량이 50칼로리밖에 안 되는 점에 이끌려 토마토주스에 손이 갈 수도 있다. 하지만 소금 함유량 표시는 보지 마라. 그날 온종일 소금을 섭취할 때마다 죄의식에 시달려야 할 테니까.

선택 대상은 무수히 많다. 하지만 시간이 없다. 린더는 이런 일이 벌어져 선택할 대상이 감당 못할 만큼 많아지면 광고는 상품 외적인 저속한 정보에 중점을 둔다고 경고했다. 객관적 근거로 결정할 능력이 없는 사람은 브랜드 충성도가 높아질 게 틀림없기 때문이다. 그러므로 혹시 당신이 판촉 담당자라면 심리학자를 고용해 쇼핑객이 물건을 보고 기분 좋은 섹스를 연상할 만한 상자 색깔을 연구하게 하라.

과로에 시달리는 사람들

린더는 어떤 시점을 넘어서면 시간압력은 생산성과 비례한다고 주장했다. 그는 노동시간이 증가할지 감소할지는 분명히 말하지 않았다. 하지만 자동화 옹호자들이 광고한 것만큼 노동시간이 줄어들 것으로 생각하지 않았다. 그가 옳았다. 실제로 현재 미국인들이 한 세대 전보다 더 많이 일하고 있음을 뒷받침하는 증거가 있다.

하버드대학의 경제학자 줄리엣 쇼어는 노동부 통계를 이용해 현재 미국의 정규직 노동자들은 1969년에 비해 평균 160시간(한 달간의 업무 시간)을 더 일한다고 주장한다. "일을 훨씬 더 많이 하는 사람들은 고소득층만이 아니다. 중산층, 저소득층, 빈곤층도 마찬가지다. 모두가 더 오래 일하고 있다." 실제로 국제노동기구에 따르면, 1999년 10월에 미국은 일본을 제치고 현대 산업국가 중에 가장 노동시간이 긴 나라가 되었다. 미국 노동자의 42퍼센트가 하루 일과가 끝나면 완전히 소모된 느낌을 받는다고 말한다. 69퍼센트는 속도를 줄이고 좀더 느긋한 생활을 하고 싶다고 말한다.

정신 차릴 틈이 없다

줄리엣 쇼어가 말하기를, 더구나 "노동 강도는 극적으로 증가했다. 우리는 오늘날 과거보다 훨씬 바쁘게 일하고 있다. 그래서 우리는 일에 혹사당하고, 정신적으로 쫓기고 약탈당하며 무겁게 짓눌리고 소진한다." 팩스를 받을 때도 그건 늘 어제쯤 들어왔어야 할 정보인 것이다. 우리가 새로운 컴퓨터에 익숙해질수록 인내심은 급속히 바닥난다.

몇 년 전 사무연대노동조합의 상임위원장을 역임한 바 있는 카렌 너스봄은 이렇게 지적했다. "2,600만 미국인이 자기가 쓰는 기계에 감시당하며 산다. 그 수는 날이 갈수록 늘고 있다. 컴퓨터가 깜박이며 화면에 '당신의 작업 속도가 옆 사람보다 느리다'는 메시지를 띄운다." 이런 환경에서 혈압이 올라가지 않을 수 있겠는가?

노동 강화는 때로 지극히 비인간적인 수준에 이른다. 최근 도살장에서 몰래 찍은 비디오에선 두 눈 뻔히 뜬 소들을 산 채로 가죽을 벗기고 버둥거리는 네 다리를 자르는 광경을 보여준다. 한 노동자는 이렇게 말했다. "컨베이어가 너무 빨리 돌아요. 시간당 300마리입니다. 내가 소를 한 방에 처치하지 못하면 그냥 지나가는 거죠. 멈추지를 않아요. 소들은 산 채로 매달리기도 합니다. 그런 소들은 고개를 치켜들고 있으니까 알 수 있죠. 소들은 계속 밀려옵니다. 오고, 오고 또 오고……." 이 비디오는 만족을 모르고 더 많은 것을 좇는 미국의 생산 속도가 우리에게 사실상 정신 차릴 틈조차 주지 않음을 보여주는 소름 끼치는 증거다.

여가를 대신한 물질

우리는 일 더미 속에서 헤어날 시간적 여유가 없다. Expedia.com에서 행한 한 조사를 보면 미국인들은 1년 휴가 중 평균 3일을 회사에 도로 반납한 것으로 나타났다. 이렇게 한 이유는 다음 구조조정에서 살아남기를 바라는 마음에서라고 한결같이 입을 모았다. 일부 사람들은 그저 단순히 업무를 처리할 시간이 없어서 휴가를 반납했다고 했다.

줄리엣 쇼어는 2차대전 이후 미국의 생산성이 두 배가 넘게 증가했음을 지적한다. "문제는 우리가 그런 발전을 어디에 이용하느냐는 것이다. 우리는 노동시간을 줄일 수 있었다. 반나절 만에 같은 양을 생산해낼 수 있으니 나머지 시간을 다른 곳에 쓸 수 있었던 것이다. 하지만 우리는 경제발전의 모든 성과를 더 많은 물건을 만들어내는 데 쏟아 부었다. 소비는 두 배가 되었고 노동시간은 전혀 줄지 않았다. 사실 노동시간은 계속 늘어났다."

유럽인들은 좀더 다른 선택을 했다. 1970년 유럽인의 1시간당 노동생산성은 미국인의 65퍼센트에 불과했다. 과거에 그들은 우리보다 더 많이 일을 했기 때문에 그들의 1인당 GDP는 미국인의 70퍼센트였다. 요즘 유럽인의 생산성은 미국인의 91퍼센트에 해당한다. 일부 유럽 국가들은 1시간당 생산성이 우리보다 더 많은 곳도 있다. 하지만 이 나라들의 실질적인 1인당 GDP는 미국의 72퍼센트에 불과하다. 그들은 우리가 가진 것보다 훨씬 적은 물건을 가지고 있다. 그런데 그게 어쨌다는 말인가? 아주 단순하다. 유럽 국가들은 그들의 생산성을 돈 대신에 시간으로 교환하는 것이다. 대신에 그들은 우리보다 1년에 9주가량을 덜 일한다.

그 결과 그들은 1인당 건강 관리비를 우리보다 훨씬 적게 지출하면서도 더 오래 살고 더 건강하다. 사실, 미국은 산업국가들 사이에서 건강 면에서는 최악을 기록하고 있고, 현재 우리는 2014년까지 총 GDP 중 19퍼센트를 건강관리비로 지출할 것으로 예상한다.

노동시간이 늘었다는 쇼어의 견해에 모두가 동의하는 건 아니다. 메릴랜드대학에서 '미국인의 시간 이용' 강좌를 진행하는 존 로빈슨은 종업원들이 작성한 '시간 일지'(그들은 일과시간을 분 단위까지 기록한다)는 노동시간이 감소한 사실을 보여준다고 주장한다. 하지만 로빈슨도 미국의 대다수 직장인이 과거보다 시간압력을 더 많이 느낀다는 데는 동의한다. 그의 주장을 따르면, 직장인의 대부분은 TV를 시청하며 여가를 보낸다. 즉 여유 시간을 훨씬 더 많이 소비하라는 권유를 받는 데 쓰는 것이다.

어느 경우든 시간 기근은 더욱 심화된다. 노동시간도 길어졌다. 미국인은 더 힘들어졌고, 물건을 관리하는 시간도 더 많이 필요해졌다. 이런 상황에선 무언가 잃을 수밖에 없다. 그건 '잠'이다. 의사들은 전체 미국인 가운데 절반 이상이 수면부족에 시달린다고 말한다. 매일 밤 평균 1시간이 부족하다고 한다. 우리의 수면시간은 1900년에 비해 평균 20퍼센트가 더 적다. 해마다 10만 명이나 되는 운전자가 졸음운전으로 교통사고를 낸다. 수면부족은 건강에 해를 끼친다. 시간에 대한 긴박감 또한 마찬가지다.

심장 발작을 향한 경주

샌프란시스코의 마이어 프리드먼 연구소에서 시행한 검사는 병원의 여느 검사와는 다르다. 간호사가 질병이 의심스러운 사람들을 상대로 일련의 질문을 던진다. "빨리 걷습니까? 빨리 먹습니까? 종종 두 가지 이상의 일을 동시에 합니까?" 간호사는 질문에 대한 그들의 신체적 반응에도 주목한다. "한숨을 참 많이 쉬는군요. 마치 정신적으로 몹시 지쳐 있거나, 제가 함께 의논해 보자고 권하는 문제에 대해서는 생각도 하기 싫다는 듯이 말이죠."

간호사는 환자들이 한 답변을 표로 정리하여 각기 점수를 매겼는데, 대개는 수년 전 마이어 프리드먼이 'A형' 인성이라고 불렀던 범주에 들어간다. A형 특성이 강할수록 프리드먼이 말한 '시간 강박'을 겪을 가능성이 크다. 온유한 성품에 말투가 부드러운 프리드먼 연구소의 바트 스패러건 박사는 이렇게 말한다. "전에는 그것을 '빨리빨리 병'이라고도 불렀지요. 마치 사람들이 시간과 싸우는 것 같아요." 스패러건은 체념한 듯한 태도로 이렇게 덧붙인다. "유명한 금융전문지 광고가 생생히 떠오릅니다. 정장 차림의 남자들이 서류가방을 들고 장애물을 뛰어넘는 그림입니다. 얼굴에는 적대적이고 잔뜩 긴장한 표정이 나타나 있어요. 이 잡지를 구독하면 경주에서 이길 수 있다는 메시지를 전달하는 광고죠. 하지만 그들은 심장발작을 향해 뛰고 있는 겁니다. 그런 경주에서 승리하고 싶으세요?"

시간 강박 외에도 경주 참가자들은 대개 마이어 프리드먼이 말한 '부유浮游하는 적개심'을 품는다. 자신의 속도를 떨어뜨리는 모든 것이 적이요, 앞길에 놓인 건 다 극복해야 할 장애물이라는 것이다. 마이어 프리드먼은 이렇게 역설했다. "시간 강박은 이 나라에서 조기 심장발작의 주된 원인입니다." 그는 A형 특성이 강할수록 심장이 멈출 위험도 그만큼 크다고 보았다.

어플루엔자가 시간 강박의 유일한 원인은 아니지만 그 주된 원인인 것만은 분명하다. 부풀기만 하는 기대가 결국 최신 제품을 부지런히 좇는 소비 경주에서 이기려는 노력을 낳는다. 그것이 다시 우리를 더 많이 일할 수밖에 없게 만든다. 그래야 물건을 살 수 있을 테니까. 사용할 물건이 엄청나게 많고, 그것을 획득하려 더 열심히 일해야 하는 상황에서 우리의 삶은 갈수록 더 조급해진다. 어떤 박식한 사람이 말했듯이 "쥐 경주에서 이긴다 해도 당신은 여전히 쥐다." 그것도 죽은 쥐일지 모른다.

최근 몇 년 사이에 많은 과학자는 바이러스로 인한 전염병이 우리를 심장발작에 더욱 취약하게 만든다고 주장했다. 그들은 인플루엔자 바이러스를 연구한 끝에 그런 결론에 이르렀다. 하지만 마이어 프리드먼과 A형 인성에 대한 그의 이론이 옳다면, 그들은 어플루엔자도 더 자세히 관찰해야 할 것이다.

06 가족의 경련

물질주의와 가족적 가치는 서로 길항한다.

• 테드 해거드, 콜로라도스프링스의 뉴라이프교회 목사

어플루엔자는 가족질환이다. 이 병은 여러 면에서 미국인의 가정생활을 파고들어 더러 파탄지경으로 만드는 흰개미와 같다. 우리는 이미 시간압력에 대해 언급했다. 몇 가지 연구는 지난 한 세대에 걸쳐 부모와 아이가 함께 지낸 시간이 40퍼센트나 줄어들었음을 보여준다. 현재 미국의 부부들이 서로 이야기하는 시간이 하루 평균 고작 12분에 불과하다는 것을 밝힌 연구도 있다. 남들에게 뒤처지지 말아야 한다는 강박감은 가족 간에 빚과 돈을 둘러싼 극심한 갈등을 일으키고 결국 이혼으로 내모는 경우도 많다. 사실 미국의 이혼율은 1980년대에 안정 수준에 들어섰지만 여전히 50년대의 두 배에 이른다. 가족문제 상담자의 보고서에 따르면, 이혼 건수의 90퍼센트는 돈을 둘러싼 분란이 그 요인이다.

성대한 결혼식

제2장에서 소개한 키턴과 신디 애덤스 부부를 예로 들어 보자. 그

들의 결혼생활은 어플루엔자 때문에 파탄지경에 몰려 있다. 결혼 6년차인 키턴은 이렇게 말했다. "성대한 결혼식을 올린 대가를 이제야 거의 치렀습니다. 거기서부터 모든 문제가 시작되었지요." 미국의 많은 젊은이가 비슷한 경험을 한다. 그들은 사람들 앞에서 잘살 때나 못살 때나 영원히 변치 않을 것을 서약하는 한 차례의 호화로운 쇼를 치르느라 수천 달러를 쓴다.

물론 잘살기 위해서다. 친지의 선물, 전자레인지, 믹서, 수건, 토스터(최신형으로), 식기류, 식품 보관용기인 터퍼웨어, 차 주전자 등 수많은 물건. 거기에 따라붙는 한 번 쓰고 버리는 포장재더미. 이어서 지급 기일이 도래한 결혼비용 청구서가 날아온다.

키턴과 신디는 결혼하고서도 물건을 많이 샀는데 모두 신용거래였다. 부부는 갖가지 값비싼 가구와 필수품인 홈시어터도 사들였다. 키턴은 당시 "한 달에 25달러 더 들어가는 게 뭐 대수랴?"하고 생각했다. 여느 가족이 다 하는 생각이다. "그런데 막상 여기저기 들어가는 돈을 따지고 보니까 감당 못할 금액이더군요. 두 달이 밀리고, 석 달이 밀리기 시작했어요."

금세 빚이 2만 달러로 불어났지만 갚을 길이 막막했다. "우리는 그 문제를 놓고 골머리를 썩이다가 서로 싸우기 시작했습니다. 이혼하자는 고함까지 나오고 우리는 결국 한계점에 이르렀습니다."

모르긴 해도 미국의 수백만 가족에게 남의 이야기로 들리지 않을 것이다. 하지만 이 부부의 문제는(최소한 지금까지는) 해피엔딩으로 끝났다. 애덤스 부부는 당시 살던 콜로라도스프링스의 소비자신용컨설팅서비스(CCCS)에서 도움을 얻어 소비와 재정위기를 극복할 수 있었다. 신디 애덤스는 그 경험에서 뼈아픈 교훈을 얻었다고 말한다. "최신 제품이 없어도 괜찮다. 집 안을 일류로 꾸미지 않아도 좋다. 그렇게 생각하니까 물질보다 더 중요한 것들이 눈에 들어오더군요."

허락받은 중독

콜로라도스프링스의 가정문제 상담자인 마이크와 테리 폴리는 애덤스 부부와 같은 처지에 몰린 부부가 많다고 말한다. 마이크는 사람들이 되도록 많은 것을 가지려는 노력에서 문제가 시작된다고 했다. "자신을 근사한 사람으로 느끼게 하려고 나가서 돈을 쓰는 사이에 가정생활은 실질적인 중독 사이클에 들어갑니다. 최근 우리를 찾은 사람 중에는 많은 문제를 안고서도 이렇게 말하는 부부가 많았습니다. '멋진 주말을 보냈어요. 외출해서 많은 돈을 썼으니까요. 쇼핑몰에 가서 여러 가지 물건을 사느라고 500달러를 썼어요. 참 즐거웠습니다.' 라고요." 이들에게 쇼핑은 치료제다. 하지만 향정신성 약품과 마찬가지로 쇼핑은 근본적인 치료제가 될 수 없다.

마이크 폴리는 이렇게 지적한다. "신용카드의 사용한도가 바닥나고 막다른 골목에 다다를 때가 반드시 옵니다. 그들은 스트레스를 느끼고 두 사람 사이에 긴장이 조성됩니다." 마이크는 이런 상황이 인종차별과 흡사한 문제라고 말한다. "곳곳에 존재하지만 사람들이 깨닫지 못하거든요."

하지만 물질중독은 인종차별과 달리 사회 차원의 해결 노력이 뒤따르지 않는다. 테리 폴리에 따르면, 실제로 "그건 일시적으로 쾌감을 느끼게 해주고 기분을 풀어주는 중독성 요법인데도 사회적 용인도가 매우 높아요. '오늘 기분도 별로 좋지 않은데 쇼핑이나

가자' 이런 식이지요. 사회 차원에서 인정하는 것입니다. 실은 사회적으로 오히려 중독을 강화시키고 있지요." 마이크는 이렇게 덧붙인다. "그러나 약물이나 알코올을 사용했을 때와 마찬가지죠. 중독 효과가 사라지고 나면 세상은 여전히 그대로이므로 사람들은 내부의 공허를 채워야 합니다. 바로 이것이 사람들이 밖에 나가 돈을 쓰는 진정한 이유입니다."

짝을 찾는 쇼핑

광포한 소비병 어플루엔자가 결혼생활을 위협하는 방법은 과잉 지출에서 비롯한 가족 간의 갈등만이 아니라고 테리와 마이크는 말한다. "제품과 관련하여 사람들이 누릴 수 있는 선택권은 압도적입니다." 테리의 주장이다. "차를 살 때든 롤빵을 살 때든 폭넓은 선택의 여지가 있습니다. 사람들은 어떤 것을 살 때 올바른 선택을 하지 못하면 무언가 잃을지 모른다고 생각합니다. 그런 생각은 사람 사이의 관계에서도 마찬가지죠. 세상에는 더 나은 다른 사람이 늘 있게 마련이니까요."

"나는 상담을 하며 그런 예를 자주 봤어요." 마이크가 말한다. "사람들은 직장에서 누구를 만났다거나 일터에서 새로운 관계가 시작되어 배우자와 이혼하고 새로운 만남을 시작했다고 말합니다. 하지만 포장이 한 꺼풀 벗겨지고 나면 옷을 폼나게 입고 분을 발라 완벽해 보이던 처음처럼 그렇게 새롭고 멋지게 보이지 않습니다. 그러면 그들은 다시 가지고 놀 다른 장난감을 찾죠. 새로운 상대, 어딘지 색다른 상대를 말입니다." 그러니까 짝을 찾는 쇼핑이다!

콜로라도스프링스의 복음주의 교회로 1만1,000명의 교인을 자랑하는 뉴라이프 교회의 목사 테드 해거드도 이들의 우려에 공감을 표한다. "우리가 지켜보는 모든 것이 항상 불만을 조장하고 있어요. 새 스테레오, 더 성능 좋은 컴퓨터, 더 좋은 차, 더 큰 집이 필요해요. 내 생각에 우리 시대의 사회적 불만족은 우리가 사는 물질주의 사회에서 자양을 공급받고 있습니다."

어떤 것을 한 번 사용하고 버린 후 더 좋은 것을 산다는 생각이 우리 모두를 좀먹는다고 해거드는 생각한다. "우리는 다른 사람들을 향해 즐거움을 제공하지 않으면 너희도 일회용품 신세가 된다고 말하고 있습니다. 이대로 가면 위험합니다. 우리는 되도록 오래 같은 집에서 살고, 되도록 오래 물건을 지키고, 서로에게 충실한 옛 가치를 회복해야 합니다."

한 번 쓰고 버리는 미국식 소비문화가 횡행하는 '계획적 진부화'★의 세계에서, 제품과 관련하여 형성된 태도가 결국 인간관계에까지 전이되는 건 놀라운 일이 아니다. 보이지 않으면 마음도 멀어지는 법이니까.

더구나 가정생활은 과잉 스트레스에 짓눌려 뒤틀린다. 부모는 멋진 생활에 대한 부푼 기대를 충족하기 위해 초과근무도 마다하지 않고 동분서주하니, 신경은 예민해지고 속이 끓을 수밖에 없다. 가정생활이 퇴화하면 부부 가운데 한 사람은 순전히 집안의 알력과 분란을 피하고자 사무실에 더 오래 머물게 된다. 대기업 직장인들의 생활을 연구한 알리 러셀 혹실드는 『타임 바인드The Time

★ 제품의 수명이 다하기 전에 정기적으로 조직적으로 제품을 낙후된 것으로 만들어 대체 수요를 환기하려는 마케팅 방식

Bind』에서 이런 생활을 생생하게 묘사한다.

바바라 에렌라이히가 혹실드의 책을 추천하는 글에서 지적했듯이, 그건 "악순환이다…… 더 오래 일하면 일할수록 우리의 가정생활은 더욱 스트레스에 짓눌리며 집안의 긴장이 클수록 우리는 더 자주 직장으로 도피하려 한다." 하지만 그 악순환은 일이 아니라 어플루엔자에서 시작하는 경우가 많다. 우리는 대개 더 많은 것을 원하기 때문에 더 많이 일하는 것이다. 적어도 문화적 차원에서 우리는 시간보다는 돈을 선택하고 있다.

신종 홈리스

어플루엔자가 가족을 갈라놓는 방법은 또 있다. 보수성을 견지하며 사우스캐롤라이나의 어느 가족지원단체를 이끄는 글렌 스탠턴은 그것을 '신종 홈리스'라고 부른다. "가족을 이루고 살지만 남남

처럼 지내는 사람들이 있습니다." 그들은 상호작용을 하지 않는다. 이유는 극히 간단하다. 각자 가지고 놀 장난감이 있기 때문이다. "아빠는 인터넷에 빠져 있고 엄마는 위층에서 드라마를 보고 있어요. 아이들은 아래층에서 게임을 즐기고요. 모두가 공간적으로 집 안에 있긴 하지만 집 밖의 어떤 것에 연결되어 있지요."

그는 물질주의가 오늘날 미국 가정에 가하는 압력은 터무니없이 저평가 되었지만 실은 결정적인 변수라고 주장한다.

아동심리학자로 수백만 애청자를 확보한 라디오 프로그램의 진행자인 제임스 돕슨 박사가 설립한 가족포커스(FOF)는 콜로라도스프링스에 본부를 둔 보수적 가정상담 조직으로 작은 제국이라 할 만하다. 이 단체의 활동은 파르테논 신전도 무색할 만큼 으리으리한 본부에서 이루어진다. 내부에 들어가면 고급스럽고 힘이 넘치는 느낌을 받는다. 방문자들은 FOF에 대한 돕슨의 야심 찬 계획을 배우는 한편 벽에 가득 붙은 사진에서 그가 로널드 레이건이나 뉴트 깅리치 같은 공화당 지도자들과 가깝다는 사실을 확인할 수 있다.

말쑥하게 차려입은 신사 숙녀가 매일 수백 건의 전화를 받아 의뢰자의 고민을 들어주고 10대에서 홀아버지까지 다양한 사람에 맞추어 제작한 녹음테이프와 비디오테이프, 도서를 발송한다. FOF에서 처음 만났을 때 스탠턴은 이렇게 말했다. "우리는 매주 수천 통의 편지를 받습니다. 편지를 쓰는 사람들은 결혼생활을 유지할 방법이나 가족이 헤어지지 않을 방도를 알려달라고 합니다."

FOF의 이념은 명백히 자유시장 자본주의이지만 스탠턴이 말하는 것과 같은 유보 조항이 전혀 없는 건 아니다. "시장은 극히 현실적인 의미에서 가족에게 적대적입니다. 시장은 자신을 팽창시켜야 하지요. 늘 새 고객을 끌어들여야 해요. 대단히 비극적인 일이지만 어떤 대가를 치르고라도 새 고객을 끌어들여야 합니다. 하지만 아이들이 부모와 싸우게 하면서까지 물건을 팔아야 한단 말인가요? 우리는 그건 너무 심하다고 생각합니다."

사이버 보수주의자

스탠턴과 일부 보수주의자들은 자기들이 말하는 소위 시장가치와 가족가치 사이의 고유한 긴장에 주목한다. 레이건 행정부의 관리를 지내고 현재 국제전략문제연구소에서 활동하는 에드워드 러트웍은 이 문제에 솔직한 우려를 표명한다. 비평가들의 갈채를 받은 『터보 자본주의Turbo—Capitalism』에서 러트웍은 이렇게 말한다. "급속한 경제성장, 역동적인 경제변화를 이루려는 것과 가족과 공동체적 가치와 안정을 원하는 것 사이의 모순은 워낙 커서 우리가 이 문제에 대해 생각하기를 격렬히 거부하는 한 두 가지는 존속할 수 없다."

러트웍은 자신을 사이비 보수주의자가 아닌 진정한 보수주의자라고 부르면서 이렇게 주장한다. "나는 가족과 공동체, 자연을 지키고 싶다. 보수주의가 시장이나 돈을 지키는 것이어서는 안 된다. 보수주의는 물질적인 것을 보존하는 데 관심을 기울여야지 탐욕이라는 이름으로 그것을 태워 없애서는 안 된다."

그는 소위 보수주의자들이 입만 열면(미국의 부를 급속히 증대시킬 최선의 체제로서) 제한 없는 시장을 찬미하면서도 우리는 저 좋았던 가족적 가치를 회복해야 하며 공동체를 유지해야 한다고 말한다. "이런 엉터리 논리가 어디 있는가? 말도 안 되는 소리다. 두 가지 주장이 정면으로 부딪치지 않는가? 식후 잡담으로 치면 미국에서 제일 우스운 말일 것이다. 그런데도 웃음보를 터뜨리지 않고 듣는 사람이 있다는 사실이야말로 진짜 문제다."

러트웍의 주장은 계속된다. "미국은 비교적 부유한 나라다. 썩 잘 살지 못하는 미국인도 다른 나라 사람에 비하면 부자다. 하지만 사회적 평온함은 지극히 부족하다. 안정성도 턱없이 부족하다. 마치 넥타이가 열일곱 개나 되고 구두는 한 켤레도 없는데 또 넥타이를 사는 사람과 같다. 평온과 인간 생명의 안전성에 관한 한 미국은 구두가 한 켤레도 없는 사람이다. 하지만 돈은 많다. 우리는 완전한 소비사회로 진입했다. 100퍼센트 소비사회다. 그 결과는 우리가 익히 아는 대로다. 많은 소비, 마음에 드는 많은 물건과 값싼 상품들, 저렴한 비행기 여행…… 그러면서도 불만은 많다."

사실 가장 좋은 상품을 가장 싼 값에 소비자에게 전달하는 것으로 말하면, 제한 없는 자유시장만큼 효율적인 체제도 없다. 어플루엔자 시대에 그런 성공이야말로 가치를 재는 최고의 잣대이다. 하지만 인간은 단순한 소비자, 채워주기를 갈망하는 주머니가 아니다. 우리는 안정적이고 의미 있는 일을 통해 자신을 표현하고 싶은 생산자이기도 하다. 우리는 가족과 공동체의 성원이며, 공정성과 정의에 관심을 두는 도덕적 존재이며, 건강하고 아름다운 환경에 기대어 살아가는 살아 있는 유기체다. 우리는 부모이고 자식이다.

어플루엔자 바이러스에 추동되어 최대의 소비를 추구하는 우리의 욕망은 이런 소중한 가치를 좀먹는다. 최저비용으로 제품을 생산하려고 노동자를 대량 해고하고 더 싼 노동력을 찾아 일터를 이 나라 저 나라로 옮긴다. 우리는 버림받은 노동자의 꿈을 깨뜨리며 그들의 가정까지 파괴하는 경우도 많다. 공동체 전체의 안전은 희생해도 좋을 것으로 치부한다. 숱한 생명을 재고의 여지도 없이 부수어 버린다. 그리하여 앞으로 살펴보겠지만, 아이들을 부모에게 맞서게 하며 가정을 더욱 깊이 침식한다.

07 제물로 바쳐지는 아이들

우리는 물질적인 세계에 살고,
나는 물질적인 여자예요.
• 마돈나

1969년, 23세의 존은 잠시 뉴멕시코 쉬프록에 있는 나바호 인디언 기숙학교에서 교사로 일했다. 그가 담임한 아이들은 미국에서 가장 가난한 집안의 아이들로 가진 것이라고는 입은 옷이 전부였다. 학교에는 아이들이 좋아할 만한 장난감이라곤 거의 없었다. 그런데도 아이들은 한 번도 심심하다고 말하지 않았다. 아이들은 저희끼리 새로운 놀이를 끊임없이 만들었다. 몇 년 뒤면 인종주의와 알코올 중독이 그들의 삶에 상처를 입힐 것이 뻔했지만 이 열 살짜리 아이들은 아주 행복하고 구김살 없이 자라고 있었다.

그해 크리스마스에 존은 가족을 만나러 집으로 갔다. 그는 크리스마스트리 아래 수북이 쌓인 선물꾸러미를 보았다. 그의 열 살짜리 동생은 열댓 개나 되는 선물꾸러미를 허겁지겁 뜯었다. 며칠 뒤, 동생은 크리스마스 장난감들을 침실에 아무렇게나 던져놓고는 친구와 함께 TV를 보면서 불평했다. "아이, 심심해." 아이들의 행복이 물질에서 오지 않는다는 명확한 증거였다. 그러나 미국의 부모들은 어떤 강력한 힘에 떠밀려 오늘도 아이들의 행복이 물질에서 온다고 믿고 있다.

어플루엔자에 감염된 아이들

10대인 수잔과 제니, 에밀리는 주사위 구르는 소리가 멈추면 "오, 예!" 혹은 "바로 이 가게야!"하고 소리치며 플라스틱 모형을 옮기느라 여념이 없다. 아이들은 지금 밀턴 브래들리의 '매드니스 전자 쇼핑몰' 게임에 열중이다. 아이들은 장난감 자동현금지급기에 장난감 카드를 집어넣어 쇼핑몰에서 쓸 장난감 돈을 찾는다. 40달러에 파는 이 게임의 요령은 정해진 물건을 다 사서 제일 먼저 주차장에 돌아오는 것이다. 마음껏 소비하는 어플루엔자에 감염된 오늘날의 아이들에게는 훌륭한 길잡이다.

12세 이하 미국 아동의 소비와 그들과 관련한 소비는 연간 20퍼센트라는 무서운 속도로 성장해 현재 6,700억 달러에 달하는데, 이것은 4,180억 달러라는 미국의 국방비 예산보다도 많은 금액이다. 앞으로 10년 안에 연간 1조 달러 규모에 달할 것으로 보인다. 1984년에 4세에서 12세 아이들의 소비는 대략 40억 달러였다. 올해는 350억 달러는 소비할 것이다. 현재 광고계에서는 아동 마케팅이 한창 유행이다.

"기업은 소비자의 취향이 갈수록 어려진다는 것을 알고 있죠. 아이들이 18세가 넘을 때까지 기다린다면 아마 그들을 붙잡을 수 없을 겁니다." 시장조사 회사인 로퍼 스타치에서 일하는 조운 키아라몬티의 설명이다.

1980년부터 2004년까지 미국의 아동 광고비는 1억 달러에서

150억 달러로 증가했다. 15,000퍼센트가 증가한 셈이다! 줄리엣 쇼어의 『사기 위해 태어난Born to Buy』이라는 책에서는 아이들은 현재 부모에게 고급 대형승용차에서 사치스러운 바캉스와 고급 주택에 이르기까지 호화사치품의 구매를 부추기는 효과적인 수단으로 이용된다고 지적한다. 체인으로 운영되는 한 호텔은 판촉 팸플릿을 자사의 호텔에 묵은 적이 있는 아이들에게 보낸다. 부모를 졸라 다시 오지 않고는 못 배기게 하는 것이다. 쇼어는 수많은 아이가 18개월쯤에 기업의 로고를 인식하고, 두 살 나이만 되어도 브랜드 상표를 찾는다고 지적했다. 평균적으로 아이들은 1년에 장난감을 대략 70개나 소유한다.

인류 역사상 처음으로 아이들은 필요한 정보를 가족이나 학교나 종교가 아니라 무언가를 파는 것이 목적인 곳에서 얻고 있다. 미국의 12세 아이들은 대체로 주당 48시간이나 상업적 메시지에 노출된다. 그들이 부모와 의미 있는 대화를 나누는 시간은 고작 일주에 한 시간 반에 불과하다. 『소비하는 아이들Consuming Kids』의 저자 수잔 린은 이렇게 썼다. "20~30년 전의 상업주의 광고와 오늘날을 비교해보면 마치 BB총(공기총의 일종으로 구경 0.18인치)을 스마트탄(레이저 광선에 의해 목표에 유도되는)에 비유하는 것과 같다."

특히 7세 미만의 아동은 상업적 메시지에 취약하다. 그들은 상업적 동기와 호의적 동기를 구분하지 못한다. 70년대에 시행한 한 연구에서 부모가 어떤 것이 옳다고 말하는데 TV 등장인물(호랑이 토니처럼 애니메이션 속 등장인물인 경우에도)은 그 반대가 옳다고 한다면 과연 누구 말을 믿겠느냐고 묻자 대다수 아이는 TV 등장인물을 믿겠다고 응답했다.

아이들의 이런 성향에는 어떤 심리·사회·문화적 요인이 작용한 것일까? 설문조사로는 거의 95퍼센트에 가까운 미국 성인들이 우리 아이들의 관심이 물건을 사고 소비하는 쪽에 지나치게 집중된다고 걱정한다.

가치 충돌

『아이들 팔아치우기Selling Out America's Children』의 저자 겸 심리학자인 데이비드 월시는 미니애폴리스에서 부모들에게 아이를 상업주의의 포로가 되지 않게 지키는 방법을 가르친다. 수년간 소위 '문제아'를 지도한 바 있는 월시는 아동 어플루엔자가 전염병 수준에 도달했다고 생각한다. 그는 아이들에게 필요한 것과 광고 사이에서 어쩔 수 없이 빚어지는 가치 충돌을 지적한다. "이기심, 순간적인 만족, 영속적인 불만, 끊임없는 소비 등 시장이 창출한 가치들은 대다수 미국인이 자녀에게 가르치려는 가치와 상반됩니다." 인자한 할아버지 같은 월시는 격앙된 목소리로 우려를 표한다.

아이들을 겨냥한 광고가 새로운 현상은 아니다. 일찍이 1912년에 '크래커 잭'이라는 시리얼 상자에는 아이들이 홀딱 넘어갈 만한 장난감이 들어 있었다. TV가 등장하기 오래전부터 아이들은 상품을 받으려고 시리얼 상자 뚜껑을 모았다. 흥미롭게도 TV에 아동 프로그램을 개설하려는 발상은 광고주가 이 새로운 대중매체를 이용해 자사 제품의 판매고를 높이는 수단을 찾는 과정에서 생겨났다. 최초의 TV 만화들이 설탕을 가미한 시리얼을 팔아먹을 방편으로 제작되었음은 의문의 여지가 없다.

사실 토요일 오전 아동 프로그램에 등장하는 광고 중 80퍼센트는 여전히 고칼로리이거나 설탕이 들었거나 소금투성이인 식품 광고다. 아이들이 TV 앞에서 보내는 시간을 고려해 보면 TV가 처음 나온 당시에 비해 요즘 비만 아동이 훨씬 많다는 건 놀라운 일이 아니다. 미국 아동의 비만률은 1980년대와 비교해도 두 배에 달한다. 그리고 그 이후로 훨씬 더 빠르게 증가하고 있다.

오늘날 아이들은 부모 세대보다 TV광고를 접할 기회가 훨씬 많다. 광고가 1년에 거의 4만 편, 하루에 110편에 이르지 않는가! 연방거래위원회는 1984년에 아동용 TV프로그램과 상품을 하나로 묶을 수 있게 허용했다. 그러자 1년 내에 가장 잘 팔리는 장난감 10개 중 9개가 TV프로그램과 연결되었다.

하지만 더 중요한 건 오늘날의 광고와 한 세대 전 광고가 크게 다르다는 사실이다. 과거의 광고에서는 부모들이 자녀에게 가장 좋은 것을 구해주려는 현자의 모습을 그렸다. 아이들은 순진무구하고 무엇이든 신기해했으며 어떻게든 엄마 아빠를 기쁘게 해주려 했다. 물론 광고에 남녀에 대한 편견이 뚜렷했던 건 사실이다. 여자아이들은 인형을 좋아하고 남자아이들은 카우보이와 인디언을 좋아하는 것으로 그렸으니까. 하지만 광고 어디에서도 부모에 대한 반항은 찾아볼 수 없었다.

부모를 무력화하기

이제 광고 내용이 바뀌었다. 마케팅 담당자들은 공공연히 부모를 '문지기' 라고 부른다. 소름이 확 끼치는 표현이지만, 전문가들이 아이들을 사로잡아 소유하고 낙인을 찍으려면 상업주의적 압력에서 자녀를 지키려는 부모들의 노력을 교묘히 피해야 하기 때문이다.

1996년 '키드 파워' 라는 제목의 마케팅회의가 딱 어울리는 장소인 디즈니랜드에서 열렸는데, 이 자리에서 맥도널드의 마케팅 담당 이사는 '부모의 거부권을 약화시키려면' 이라는 제목으로 기조 연설을 했다.

다른 연사들도 차례차례 전략을 밝혔다. 요지는 부모를 자기네 제품을 간절히 원하는 아이들의 마음을 헤아릴 만한 머리가 없는 바보나 잔소리꾼 정도로 치부하자는 것이었다. 이건 판촉 주체들과 아이들 사이의 관계에 미치는 부모의 영향력을 무력화하는 효과적인 기법이었다.

참석자들은 기업이 효과적인 광고 활동을 전개하려면 아이들을 어떻게 이용할지 더 자세히 밝혔다. 아이들이 무슨 옷을 입고 어떻게 시간을 보내는지 알아내고자 아이들에게 카메라를 나누어 주고 자신과 친구들을 찍게 한다. 집, 학교, 가게, 공적 행사 등 여러 공간에서 아이들 모습을 관찰하고 소비 행태를 면밀히 추적한다. 그 아이들을 몇 개의 포커스 그룹(테스트 상품에 대해 토의하는 소비자 그룹)으로 나눈 다음 광고들을 보여주고 멋진 광고를 찾아내게 한다.

요즘 가장 멋진 광고에는 흔히 '키드 파워 96' 에 연사로 나섰던 저명한 마케팅 컨설턴트 폴 커니트의 이런 메시지가 반영되어 있다. "상품을 추구하는 반사회적 행위는 유익하다." 커니트가 침착하게 진술한 이 말은 광고업자가 아이들에게 접근하는 최선책은 무례하고 공격적인 행위와 가족의 규율에 대한 반항을 조장하는 것임을 시사한다. 일부 비판자들은 여기에는 심각한 위험이 따른다고 말한다. 아이들이 광고 모델들을 흉내 내기 시작하면 무례하고 공격적인 행위가 아이들의 일반적인 태도가 될 터인데, 그렇게 되면 자기들이 반항한다는 것을 느끼기 위해서는 공격적 행동의 강도를 어느 수준까지 높일지 모른다는 것이다.

기관총과 미사일로 무장한 스쿨버스

비디오게임에 빠진 아이들이 많이 보는 〈월간 전자오락〉의 광고주는 무엇이 중요한지는 안중에도 없는 듯했다. 시애틀에서 혼자 아이를 키우는 캐롤라인 사웨는 여덟 살 난 아들 아서와 함께 이 잡지의 광고를 보고 있었다. 아서는 비디오게임을 무척 좋아했지만 〈월간 전자오락〉 1998년 5월호에 실린 광고 하나를 보고는 혼란에 빠졌다. '조준사격' 이라는 게임 광고였는데 큼지막한 글씨로 달아놓은 문구가 눈에 확 들어왔다. '이웃집 고양이를 쏘아 죽이는 것보다 재미있다.' 큰 충격을 받은 캐롤라인은 그때 일을 이렇게 회상한다. "그걸 보자 비명이 터지더군요. 아서가 이 비명에 질겁했겠지만 나는 그만큼 충격을 받았던 겁니다."

다른 문구들도 살벌하기는 마찬가지였다. "탕! 야옹! 탕! 야옹! 자, 와라. 이제 먹이사슬을 끌어올릴 시간이다. 터질 때 더 멋진 소리가 나는 것을 겨냥하라…… 놀이 방법은 쉽다. 픽셀보다 크면 쏘아라." 캐롤라인 사웨는 잡지를 끝까지 넘겨보았는데 갈수록 소름이 끼쳤다. 무자비한 폭력을 찬미하는 광고가 줄을 이었기 때문이다. '자경단원 8호' 라는 게임 광고에는 기관총과 미사일로 무장한 스쿨버스가 등장하는데, 그 버스는 학교에서 퇴학당하고 복수를 노리는 미치광이가 탈취한 것이었다. 그때가 마침 오리건 주 스프링필드의 고등학생 킵 킨켈이 학교에서 총을 난사해 학생 둘을 죽게 한 사건이 벌어진 시기였기 때문에 캐롤라인은 더욱 심란했다.

탄자니아 출신으로 키가 크고 다감한 캐롤라인 사웨는 아서가 이런 광고에 무방비로 노출됐다는 생각에 머리를 절레절레 흔들었다. 이런 꼴을 보자고 킬리만자로의 고향을 떠나 미국에 왔던가? 어플루엔자에 감염된 기업들이 아이들에게 제품을 팔아 떼돈을 벌 욕심으로 하는 짓에는 아무런 제한이 없단 말인가?

섹시함을 뽐내는 소녀들

반사회적 광고는 기본적으로는 남자아이가 목표다. 여자아이를 대상으로 한 메시지는 좀더 부드럽지만 그 어떤 가치보다 상품을 우위에 놓는 건 마찬가지다. 몇 년 전 시어스(미국 소매업체로는 세 번째로 큰 백화점 체인) 광고는 사뭇 교훈적이다. 광고에서 배우 겸 가수 메이어 캠벨이 이렇게 말한다. "여러분의 꿈을 믿으세요. 여러분의 힘으로 일어서야 해요. 친구들과는 사이좋게 지내고요. 하지만 먼저 입을 게 있어야 해요. 옷이 있어야지요." 광고는 한 벌에 267달러짜리 옷을 입은 캠벨의 모습을 보여준다.

미용제품을 파는 회사는 갈수록 더 어린 소녀를 목표로 삼는다. 미국의 소녀 26퍼센트는 13세만 되어도 매일 향수를 뿌린다. 크리스찬 디오르는 미취학 아동이 착용할 브래지어까지 만든다. 청바지 광고에서는 10세도 채 안 된 소녀들이 섹시한 자태를 뽐내고 있다. 광고 비평가 로리 메이저는 이런 이미지는 위험한 결과를 가져올 수 있다면서, 미국에서 매년 50만에 가까운 아동이 성적으로 학대당하고 있다고 지적한다.

아버크롬비앤피치사는 2003년 크리스마스 휴대용 도감에 '그룹섹스와 그 이상의 것'이라는 제목으로 티저광고(회사나 상품 이름을 숨겨 소비자들의 궁금증을 유발하는 기법)를 내보냈다. 그리고 10대들의 성적 실험을 장려하는 글귀를 내보냈다. 이 회사는 보스턴에 새 상점을 여는 것을 홍보하기 위해서 속옷만 입은 10대 모델들을 기용해서 아홉 살 소녀들이 입을 속옷을 선정적으로 광고했다.

코카콜라 교장

오늘날의 광고는 내용만 달라진 것이 아니라 인쇄물과 TV를 뛰어넘었다. 아동을 겨냥한 광고의 홍수를 뚫고 자사 메시지를 전달해야 하는 기업이 늘 새로운 광고 매체를 개척하려 하기 때문이다.

1998년, 조지아 주 그린브라이어고등학교에서 한 학생이 정학을 당했다. 죄목은 '학교 코카콜라의 날'에 펩시콜라 티셔츠를 입었다는 것이었다. 학교 당국은 전교생에게 코카콜라 티셔츠를 입고 학교 잔디밭에 모여 '코카콜라'라는 낱말을 만들라고 지시했다.

500달러를 주려고 학교를 방문하는 코카콜라 임원의 마음을 사려는 행사였다. 우리 생각으로는 정학 당해야 할 사람은 교장이다. 학교를 노골적으로 상업적 목적에 이용했으니. 이 사건은 미국 여러 학교에 깊숙이 침투해 곧바로 독한 어플루엔자를 감염시키는 여러 방법 중 빙산의 일각에 불과하다.

기업체의 먹잇감, 학교

어플루엔자 시대에는 무절제한 개인 지출 탓에 유권자들의 신용채무가 증가한다. 때문에 그들은 세금을 삭감하라고 요구한다. 더욱이 아이들을 사립학교에 보내는 부유층 가정이 늘고 있어서 공교육에 대한 유권자의 지지도 한층 감소한다.

재정이 어려워진 공립학교가 기업체에 손을 벌리기 시작했다. 기업체는 현금을 내놓는 대신 학교 옥상, 복도, 게시판, 책표지, 유니폼, 스쿨버스 등에 자사 제품을 광고할 수 있다.

콜로라도스프링스에서는 학교 복도를 걷다 보면 'M&Ms가 전 과목 A보다 좋아요' 라거나 '스니커즈로 고등교육에 대한 허기를 채우세요' 라고 권하는 작은 게시판들이 연달아 붙은 것을 볼 수 있다. 비판자들은 수업시간에 그런 식품이 건강에 좋지 않다고 가르치면서도 오히려 광고를 보증하는 꼴이라고 말한다. 콜로라도스프링스에서는 스쿨버스들도 세븐업, 버거킹 등의 광고를 버젓이 붙이고 다닌다. 다른 사람도 아닌 학생들이 그린 광고다. 학교 감독관인 케네스 번리(관할 학교에 광고를 허용하는 정책을 편 공로로 전국학교감독관으로 뽑힌 인물)는 1972년 이래 미국에서도 손꼽히는 부자 도시의 유권자들이 교육공채발행을 허용하지 않아 기업의 돈이 필요하다면서

학교 광고를 옹호한다. "사람들은 학교에 돈을 주느니 보트를 사겠다고 말합니다." 번리의 설명이다.

"우리 사회는 아이들을 추수를 기다리는 작물로 본다." 애리조나 주립대학 교육학 교수 앨릭스 몰나는 이렇게 목소리를 높인다. 오랫동안 교내의 상업주의를 조사해온 몰나는 기업체가 공립학교용으로 만든 '교과자료'를 기꺼이 보여준다.

학생들은 화장품회사 레브론이 제공하는 자료로 '머릿결이 좋은 날과 나쁜 날'을 토론함으로써 자존自尊의식을 깨우친다. 살균제인 라이솔로 병균을 박멸하는 법을 배우고, 거셔의 프루트 스낵을 먹으면서 지열에너지를 배운다. 교사지침서는 학생들에게 거셔 제품을 하나씩 나누어 주고 그것을 깨물어 그때의 느낌을 화산 폭발과 비교하게 하라고 안내한다. 그들은 투씨롤(제과업체 이름이자 초콜릿 캔디)의 역사도 배우고, 환경 교육의 목적으로 나이키를 위해 신발을 만들며 수학 시간에는 레이사의 포테이토칩을 센다. 또 엑손석유회사가 제공하는 자료로 유조선 엑손 발데즈 호에서 유출된 원유가 왜 무해한지, 그리고 조지아퍼시픽(티슈, 펄프, 종이, 포장재, 건자재 등을 생산하는 임산물 가공업체)의 도움을 받아 산림 벌채가 왜 이로운지 깨우친다. 어쩌면 우리는 세계지리 대신 머릿결이 좋은 날과 나쁜 날에 대한 문제를 냄으로써 갈수록 낮아지는 아이들의 SAT(미국의 대학 진학 적성검사) 점수를 높일 수 있을지 모른다.

미국에서 가장 광범위하게 학교 광고를 이용하는 기업인 커버 컨셉츠는 학교 행정부와 협력하여 4만3,000 곳에 있는 300만 학생에게 영향을 준다. 그들은 교과서 표지와 수업 계획, 포스터, 북마크, 점심 메뉴, 그 외 재미나는 교육재료와 같은 자료를 학교에 광고하거나 무료로 배포한다.

거의 50만 개에 달하는 교실에서 810만 명의 아이들이 채널 원을 본다. 매일 12분씩 방영하는 이 뉴스 프로그램에는 광고 시간 2분이 포함되어 있다. 학생들은 의무적으로 이 프로그램을 보아야 한다. 30초짜리 광고를 하는 대가로 20만 달러라는 거액을 내놓는 광고주에게 학교 측이 '고정 시청률'을 보장했기 때문이다.

다행히도 일부 지역에서는 학부모와 교사들이 격렬히 반대하고 나섰다. 2001년 말에 시애틀 공립학교에서는 반상업주의 정책을 시행하기로 결의해서 채널 원은 보지 못하게 했다.

희생양이 된 아이들

어플루엔자는 공중파로 전염되는 아동 질병이 되었고, 미국의 아이들은 큰 대가를 치르고 있다. 소파에 누워 TV를 보며 줄곧 포테이토칩을 먹는 생활방식은 우리 아이들의 신체 건강만이 아니라 정신 건강까지 해치는 듯하다. 우울증과 자살 충동에 시달리는 10대가 늘고 있다는 심리학자들의 보고가 잇따른다. 아동은 1960년대에 비해 세 배에 이른다고 한다.

이 많은 부분은 어른들의 세계로 진입하기 위해 소비중심주의와 일중독, 과도한 경쟁의식을 준비하는 과정에서 겪는 과부하에서 비롯한다. 일부 지역에서는 과부하가 터무니없는 수준까지 도달한 상태다. '낙오아동방지법'★이 시행된 이후 미국 학교의 20퍼센트

★ No Child Left Behind Act. 부시대통령의 교육개혁정책을 반영하여 시험결과를 매년 성적카드를 통해 학부모에게 알려주는 것

가량이 초등학생에게 쉬는 시간을 금하고 있다. 워싱턴 타코마의 어느 장학관이 말했듯이, 이 법안은 아이들이 글로벌 경제에서 경쟁할 준비를 갖추도록 교육시간을 최대한으로 늘린 것이다. 기가 막히지 않는가. 이것이 초등학교 2학년 얘기라니.

〈시애틀 포스트 인텔리전서〉의 유머 컬럼리스트 케이트 캐시먼은 우리가 과거로 돌아갈 수 있지 않을까를 고심한다. 소아비만이 점점 더 늘어가는 시기에 우리는 아이들을 쉬지도 못하게 하고, 학교로 정크푸드를 반입한다. 이와는 반대여야 한다는 게 캐시먼의 생각이다. 쉬는 시간은 늘리고, 정크푸드는 줄이는 것. 그녀는 이 정책을 '비만아동방지법'이라고 부른다. 이 이름이 마음에 든다면 로비로 와서 서명을 해달라. 이 나라 모든 주에서 통과시키도록! 이렇게 말하는 게 멍청하게 들릴지 모르지만 요즘 생기는 법률에 비하면 훨씬 더 이치에 맞는다.

어플루엔자에 노출된 우리 아이들은 어떤 가치를 배울까? 최근 설문조사에서 10대 소녀의 93퍼센트는 가장 좋아하는 활동으로 쇼핑을 꼽았다. 다른 사람을 돕는 것을 택한 아이는 5퍼센트를 밑돌았다. 1967년에는 대학생 3분의 2가 인생에서 의미 있는 철학을 개발하는 것이 매우 중요하다고 말했고, 돈이 중요하다고 답한 학생은 3분의 1이 채 되지 않았는데 1997년에 이르러 그 수치가 역전된 것이다. 2004년 UCLA의 여론조사를 보면 대학생이 되는 건 경제적으로 매우 부유하다는 상징으로 나타났다.

최근 워싱턴대학의 한 조사에서 '최우선순위'에 무엇을 놓겠느냐는 질문에 대상자의 42퍼센트가 '외모와 머릿결'이라고 답했다. 또 다른 18퍼센트는 '늘 취해 있는 것'이라고 답했고, 고작 6퍼센트만이 '세상을 배우는 것' 을 꼽았다.

제니퍼 게일리어스와 올리비아 마틴은 그 6퍼센트에 들었을 것이다. 1996년, 전에 치어리더로 맹활약을 했던 게일러스와 그녀의 가장 가까운 친구 마틴은 「정신 차려, 바비」라는 희곡을 썼다. 워싱턴 주 레드먼드(마이크로소프트 본사가 있는 곳)의 이스트레이크고등학교에서 또래 사이에 외모와 쇼핑을 추구하는 공허한 생활이 만연한 현실을 풍자한 내용이었다.

당시 왜 그런 희곡을 썼느냐는 질문에 게일리어스는 어플루엔자가 아이들에게 끼친 해악을 요약하여 슬픈 목소리로 말했다. "우리 학교 아이들은 모든 것을 당연한 것으로 여겨요. 자기들은 그것을 누릴 자격이 있고 세상은 자기들에게 그것을 바칠 의무가 있다고 생각하지요. 그들은 그저 받고, 받고, 또 받을 뿐 아무것도 내놓지 않으려 해요. 만약 계속 주는 사람들이 없다면 우리 사회는 무너질 겁니다."

08 소름 끼치는 공동체

어딜 가도 사람 살 곳이 없고,
고향 같은 곳은 어디에도 없네.

• 제임스 컨슬러, 『같음의 지리학』

여러분도 보았는지 모르겠다. 아주 최근에 나온 SUV 자동차 광고 말이다. 광고는 완벽한 잔디밭을 갖춘 모두 똑같이 생긴 목장형 호화 주택을 보여준다. SUV 한 대가 어느 주택 마당에 서 있다. 하지만 다른 집 마당에는 탱크가 서 있다. 진짜 탱크, 크고 무시무시한 군용 탱크 말이다. 소름 돋는 광고다. 만인에 대한 만인의 투쟁과도 같은 소비 경쟁이 심해짐에 따라 우리 공동체가 얼마나 소름 끼치는 곳이 되었는지를 상기시키는 광고다. 심리학적으로는 이 동네의 다른 살인 자동차와 경쟁하려면 탱크처럼 튼튼한 차를 몰아야 한다는 뜻이다. 하지만 탱크도 어디까지나 세련되고 안락한 탱크여야 한다. 물론 이 광고에는 과장이 섞였다. 우리 공동체는 이렇게까지 냉혹하고 적대적이지는 않다. 아직은 그렇다. 그러나 메시지는 분명 섬뜩하다.

1950년대, 인디애나 주의 소도시 크라운 포인트에서 데이브는 할아버지 손을 잡고 네다섯 블록 떨어진 시 광장에 갔다. 모두가 할아버지를 알고 있었다. 폐품 자루를 짊어진 사람도 예외가 아니었다. 45년이 흐른 지금도 데이브는 그 이웃 사람들의 이름을 기억하고 있으며, 여름이면 그들이 베풀던 뒤뜰 파티도 잊지 않았다. 하지만 오늘날 도시와 동네에서는 이러한 소속감과 신뢰가 사라지고 있다.

1951년에는 이웃과 함께 앉아 코미디언 레드 스켈턴을 보고 웃었다. 1985년에는 그나마 가족 단위로 〈패밀리 타이스〉를 보았다. 하지만 1995년에 이르면 대개 가족 성원이 각기 자기 TV를 본다. 고립과 수동성이 생활방식으로 자리 잡은 탓이다. 교외에서 쾌적하게 살고픈 바람으로 시작한 것이 한 이웃을 다른 이웃에서 분리하고 가족 성원마저 서로 떼어 놓는 개인적인 소비 풍조로 변질한 것이다. 우리는 이웃 속에서도 미아가 된 느낌을 받는다. 대형 소매점이 이런 혼란을 틈타 저렴한 내의, 하드웨어, 소프트웨어를 바라는 우리의 요구에 기대어 몸집을 불렸다.

우리가 물건을 싸게 사고자 할수록, 물건을 사기 위해 더 많은 봉급을 추구할수록, 우리네 도시와 동네에서는 활기가 빠져나갔다. 좋았던 옛 시절의 중심가를 경험하고 싶다면 이제는 디즈니월드의 민속마을로 가야 한다. 그곳에는 미소 짓는 점원들과 느린 속도, 예스러운 멋이 있어 우리의 진정한 공동체가 한 때는 긴밀히 결합하고 따뜻한 정이 흐르는 곳이었음을 상기시켜준다.

디즈니월드는 미래에 현재의 교외 모습은 어떻게 전시할까? 그 모습을 좀더 실감나게 묘사하기 위해 도로 교통과 송풍제엽기, 경적을 울려대는 쓰레기차 등을 배경에 배치할까? 교차로의 차량 정체를 재현할 때는 집에 늦는다고 전화할 수 있는 휴대폰을 완비한 차들이 꼬리에 꼬리를 물고 늘어선 모습으로 그릴까? 빗장공동체★를 관광하려면 차를 탄 채로 슬럼지역을 지나는 것보다 더 많은 티켓이 필요할까? 요 몇 년 사이에 생겨 난 여가 활동이나 신종 업종, 예를 들면 엄마가 집에 없어 대신 택시로 아이들을 태권도 도장에 데려다 주는 키드셔틀Kid Shuttle도 보여줄까? 디즈니는 교외의 또 다른 특징인 운전을 할 수 없는 노인, 장애인, 저소득층 등이 거실 커튼 뒤에서 밖을 엿보는 역을 맡을 엑스트라들을 고용할까?

점점 더 개인주의로

현재 미국에서 차 없는 사람들이 갈 수 있는 곳이 과연 있는가? 근처에는 이웃이 함께 모여 오붓하게 즐길 수 있는 멋진 카페는 물론 볼링장이나 주점 같은 건 없다. 집이나 집 밖에 그런 '기막히게 좋은 곳' 혹은 '제3지대'가 있으면 그런건 대개 불법이다. 도시계획법에 어긋나기 때문이다. 사실 경제와 행정이 철저히 지배하는 세계에서 '공동체 생활'이라는 말은 고리타분한 개념으로 치부된다.

"우리는 지난 60년대에 시민에서 소비자로 돌연변이를 겪었죠." 『같음의 지리학The Geography of Nowhere』의 저자 제임스 컨슬러는 말한다. "소비자로 곤란한 점은 소비자는 다른 소비자에 대해 아무런 의무도 책임도 당위도 없다는 겁니다. 하지만 시민에게는 그런 것이 있습니다. 시민은 동료 시민에 대해, 도시의 환경과 역사의 보전에 대해 관심을 기울일 의무가 있습니다."

★ Gated Community, 담이나 울타리를 쳐서 외부와 분리하고 사설 경비원을 두어 출입을 통제하는 주거 단지

하버드대학의 정치학자 로버트 푸트넘은 오랫동안 사회자본, 즉 공동체를 하나로 묶어주는 인간적 유대를 연구했다. 그는 정치의 질은 투표와 신문구독, 합창단 활동 등의 참여도에 따라 다르며, 최근에는 너무나 많은 미국인이 혼자 볼링을 한다고 했다(한 세대 전과 비교하여 볼링을 치는 사람은 더 많아졌지만 팀 대항전을 치르는 사람들은 적다). 한때 국가 참여도가 높던 우리는 이제 겉도는 국민이 되었다. 대통령선거에도 전국 유권자의 절반만이 투표한다. 13퍼센트만이 시나 학교의 문제를 다루는 모임에 참여하며 학부모교사협회(PTA) 참여자는 1964년에 1,200만에서 1995년에는 700만으로 줄었다. 여성유권자연맹의 회원수도 1969년 이래 42퍼센트가 줄었으며, 지역사회 봉사단체 엘크스나 라이온스 등도 존폐 위기에 처했다.

보이스카우트 지원자는 1970년 이후 26퍼센트, 적십자 회원은 61퍼센트가 줄었다. 전체적으로 미국의 자원봉사자는 1억900만 명이라는 기록적인 수에 이르렀지만, 그중 많은 사람이 시간에 쫓겨 참여 시간을 줄였으므로 자원봉사하는 시간 자체는 줄었다. 게다가 봉사활동에 참여하는 동기 중 '재미'가 중요한 요소가 되었다. 재미없는 일이면 생각하려고도 않는다. 1998년에 실시한 연구에 따르면, 젊은 성인의 30퍼센트가 재미 때문에 자원봉사에 참여하는 반면, 그 일의 목적을 보고 참여하는 사람은 11퍼센트에 불과했다.

시에라클럽이나 미국은퇴자협회 같은 새 조직의 회원이 늘었다는 것을 푸트넘도 인정하지만 회원 대다수는 모임에 참석하지도 않는다고 지적한다. 그들은 회비를 내고 소식지를 받아볼 뿐이다. 인터넷 모임은 편리하긴 하겠지만 얼굴도 체취도 없다. 그는 이렇게 말한다. "분명히 신뢰를 쌓는 데는 얼굴과 얼굴을 맞대는 관계가 더 효과적이다. 공적인 문제를 토론할 때는 말하는 상대를 알고 자기 견해에 대해 책임감을 느끼는 것이 대단히 중요하다."

프랜차이즈의 유혹

시민 생활의 퇴보를 알리는 또 다른 징후는 지역사회의 전통적인 시민 지도자가 사라졌다는 것이다. 유에스뱅크, 오피스맥스, 홈디포트 등이 들어와 지역사회에 끈끈한 유대를 맺은 은행장이나 기업가를 업계에서 몰아냈고, 공동체의 지도적 지위에서도 밀어냈다. 전국적인 체인들이 그들 대신 들어서면서 우리가 얻는 건 낮은 가격과 싼 물건이다. 하지만 우리가 잃는 건 공동체의 가치, 비물질적이지만 삶의 질을 높이는 더 중요한 가치다. 우리는 친밀한 접촉을 잃었다.

예를 들어 토착 소기업은 외지 출신의 대형 프랜차이즈보다 수입에 비추어 더 많은 금액을 자선단체에 기부하며, 지역 특성과 생산물의 다양함에서도 더 많은 역할을 한다. 지역 사람이 소유한 커피숍에서는 그 동네 사람이 만든 예술 작품을 볼 수 있을 가능성이 크다. 한마디로 그 지역의 커피숍인 셈이다. 독립적으로 운영하는 서점에서는 트랜드를 쫓는 메이저 출판사보다 다양한 책을 발행하는 소규모 출판사의 책을 진열할 가능성이 훨씬 크다.

'전 미국의 체인화'가 너무나 급속히 진행되니 통계를 못 믿을 지경이다. 1972년에 독립 서점들은 서적 총매출액의 58퍼센트를 점유했지만, 1997년에 이르면 그 비중이 단 17퍼센트로 떨어졌으며 이런 추세는 계속 진행 중이다. 류스와 홈디포트는 주택개량 시장의 4분의 1을 차지하고서도 동네 수리업자에게 견딜 재간이 없다면 자기네 작업복을 입으라고 강요한다. 약국도 마찬가지여서 1만1,000개가 사라졌고 비디오가게, 커피숍, 사무용품점 등도 같은 운명이다.

현재 전체적으로 60개 업종의 50만이 넘는 프랜차이즈 업체가 소매시장의 35퍼센트를 차지한다. 구매와 분배에서 규모의 경제를 이용할 수 있고, 또 손해를 보아도 버틸 수 있기 때문에 법인형 소매업체는 넉넉히 1년이면 경쟁자를 몰아낼 수 있다.

유리한 구매조건을 바라는 소비자들과 더 많은 세수稅收를 노리는 시의회는 대개 프랜차이즈 개발업자에게 처음에는 외곽의 상가만 넘겨주지만 이내 중심가까지 내주고 만다. 프랜차이즈 가맹점들이 버는 돈의 많은 부분이 본사로 송금되는 데 반해, 내 고장 물건에 쓴 1달러는 자신이 사는 동네나 시에 고스란히 남는다는 사실을 망각한다. 고장에 남은 1달러의 가치는 몇 배로 불어난다. 작은 업체들은 프랜차이즈 업체라면 전국 차원에서 하도급을 줄 모든 일을 자기 고장의 건축가, 설계사, 목공업자, 간판 제조업자, 지방 회계사, 보험 영업사원, 컴퓨터 컨설턴트, 변호사, 광고업자 등에게 맡기기 때문이다. 지역 도소매업체들은 또 그 고장 상품을 취급하는 비율이 체인점보다 더 높아 더 많은 일자리를 창출한다. 체인점에서 물건을 사면 우리는 이러한 승수乘數 효과를 잃고 제수除數 효과를 얻게 된다.

2001년, 우리의 사회안전망이 취약해졌다. 물질적인 것에 정신이 팔리고 사회적 건강에서 관심이 멀어져서 우리는 공동체생활을 방관하고 있다. 바쁘게 출근하는 길에 불도저들이 강변의 낯익은 공터를 갈아엎는 장면을 보지만 거기서 무슨 일이 진행되는지는 알지 못한다. 십중팔구 그곳에는 월마트나 맥도널드나 스타벅스가 들어설 것이다.

무너지는 지역 경제

"시내에서 벗어나 집에 가면 전 세계에서 온 100여 통이나 되는 이메일을 열어 봅니다. 관심 있는 시민이 자기네 도시를 짓밟는 대형 소매업체들을 제지할 방법을 묻는 메일들입니다."라고 말하는 앨 노먼은 자신이 사는 매사추세츠 주의 소도시 그린필드에서 월마트 반대운동을 주도하여 승리를 거둔 바 있다. 그 기사가 〈타임〉, 〈뉴스위크〉, 〈뉴욕 타임스〉, 〈식스티 미니트〉에 실리자 그는 갑자기 바빠졌다. "전화가 한 번 울리기 시작하더니 그치질 않았어요. 지금까지 36개 주를 돌며 동원할 수 있는 수단을 이야기해 줬습니다."

노먼의 웹사이트에는 승리한 기록이 약 100건에 이르고 그중에는 그 자신이 지도한 예도 여러 건이지만 그는 패배와 그 여파에 대해서도 아주 익숙하다. "〈아디론다크 데일리 엔터프라이즈〉는 최근 뉴욕 주 티콘데로가에 월마트가 들어온 이래 8개월 동안 그 도시의 소매업체가 겪은 일을 보고서로 출간했습니다. 약국, 보석상, 자동차 부품가게 등의 매출액이 20퍼센트 이상 감소했고, 중심가에 있는 유일한 식료잡화점인 그레이트어메리칸마켓은 완전히 나가 떨어졌어요. 처음에는 영업시간을 줄이고 다음에는 직원을 27명에서 17명으로 줄였습니다. 그러다 올해 1월에 결국 문을 닫고 말았지요. 이 잡화점에 드나들던 사람은 대부분 승용차를 이용할 수 없는 노인과 저소득층이었습니다."

중심가에 있는 수노코라는 주유소 주인은 노먼에게 이렇게 말했다.

"나는 여기서 25년을 살았습니다. 전에는 크리스마스시즌이면 주차할 자리를 찾을 수 없었어요. 올해는 비행기라도 세울 수 있을 정도입니다." 모든 차가 메가마트에 가고 없기 때문이었다. 노먼은 1천 제곱미터 규모의 점포를 내려는 라이트에이드 상점에 반대해 들고 일어난 뉴햄프셔 주 헤니커에 갔던 일을 기억한다. "시 경계에서 표지판 하나를 보고 무척 기분이 좋았습니다. 거기에는 이렇게 써 있었거든요. '어서 오십시오. 세상에 하나밖에 없는 도시 헤니커입니다.' 문제는 반대편에 선 사람들입니다. 그들은 공적 모임에 참석해서는 속옷과 휘핑크림을 더 싸게 살 권리가 있다고 주장합니다. 그 사람들은 공동체 의식이 쇼핑카트보다도 작은 것 같아요."

고립된 사람들

어플루엔자가 공동체를 해체하거나 불구로 만들 때(예를 들어 기업이 도시를 떠나 수백 명의 실직자가 생길 때) 무슨 일이 벌어지는가? 우리는 집에 틀어박힌 생활을 한다. 더욱더 안으로 물러나며 등 뒤로 문을 닫아건다. 자물쇠를 채운 아파트 거주자를 포함해, 대문을 걸어 잠근 부자 동네 주민과 감옥의 수감자들, 주택 보안시스템의 광신자들 등 현재 전 국민의 5분의 1 이상이 갇혀 살고 있다. 공동체 설계사인 피터 캘소프의 말이다. "사회적 의미에서 주거의 요새화는 주위 사람들이 그렇게 보면 정말로 그렇게 행동하게 된다는 자기충족적 예언 효과의 한 예입니다. 사람들은 고립이 심화하면 할수록, 그리고 다른 사람들과 공유하는 것이 적어질수록 더욱 많은 것을 두려워해야 하지요."

에드워드 블레이클리는 『미국이라는 요새Fortress America』에서 동의를 표한다. "우리는 소득 수준이나 인종에 상관없이 모두가 하나 되는 사회를 지향한다지만 자기들끼리만 모여사는 빗장공동체는 정반대다. 사회적인 접촉 없이 어떻게 사회활동이 가능하단 말인가?" 만약 빗장공동체가 일반 사회에서 분리해 나가 시민 사회로부터 은거하는 게 최종 목적이라면 900만에 가까운 사람을 수용한 2만 개의 공동체는 이미 정식으로 분리됐다. 이토록 많은 공동체가 일반사회로부터 따로 떨어져 사는 이유는 무엇인가? 서로 믿지 못하는 것일까? 1958년에는 사회의 신뢰도가 한참 높았다. 조사에 응한 미국인의 73퍼센트는 연방정부가 '거의 항상' 혹은 '항상' 옳은 정책을 편다고 믿었다. 하지만 지금은 절반만이 연방정부를 신뢰한다고 말한다.

개인 사이에서도 상황은 마찬가지다. 데이비드 캘러헌의 『반칙하는 사회: 왜 많은 미국인이 앞서려고 부정행위를 저지르는가The

Cheating Culture: Why More Americans Are Doing Wrong to Get Ahead』를 보면 많은 사람이 개인 윤리를 방치한다. 사람들은 국세청을 속이든 말든 상관하지 않고, 운동선수들이 스테로이드를 주입하던 말든 관여하지 않는다. 현재 미국인의 60퍼센트가 사람을 상대하는데 부주의하다고 믿는다. 일터에서도 신뢰가 무너졌다. "종업원이나 다른 기업체를 믿을 수 없어서 감시 장치와 보험, 법률 상담, 정부 교정시행 등에 돈을 낭비하고 있다." 로버트 푸트넘의 말이다.

여덟 살짜리 소녀가 여섯 블록 저편의 공공 도서관까지 걸어서 무사히 갈 수 있다면 이건 공동체가 건강함을 나타내는 좋은 지표다. 우선 걸어 다니기에 멀지 않은 공공 도서관이 있고 걸을 만한 인도도 있다. 하지만 무엇보다 서로 지켜주는 이웃이 있다는 사실이 더 중요하다. 공동체에는 사회자본, 즉 신뢰감을 창출할 수 있는 관계와 헌신, 네트워크가 형성되어 있다.

2000년에 퓨 언론대학원이 시행한 조사 결과를 보면 미국인의 총체적인 불안이 드러났다. 집에 있으면 안전하다고 생각하는 사람이 96퍼센트인 데 비해 동네에서는 20퍼센트, 쇼핑센터에서는 30퍼센트가 안전하지 못하다고 느꼈다. 이런 조사 결과가 '저 바깥세상'에 대해 시사하는 바는 무엇인가? 퇴근하면 테이크아웃 전문점에서 산 저녁거리를 꼭 끌어안고서 한눈팔지 말고 곧장 집으로 돌아가라는 것이다.

이 조사에서 연구자는 다양한 사람에게 이런 질문을 던졌다. "귀하가 사는 공동체의 가장 중요한 문제는 무엇이라고 생각합니까?" 예상대로 범죄와 폭력이라는 답변이 가장 높게 나왔지만, 놀랍게도 개발과 스프롤현상, 교통, 도로 항목도 그에 못지않았다. 사람들이 '통제 불능'이라고 여기는 문제다. 이런 상황에서 '통제력'을 회복하려 노력할 때, 우리는 '싸움이냐 도피냐'라는 원초적인 물음으로 되돌아간다.

우리는 미국 경제의 7퍼센트를 차지한 보안산업에 기대어 범죄와 싸우려 한다. 최근 몇 년 동안 우리는 범죄를 통제하고자 경찰 인력을 늘리고 사설경비원도 정규 경찰의 세 배나 고용했다. 그러고도 납세자들은 감옥 수감자 한 사람에 대해 학생 한 명을 하버드 대학에 보낼 수 있을 만큼의 세금을 내야 한다.

인구가 적은 지역에서는 어디에서나 불안에 떠는 소리를 들을 수 있다. 차량 도난경보기, 전자자물쇠의 발신음, 경찰 사이렌 소리 등은 범죄를 통제하려는 무익한 노력의 실례들이다. 통계로 보면, 일반의 인식과는 달리 교외에서 사는 것이 시내에서 사는 것보다 더 위험하다. 교외 거주자들은 시내 주택지에 사는 사람들보다 세 배나 많이 차를 몬다. 따라서 자동차 사고로 죽을 확률도 세 배나 높기 때문이다. 그런데도 수백만 명의 사람들이 계속해서 안전하다 믿으며 교외로 도피하고 있다.

풍요로움의 대가

1950년 이래 우리의 공동체에서 공원, 공공건물, 학교, 교회 등 공적 용도에 할애한 토지는 5분의 1이 줄었다. 반면 미국계획협회에 따르면, 수입에서 주택구매융자금 상환액과 임차료로 지출하는 몫은 50퍼센트는 족히 증가했다. 이는 우리가 생활방식을 '사유화'하면서 공적 영역에 대한 투자를 중단하고 시민의식을 집 밖으로 내다 버렸음을 뒷받침하는 증거다. 이제 아주 많은 공공서비스가 이윤을 추구하는 사기업에서 제공되므로 우리는 서로 돌봐야 하는 책임에서 벗어난 듯하다.

1990년대는 경제적 측면에서 미국 역사상 가장 오랫동안 지속된 번영기였다. 그러나 포담대학 사회정책혁신연구소의 마크 마이어링오프는 자신이 산출한 사회건강지수가 국민이 위기에 처해 있음을 보여준다고 주장한다.

마이어링오프는 "사회건강은 1977년부터 꾸준히 나빠졌습니다. GDP는 계속 상승하는데도 말이지요. 그때 이후 GDP는 79퍼센트나 증가했음에 반해 사회건강지수는 45퍼센트나 감소했습니다."

이는 추상적인 통계치가 아니다. 그가 말한 추세는 이 책을 읽는 당신이나 내 가족과 같은 현실세계의 사람들에 관한 것이다. 우리 공동체의 사회적 부와 활력을 만들어 내는 사람들 말이다. 그의 주장을 따르면, 매년 300만 명이 넘는 아이가 학대를 당하는데, 이는 아동 1,000명당 47명에 해당하는 수치다. 마이어링오프는 묻는다. "학대는 결혼생활, 육아, 교육, 직장생활 등에 어떤 영향을 미칠까요?" 그는 근본적인 불만족이 존재함을 뒷받침하는 증거로 청년 자살률을 지적한다. 1950년에는 15세에서 24세에 이르는 젊은이의 자살률이 10만 명당 4.5명으로 비교적 낮았다. 1970년에 이르면 자살률이 거의 두 배로 늘고, 1996년에는 그 비율이 12명에 달했다. 자살 사건의 여파는 당사자 가족을 훨씬 뛰어넘어 친구, 급우, 이웃에게 무거운 그늘을 드리운다. 물론 우리 사회가 그들의 잠재력을 상실하는 것은 더 말할 것도 없다.

우리는 소비되고 있다

어플루엔자가 공동체를 침범하면 악순환이 시작된다. 우리는 사람보다 물건을 선택하는데 이러한 선택은 우리를 공동체 생활에서 더욱 분리시킨다. 그러면 점점 더 많은 소비와 더 심한 분리가 반복된다. 보건학자들은 다른 사람과 어울려 사는 사람이 혼자 사는 사람보다 더 오래 살고, 이웃의 우정과 지지를 느끼는 사람이 더 건강하다는 것을 밝혀냈다. 또 다른 연구자는 위기에 처한 공동체 사람들이 임상적으로 사회적 우울증에 시달리는 경향이 있음을 알아냈다. 그들은 세로토닌의 혈중 농도가 상대적으로 낮았다.

우리는 정신이 다른데 쏠려 있어 공동체에는 관심을 기울일 수 없는 국민이 되었는가? 작은 물고기를 잡아먹는 중간크기의 물고기처럼 자기 집에 틀어박혀 상품을 소비하면서 큰 물고기인 프랜차이즈 업체가 우리의 공공장소를 파먹고 일자리와 전통과 공터를 집어삼키는 모습을 하릴없이 지켜본다. 우리는 누군가 다른 사람이 나서서 문제를 해결하리라 생각하고, 일과 소비에만 전념하려고 그들에게 돈을 댄다. 하지만 두렵게도 서비스 제공 업체들, 상품 소매업체들, 사설 관리업체들은 실제로 우리를 돌보지 않는다. 우리를 소비하고 있다고 말하는 것이 옳을지 모른다.

공허한 삶 09

삶이 공허한 사람들은
어떻게든 빈 곳을 채우려고 애쓴다.
● 빌헬름 뢰프케, 보수주의 경제학자

미국 소비자들은 최근 굉장한 속도로 먼지를 제거해주는 혁신적인 장치가 시판에 들어갔는데도 여전히 공허한 표정을 짓는다. 무척이나 가볍고, 사용법도 매우 간단한 이 먼지 제거기는 그 거대한 진공을 채우는 데 실패한 275,894,973번째 신제품이다. 연령대와 상관없이 영혼을 으깰 듯한 정신적 진공을 일상적으로 겪는 미국인이 점점 늘어만 간다. 그들은 갈 곳도 피할 곳도 없다…… 높은 기대를 모았지만 이번 먼지 제거기도 그들의 삶에 의미와 목적을 채워주는 데는 실패했다.

〈어니언〉
2000년 2월 9일

구불구불한 길이 깎아지른 협곡을 돌아 물살 거친 개울을 가로질러, 흰 눈을 뒤집어쓴 거대한 화산의 모습이 비치는 거울 같은 호수를 휘감아 지난다. 워싱턴 주 마운트레이니어국립공원이 자랑하는 이 길로 200만 명이 차를 몰고 지난다. 아름다운 석조구조물 때문에 사람들은 몇 번이나 멈추어 선다. 자연경관과 완벽한 조화를 이룬 이 작품들은 도로의 가드레일이나 여러 다리와도 우아하게 어우러져 있다. 그야말로 아름다움과 실용성을 모두 고려하여 견고하게 지은 훌륭한 작품이다. 조성은 뉴딜 시대의 시민자원보존단(CCC)이 맡았다.

1930년대 대공황이 한창일 때, 수백 명의 젊은이가 레이니어 산으로 갔다. 대부분은 동부에서 온 평범한 무직자들이었다. 그들은 텐트나 바라크 건물에서 함께 살며 오늘날의 방문객은 당연한 것으로 여기는 경이로운 시설물을 건설했다. 정부는 좋은 일이라고는 아무것도 할 줄 모른다는 인식이 팽배하던 당시, 레이니어 산을 비롯한 많은 국립공원에서 CCC의 활동은 사람들의 인식을 바꾸어 놓았다.

보존단의 작업은 힘겨운 노동이었고, 눈과 우빙과 뙤약볕 속에서 일하는데도 급여는 간신히 생계나 유지할 정도였다. 숙박시설은 안락함과는 거리가 멀었고, 오락거리도 이야기 듣기나 카드게임이 고작이었다. 가진 것이라야 대개는 옷가방 하나에 다 들어갔다. 그런데도 작가 해리 보이트가 CCC 출신들을 면담했을 당시 많은 사람이 그때가 자기 생애에서 가장 좋았던 시절이라고 회상했다.

그들은 지저분한 환경과 지친 몸, 극성스럽던 모기떼도 잊었다. 하지만 동지애와 더불어 "우리가 미국을 건설하고 있다"는, 대대손손 누릴 공공시설과 영속적인 가치를 창출한다는 자부심만은 고이 간직하고 있었다. CCC의 업적에 대한 그들의 자긍심은 60년이 지나서도 손으로 만져질 듯이 뚜렷했다.

나무를 심은 사람

25년 전, 존 빌은 보잉에서 기사로 일하다가 심장이 좋지 않아 얼마간 휴직을 했다. 그는 건강을 회복하려고 집 근처를 자주 산책하며 햄 시내라는 개울을 지나다니곤 했다. 시애틀 남서부의 산지에서 흘러와 퓨지트 해협으로 유입되는 공업용 수로인 듀워미시 강과 합류하는 아주 작은 시내였다. 빌은 몇 년 전에는 연어 떼가 알을 낳으려고 듀워미시 강을 거슬러 햄 시내까지 올라왔던 것을 기억하고 있었다.

하지만 1980년에 시내에는 물고기가 없었다. 시냇물의 가장자리를 따라 펼쳐져 있던 상록수림도 깨끗이 제거되고 없었다. 공장에서 시내에 폐수를 흘려보내고 쓰레기를 물가에 버렸다. 존 빌은 그런 현실을 바꾸기 위해 나섰다. 그는 당시의 심경을 이렇게 말했다. "시애틀 시에서 가장 오염이 심한 햄 시내를 되살릴 수 있다면, 다른 곳에서도 그런 일이 가능하리라고 생각했습니다."

그는 바쁘게 뛰어다닌 끝에 기업이 시내에 폐수를 방류하거나 강기슭에 쓰레기를 버리는 행위를 멈추게 할 수 있었다. 그런 다음 15년에 걸쳐 수천 그루의 나무를 심었다. 천연 연못과 폭포, 물고기들의 산란 터를 되살렸다. 처음에는 혼자 일했지만 시간이 지나자 다른 사람들이 돕기 시작했다. 신문에 몇 번 오르내리고 TV에 한두 번 소개되자 더 많은 사람이 관심을 보였다. 빌은 그들에게 자신이 시내를 어떻게 되살리는지 보여주었다.

마침내 연어가 돌아왔다. 물길이 아주 깨끗해지자 매년 돌아오는 연어의 수가 조금씩 불어났다. 공공단체에서 받은 보조금으로 비용은 어느 정도 충당할 수 있었지만, 애쓴 대가는 한 번도 받지 못했다. 하지만 그는 햄 시내와 자신의 공동체를 전혀 다르게 바꾸어 놓은 데서 오는 개인적인 만족감으로 충분히 보상을 받았다고 말한다. "그것이 보상입니다. 나는 그런 식으로 대가를 받은 거죠."

존 빌과 CCC 대원들, 또 공동체에 기여한 수없이 많은 사람의 공통점은 돈보다는 의미 있는 활동, 받는 것보다 주는 것이 좋다고 인식한다는 점이다. 그들은 성취감이 그런 활동에서 온다는 것을 알았다.

하지만 우리의 소비사회에서는 그런 사람들은 예외적인 존재가 되어 간다. 자기네 인생을 물질로 채우면 채울수록 정신과 의사, 목사, 친구, 가족에게 '공허감'을 호소하는 사람이 더욱더 늘어난다. 아이들은 장난감이 많아질수록 따분함을 호소한다. 2000년 전에 예수 그리스도는 이런 사태를 예언했다. 예수는 신도들에게 '사람이 온 세상을 얻는다 해도 제 영혼을 잃으면 무슨 소용이 있겠느냐'고 물었다. 어플루엔자 시대에는 그 질문을 듣는 경우가 드물다. 최소한 공적인 담화에서는 그렇다. 늘 제기해야 하는 의문인데도……

영혼이 가난한 나라

명예학위를 받으러 미국에 온 테레사 수녀가 "이 나라는 내가 평생 가 본 나라 중에 가장 가난한 나라"라고 했다. 기독교선교단체 월드비전의 지도자인 로버트 세이플은 전한다. "수녀님은 경제나 뮤추얼펀드, 월스트리트, 소비 능력에 대해 말씀하신 것이 아닙니다. 가난한 영혼에 대해 말씀하신 거지요."

공화당 선거전략가 리 애트워터는 뇌종양으로 죽기 직전 이렇게

고백했다. "80년대는 부와 권력과 명성에 미친 시대였다. 내가 잘 안다. 나는 대다수 사람보다 더 많은 부와 권력, 명성을 얻었으니까. 하지만 원하는 것을 다 가져도 공허감은 어쩔 수 없다." 그는 그러면서 경고했다. "미국 사회의 심장부에는 영적 진공이 자리 잡고 있다. 영혼의 종양이다."

종교에서는 인생에 어떤 목적이 있다고 말한다. 그건 신의 피조물인 인간을 돌봄으로써 신을 섬기는 것이다. 자신의 일과 생명력을 그런 목적에 바치는 사람, 자신의 재능을 공동선에 바치려는 '소명' 혹은 '의로운 삶'을 찾은 사람은 행복하다. 단순히 물질이나 권력이나 쾌락을 축적하는 것을, 혹은 넘버원을 추구하는 것을 목표로 제시하는 종교적 가르침은 없다.

요즘은 직업을 '소명'으로 생각하는 사람을 찾아보기 어렵다. 직업은 재미있거나 창의적인 일일 수도 있고, 지루하고 따분한 일일 수도 있다. 직업 탓에 신분의 귀천이 정해질 수도 있다. 하지만 직업의 진정한 가치는 그런 식으로 바뀌지 않는다. 운동선수와 청소부를 예로 들어 보자. 우리의 생활은 운동선수들이 뛰기를 중단했을 때보다 청소부들이 일손을 멈추었을 때 훨씬 더 심한 혼란에 빠진다. 하지만 직업에 대한 인식은 어떠한가?

직업에 따라 엄청난 돈을 벌기도 하고, 겨우 입에 풀칠이나 하며 살기도 한다. 하지만 우리는 그 일이 어떤 의미가 있고 얼마나 세상에 기여하는지는 거의 묻지 않는다. 대다수 사람은 돈을 잘 버는 직업이 좋은 직업이라고 생각한다. 왜 그 일을 하는가? 간단하다. 돈벌이가 잘 되니까.

앞서 캐롤라인 사웨에게 충격을 준, 폭력이 난무하는 비디오게임의 광고를 기획하는 고소득 전문직 종사자들을 예로 들어보자. 대다수가 자신의 직업을 '재미있고' 명백히 '창의적인' 일이라고 생각할 것이다. 효과적인 판촉을 위해 끊임없이 새로운 아이디어를 짜내는 것이 일인데 그것이 곧 승진의 길이기도 하다. 그런 일에는 기계적인 반복이 없다. 쾌적한 환경? 물론이다. 자유로운 작업시간? 아마 그럴 것이다. 좀 긴 것이 탈이겠지만. '이웃집 고양이를 쏘아 죽이는 것보다 재미있다' 와 같은 기발한 광고문구를 생각할 수 있는 날렵한 재치에서 느끼는 우아한 자기만족. 그들에게 물어보면 십중팔구 이렇게 대답할 것이다. "내 직업에 만족합니다."

다음으로 게임 자체를 기획하는 사람들을 생각해 보자. 그들은 광고기획자가 얻는 만족을 다 누리고 그 위에 많은 금전적 보상까지 받는다. 페라리나 포르셰 같은 스포츠카는 물론 호화저택까지 살 수 있는 금액이다. 그중에는 자기가 만들어 남의 자식에게 파는 제품을 자기 자식에게는 사용하지 못하게 하겠다는 사람도 있다. 만들지 않으면 될 게 아닌가? 아마도 지금과 같은 보상체계로는 그리 쉽지 않을 것이다.

온 세상을 얻은 것 같지만, 영혼을 잃는 사람들!

이 전문직 종사자가 궁극적 가치나 결과에 대해 일말의 거리낌도 없이 자신의 일을 즐길 수 있는 건 우리 사회가 의미와 목적에 대한 질문을 효과적으로 봉쇄하고 있다는 확실한 증거다. 그들은 아파하지 않는다. 적어도 외견상으로는 그렇다. 어쩌면 도덕적으로 미심쩍은 제품을 만들고 받는 보상 즉, 돈, 자극, 권력, 지위 등이 모르핀으로 작용하여 양심을 마비시키고 있는지 모른다.

나도 좋은 일을 하고 싶다

그러나 의미를 갈망하는 미국인도 많다. 랍비(유대교의 현인을 가리키는 말) 겸 작가인 마이클 러너 박사가 캘리포니아 주 오클랜드에서 직장인 가족을 위해 '스트레스 클리닉'을 진행하면서 깨달은 바가 있다. 러너는 처음에는 대다수 미국인이 기본적으로 물질적 이기심에서 움직인다고 생각했다. 그러니 클리닉에 참가한 중산층이 종종 돈을 많이 벌지 못한다고 느낄 때보다 무의미한 일을 하며 인생을 허비하고 있다고 느낄 때 더 많은 스트레스를 받는다는 것을 알고는 매우 놀랐다.

러너는 다양한 직업을 가진 사람들을 몇 개의 모둠으로 나누어 생활에 대해 이야기를 나누도록 했다. 처음에는 대부분 마치 직장 동료나 친구들에게 하듯이 모든 일이 잘 풀리고 있다, 제반 문제에 잘 대처하고 있다, 스트레스가 침범할 틈을 주지 않는다, 생활에 만족하다고 했다. 이는 설문조사자가 생활 만족도에 대해 피상적인 질문을 할 때 흔히 보이는 반응이다. 하지만 시간이 지나면서 모둠 참여자가 마음이 편해져 자기감정을 솔직히 표현할 수 있게 되자 다른 유형의 반응이 나타나기 시작했다.

러너는 이렇게 썼다. "우리는 중간 소득층 사람들이 공동선을 추구하고 재능과 에너지를 활용하여 나름대로 사회에 이바지하기를 갈망하는데 실제로 하는 일은 그것과는 거리가 멀어서 몹시 불행하다고 느끼는 것을 알았다. 대개 그들은 더 많은 돈에 관심을 돌림으로써 좌절감과 공허감밖에 남지 않을 인생을 보상받고자 한다."

스터즈 터켈은 자신의 베스트셀러 『일Working』에서 이렇게 썼다. "오늘날 일이 그토록 부자연스럽고 초현실적인 대상이 된 가장 큰 이유는 불필요한 물건의 세계에서 자신이 더는 필요 없어질까 봐 가슴 졸이는 두려움일 것이다." 요즘 미국에서 가장 당혹스러운 통계치는 아마 러너와 터켈이 묘사한 것과 같은 그런 느낌에서 비롯했을 것이다. 현대의 당혹스러운 통계치, 곧 우울증 발생률은 1945년 이전보다 10배나 된다. 미국에서만 수백만 명이 심적 고통을 약물로 달래는 것이다.

어플루엔자에 감염된 미국인이 갈수록 늘어남에 따라 우울과 불안, 자존의식의 저하 등이 더욱 일반화할 전망이다. 최근 심리학 교수인 팀 카서와 리처드 라이언이 실시한 일련의 연구는 이런 예상을 과학적으로 뒷받침한다. 두 교수는 일차적 관심이 금전문제에 기울어 있는 사람과 공동체에 대한 기여와 타인과의 끈끈한 유대를 지향하는 사람을 비교해 보았다.

결론은 명확했다. 부를 축적하는 것이 일차적 관심인 사람은 자기실현과 활력은 뒤지고 우울과 불안은 더 높았다. 두 교수의 연구는 돈을 인생의 중요한 지도 원리로 삼을 때 초래되는 해악을 잘 보여준다.

변해버린 젊은이들의 가치관

카서와 라이언의 연구는 부에 대한 집착이 위험하다는 종교적 가르침이 얼마나 지혜로운 것인가를 깨닫게 해준다. 하지만 그런 가르침을 들을 귀는 오랫동안 막혀 있었다. 1962년, 현재 캘리포니아 주 상원의원인 톰 헤이든은 민주사회학생회(SDS)의 창립선언문 '포트휴런 성명'에서 "대학의 최우선적인 관심은 도덕적 · 심미적 · 논리적 능력을 함양하고 연마하여 학생으로 하여금 인생의 도덕적 의미를 찾을 수 있게 돕는 것"이라고 선언했다.

헤이든은 또 이렇게 썼다. "고독과 소외, 고립은 오늘날 사람과 사람 사이의 광대한 거리를 표현하는 말이다. 이런 지배적인 경향은 인사관리의 개선이나 기계장치를 바꾸는 것으로는 극복할 수 없다. 인간 사랑이 물질숭배를 이길 때에만 극복할 수 있다."

1960년대에는 이처럼 세상을 위해 봉사하는 의미 있는 삶을 촉구하는 목소리가 수없이 많은 학생의 공감을 불러일으켰다. 구전 역사가 스터즈 터켈은 60년대 젊은이의 행동 중에는 상식을 벗어난 것(마약, 비속한 언어, 무분별한 섹스 등)이 있었음을 인정하면서도 그 시대에 가장 기억에 남는 건 1968년 시카고에서 열린 민주당 전당대회 때 벌어진 사건이라고 말한다. 당시 경찰이 그랜트공원과 링

컨공원으로 반전 시위자들을 쫓아다니며 곤봉을 휘두르고 최루탄을 쏘아대던 장면이야말로 그 시대의 상징이라는 것이다.

당시 터켈은 영국의 언론인 제임스 캐머론과 함께 시위를 지켜보고 있었다. 그런데 갑자기 경찰이 그들이 있는 쪽을 향해 최루탄을 마구 쏘아대는 것이었다. 눈물을 흘리면서 허겁지겁 달아나는데 최루탄 한 발이 발치에 떨어졌다. 터켈은 그때 일을 이렇게 회상한다. "나는 그 어리석은 청년을 결코 잊지 못할 것이다. 작은 키에 금발 머리채를 길게 늘어뜨린 히피 청년이 최루탄을 캐머론과 내게서 멀리 차 버렸다. 그러다가 자신이 해를 입을 수도 있는 데 말이다. 그는 그렇게 우리를 구했다. 그 청년의 행동이야말로 60년대가 원하던 것이었다. 그들은 자기 밖의 대의를 추구했다. 민권, 베트남, 그것이 60년대의 핵심이다."

대학생들의 꿈은 그때 이래 현저히 바뀌었다. 토머스는 듀크대학 교수로 있을 때 학생들에게 자신의 목표를 정리해 보라고 했다. 학생들이 맨 먼저 내세운 건 돈과 권력, 물건이었다. 그것도 아주 큰 물건이었다. 원하는 물건에는 별장, 값비싼 외제 자동차, 요트, 심지어 비행기까지 있었다. 학생들이 교수에게 바라는 것을 요약하면 이랬다. "나를 돈 버는 기계, 돈 쓰는 기계로 만들어 달라." 그가 듀크대학교 학생들의 대화에서 가장 많이 들은 말은 '어젯밤 얼마나 취했는지 몰라'였다. 알코올 남용, 특히 어지러운 술판은 캠퍼스에서 갈수록 큰 문제가 되고 있다. 술이 원인이 된 사망과 부상, 중독은 흔한 일이 되었다. 학생들은 현재 연간 60억 달러에 가까운 돈을 음주로 탕진한다. 여타 음료와 책에 들이는 돈을 다 합친 것보다 많은 금액이다. 텅 빈 영혼을 채우려면 알코올이 많이 필요하기도 하겠지만.

예전의 보수란

근래에 소비주의 생활방식의 공허함을 비판하는 사람은 대개 정치적 좌파다. 하지만 항상 그렇지는 않았다. 레이건 행정부 이전에는 보수주의자 중에도 아직 완전히 자유시장 숭배자가 되지 않은 사람이 많았다. 저명한 보수주의 철학자와 경제학자들도 종종 좌파쪽 사람 못지않게 소비주의에 대해 비판적이었다. 그런 태도는 마침내 의미 없는 삶으로 귀결된다고 여겼다.

빌헬름 뢰프케는 전통적인 보수주의 경제사상의 태두로 꼽히는 인물이다. 뢰프케는 1957년에 이렇게 썼다. 그는 "이웃에게 처지지 않기식 생활방식에 젖은 사람들은 인간 행복의 진정한, 그리고 본질적으로 비물질적인 조건들을 결여하고 있다. 삶이 공허하므로, 그들은 빈 곳을 어떻게든 채우려고 애쓴다."

탐욕과 부패와 관련된 엔론(미국의 에너지 회사)과 월드컴, 그 외 다른 추문이 일기 훨씬 이전에 뢰프케는 소비자 사회의 도덕적인 방향에 대해서 강력한 의문을 제기했다.

> R. H. 토니가 말한 대로, 우리는 경제 중심 세상, 즉 물질만능사회에 살고 있지 않은가? 이런 사회는 벌거벗은 탐욕을 방임하고 마키아벨리식 사업수완을 조장하며, 이런 것들이 규칙이 되도록 허용하고 모든 차원 높은 동기들을(공산당 선언의 표현을 빌리자면) "이기적 타산이라는 얼음물" 속에 빠뜨리고 사람들로 하여금 세상을 얻되 영혼을 잃게 하는 사회다. 자나깨나 어떻게 돈을 벌까, 무얼 사들일까 생각하는 것보다 더

확실하게 인간의 영혼을 메마르게 하는 방법이 있단 말인가? 무한한 침투력을 자랑하는 우리의 소비주의보다 더 강력한 독이 있단 말인가?

뢰프케는 자본주의 사회에서는 개개인이 자기 행동의 도덕적 가치에 끊임없이 의문을 제기하여 맥없이 시장의 조류에 휩쓸리지 않는 것이 무엇보다도 중요하다고 지적했다. 경계하지 않으면 삶은 공허해진다고 했다. "우리가 직업을 단지 물질적 성공을 위해서만 수행하면서 단순히 돈의 획득을 뛰어넘는 내적 필요성과 의미를 찾지 않는다면, 그리고 우리의 삶에 위엄과 힘을 주는 의미를 찾지 않는다면, 인생은 살 가치가 없다."

탈개인화

물질적 목표의 추구가 어떻게 무의미하고 불안정하며 지루한 삶으로 귀결하는지를 가장 잘 설명한 사람은 또 다른 보수주의 철학자 어니스트 반 덴 하그다. 그의 지적에 따르면, 소비주의 생활방식의 일반화를 가능케 한 대량생산은 장인이나 소농 등 다양한 직업에 종사하던 많은 사람을 한 뭉치로 공장에 몰아넣는다. 공장에서는 노동 분화 탓에 활동영역이 몇 가지 반복동작으로 줄어든다. 이런 작업은 다양성도 통제력도 제공하지 않는다.

시간이 흐름에 따라 산출량이 많아지고 효율적으로 조직화되자 그들은 노동의 대가로 자기 몫을 챙기기 시작한다. 하지만 그렇게 되면 재화를 충분히 공급해야 하기 때문에 대량 생산한 규격화된 제품을 받아들여야 한다. 반 덴 하그는 이렇게 썼다. "대량생산의 열매는 탈개인화 노동과 똑같이 탈개인화 소비를 결합함으로서만

딸 수 있다. 그러므로 노동시간 내에, 혹은 이후에 개별적인 인격을 억누르지 못하면 대가가 크다. 결국 인간이 만든 규격화된 제품 생산은 규격화된 인간의 생산을 요구한다."

물질적 진보의 산물인 탈개인화는 필연적으로 삶에서 의미와 재미를 박탈한다. 노동자와 소비자는 어딘지 모르게 불만에 휩싸여 불안함과 지루함을 느낀다. 이런 불안한 감정은 새로운 상품을 심리적 출구로 제공함으로써 그것을 의도적으로 이용하려는 광고로 강화되고 고양된다. 소비재와 대중매체는 유휴능력과 억압된 개인의 비명이 들리지 않게 하여 우리를 무관심하거나 영속적으로 불안정하게 한다고 반 덴 하그는 역설한다. 상품과 대중매체는 우리의 관심을 흐트러뜨려 진정 의미 있는 활동을 원하는 영혼의 외침을 듣지 못하게 한다고.

내면의 창의력과 인격을 스스로 선택하여 의미 있게 표현할 기회를 얻지 못한 사람은 "무언가 일어나기를 바라는, 강렬한 갈망에 시달리고 외부 세계는 공허감을 채워주기 위해 어떤 사건을 제공해야 한다. 숨겨진 내막이나 유명인의 사생활을 공유하고자 하는 대중적 욕망은 희미하게나마 개인의 삶이 조금도 없음을 깨닫거나 혹은 적어도 그들의 흥미를 붙드는 생활은 없음을 깨달은 사람들의 사생활(남의 생활이라도)에 대한 갈망에 토대가 있다."

따분한 사람이 정말 바라는 건 의미 있고 진정한 삶이다. 광고는 그런 삶이 상품이나 여행 패키지 체험에서 온다고 주장한다. 하지만 종교와 심리학은 타인에 대한 봉사, 친구나 가족과의 유대, 자연과의 관계, 본질적인 도덕적 가치의 추구 등에서 찾을 가능성이 더 크다고 말한다.

어플루엔자 이후

고도 기술사회는 우리 대다수가 영위하는 것보다 더 의미 있고 창의적인 삶을 누릴 기회를 제공한다. 놀랍도록 생산성이 높은 기술은 임금 상승과 노동시간 단축을 가능하게 한다. 반복적이고 규격화된 작업, 혹은 자부심을 느끼지 못하는 작업에 들이는 시간을 줄여주는 것이다.

이러한 선택의 여지는 자기가 좋아서 하는, 종종 보수가 따르지 않는 일을 할 수 있는 시간을 더 많이 허락한다. 사람들이나 공동체와의 관계를 고양하고 우리의 재능과 창의력을 좀더 완전하게 표현할 수 있는 그런 시간 말이다(예를 들어 존 빌의 환경회복 활동과 같은). 그런 선택의 여지는 우리에게 자연의 아름다움과 신비, 아이들의 즐거운 놀이, 훼손된 자연의 복구에서 의미와 기쁨을 발견할 수 있는 시간도 더 많이 허락한다. 또 우리에게 진정 무엇이 중요한지, 남은 생을 어떻게 쓸지 생각할 시간을 허락한다.

사회적 상처 10

오늘날 부와 돈을 향한 노골적인 찬양이
'난 부자고 넌 아니야' 식의,
사람을 승자와 패자 혹은 왕자와 거지로 구분하는
방약무인한 태도를 만들어냈다.

● 제럴드 셀렌티, 트렌드 연구가

태국의 그 비디오를 본 미국인은 거의 없지만(사실 우리는 외국 소식에는 별 관심이 없다) 소름 끼치는 영상이 나온다. 1993년, 태국의 한 장난감 공장이 전소되었다. 미처 피하지 못한 여성 노동자 수백 명이 화염과 연기 속에서 목숨을 잃었다. 불에 탄 시신들이 빌딩 잔해 사이에 나뒹굴었다. 화재가 난 빌딩은 미국 아이들을 겨냥해 플라스틱 장난감을 만드는 개발도상국의 여느 공장과 다름없이 화재에 취약했다. 시커먼 벽돌 사이 여기저기에는 바트 심슨 인형 등이 널브러져 있었다.

노동자 가운데 많은 사람이 젊은 엄마였다. 그들이 받는 쥐꼬리만 한 봉급으로는 자기 아이에게 자기 손으로 만든 장난감을 사주기도 어려웠다. 공장의 화재 현장을 찍은 장면과 이면의 진실은 어플루엔자 시대에 가진 자와 못 가진 자 사이에 갈수록 깊어가는 골을 보여주는 듯했다.

한 가지 소름 끼치는 부정할 수 없는 사실이 있다. 소비재를 싸게 생산할 수만 있다면 고삐 풀린 자유시장과 비교할 만한 경제체제는 없다는 것이다. 예를 들어, 자유시장은 아이들 장난감을 어찌나 싸게 생산하는지 지구 반대쪽까지 싣고 가 맥도널드나 버거킹 같은 패스트푸드점에서 2달러짜리 음식을 사는 사람들에게 공짜 사은품으로 제공할 수 있을 정도다.

1980년대 레이건 행정부 시절부터 시작된 미국 경제의 탈규제 정책은 노동조합의 영향력을 급격히 쇠퇴시키는 한편 생산성을 높였다. 이 정책으로 상품은 쏟아져 나오고 있지만 분배는 전보다 훨씬 불공평해졌다.

오랫동안 여느 사회와는 달리 미국은 대단히 부유한 시민도 지극히 가난한 사람도 없는 '무계급' 사회라고 생각해 왔다. 하지만 계급 없는 미국이라는 이 인식에는 믿음이 가지 않는다. 어플루엔자를 차단하고 격리하려는 모든 정치적 노력이 갑작스레 중단된 1981년에 미국의 소득불평등 비율은 22개 선진 산업국가 중 13위였다. 그러나 오늘날은 맨 꼴찌다.

화려함 속에 가려진 어두움

풍요라는 밀물이 모든 배를 함께 띄운 건 아니다. 오히려 많은 꿈을 집어삼켰다. 이제 미국에는 빈부격차라는 거대한 심해가 가로놓였다. "80년대 이래 커다란 소비 열기에서 확인할 수 있는 사실 하나는 그 열기가 중상류층 이상에 편중해 있다는 것이다." 하버드 대학 교수 줄리엣 쇼어의 말이다.

실제로 80년대를 거치는 동안 세전(稅前) 실질소득 증가분 중 4분의 3이 부유한 가족 1퍼센트에 돌아갔다. 평균 77퍼센트에 해당하는 액수다. 중소득층 가족은 4퍼센트밖에 확보하지 못했으며, 아래쪽 40퍼센트의 몫은 실제로 줄어들었다. 이 수치에는 과장된 인플레이션 추정치가 반영됐다고, 그러므로 모든 계층이 공식적인 수치가 시사한 것보다 더 큰 몫을 차지했다고 주장하는 사람도 있을 것이다.

초부유층은 국민소득 중 자기네 몫이 커졌는데도 더 인색해졌다. 그들이 수입 중 자선에 내놓는 몫은 훨씬 적어졌다. 1979년에는 수입이 100만 달러(1991년 가치) 이상인 사람들은 세후 소득의 7퍼센트를 자선기금으로 내놓았다. 12년 뒤, 그 수치는 4퍼센트 아래로 떨어졌다. 정부의 복지비 지출을 대폭 삭감할 것을 주장한 사람들은 민간 부문의 기부가 그 차이를 메워 줄 것이라고 장담했다.

당연한 일인지는 몰라도 차이가 메워지기는커녕 줄어들던 빈곤층 비율이 다시 상승하기 시작했다. 생활비 보조에 의존하지 않고 실질적인 경제활동에 참여하지만 수입이 빈곤선 이하에 머무는 사람의 수가 80년대엔 거의 두 배로 늘었으며, 1979년부터 1994년까지 아동 빈곤율도 18퍼센트에서 25퍼센트로 늘었다.

풍요의 상징처럼 보이는 미국에서도 매일 1,000만 명이 굶주린다. 그중 40퍼센트는 아이들이고 대다수는 노동계층의 자녀이다. 또 다른 미국인 2,100만 명은 푸드뱅크나 수프키친과 같은 비상급식 시설을 들락거림으로써 근근이 기아를 면한다. 매일 밤 줄잡아서 75만에 이르는 미국인이 한뎃잠을 자며 연간 노숙자 수는 200만 명에 이른다. 좋은 소식도 있다. 900만 명은 2가구 소유자라는 것.

미국의 주택 부족은 실은 분배의 문제일지 모른다.

소득 집중의 심화는 클린턴 행정부 시대의 활황 동안에도 수그러들지 않았다. 현재 미국 총가구 상위 20퍼센트가 하위 80퍼센트에 거의 맞먹는 수입을 올리고 있다(국민소득에서 차지하는 몫으로 치면 49퍼센트 대 51퍼센트다). 역사상 불평등이 이렇게 심했던 적은 없다. 부의 분배는 왜곡 정도가 훨씬 더 심하다. 1999년에 금융자산(주식, 채권, 상업적 부동산)의 92퍼센트를 상위 20퍼센트가 소유했다(주식은 87퍼센트를 상위 10퍼센트가 소유). 최고 부유층 가운데 많은 사람이 세금을 거의 혹은 전혀 내지 않는 방법을 알고 있다. 〈마더 존스〉 2000년 12월호에는 부자들이 카리브 해 등지의 국외 계좌에 돈을 숨김으로써 수십억 달러에 이르는 조세를 회피하고 있다고 보도했다. 그리고 2004년에는 상위 1퍼센트 부자들이 낸 세금은 19퍼센트가량 떨어졌고, 중산층이 낸 세금은 1퍼센트 올랐다.

CEO의 보수

마이크로소프트의 주가가 내려가 그 순가치가 반감되기 전 빌 게이츠의 자산 가치는 약 900억 달러에 이르렀다. 미국 총인구 중 하위 50퍼센트의 자산과 맞먹는 금액이다(세계 156개국 중 119개국의 국민총생산보다 많다). 반면, 전체 미국인의 40퍼센트는 자산이 전혀 없다.

대기업의 고위 임원들이 받는 보수를 보면 미국에서 어플루엔자가 얼마나 기승을 부리는지 여실히 드러난다. 논조 자체는 긍정적인 듯한 '탐욕은 선인가?'라는 〈비즈니스위크〉의 표지 기사에는 1998년에 미국의 365대 기업의 CEO가 받은 평균 보수 총액이 무려 36퍼센트나 증가해 1,060만 달러에 이르렀다고 보도했다. 반면, 생산직 노동자의 보수는 2.7퍼센트 오르는 데 그쳤다.

CEO의 평균 보수 총액은 연 200만 달러에 불과하던 1990년 이래 442퍼센트나 증가했다. 그들은 현재 일반 직장인이 받는 금액의 400배를 받고 있는데, 1980년대의 40배와는 비교가 되지 않는다. 이에 비해 일본과 독일의 CEO가 받는 보수는 자기들도 미국 CEO들만큼 받아야겠다고 느끼기 시작한 최근까지 일반 직장인의 약 20배에 불과했다.

보이지만 존재하지 않는 사람들

한편, 칼럼니스트 데이비드 브로더는 '우주의 주인들'(그는 하이테크 백만장자들을 이렇게 부른다)의 욕실과 사무실을 청소하는 사람들은 빈곤선에 해당하는 봉급을 받는다고 썼다. 그는 로스앤젤레스에서 연봉을 2003년까지 2만1,000달러로 올려달라고 시위하는 건물 관리자들을 보았다. 봉급이 요구 수준으로 올라 그들 27,380명이 받는 돈을 전부 합친다 해도 로스앤젤레스 디즈니사의 CEO 마이클 에이스너 한 사람이 1998년에 받은 금액(5억7천5백만 달러)밖에 되지 않는다.

부자에게 가난한 사람들은 보이지 않는 존재가 되었다. 데이비드 브로더에 따르면, "일을 해서 우리의 생활을 편리하게 해주는 사람들이 있다. 우리가 단골로 드나드는 식당의 웨이터에서 우리가 왕래하는 병원의 잡역부에 이르기까지 다양하다. 하지만 그들은 가난의 굴레를 못 벗어난다. 우리는 이런 노동자와 단 한 마디도 나누지 않고 산다." 보이지만 존재하지 않는 사람들이다.

미국인이 늘 '무계급' 사회의 증거로 제시하는 한 가지는 (예를 들

어 라틴아메리카의 부자들에 비해) 미국에는 집 청소와 허드렛일을 하는 하인을 두는 가족이 거의 없다는 것이다. 하지만 갈수록 2층 구조의 계급사회가 되어감에 따라 사정은 달라졌다. 집안에 하인을 들이는 중상층 가구가 크게 늘었다. 1999년, 미국 가정의 14~18퍼센트가 청소를 시키려고 외부인을 고용했다. 1995년에 비해 53퍼센트가 늘어난 수치다. 가정에 상주하는 청소부와 하인은 1998년 평균 12,220달러를 벌었다. 이는 3인 가족의 빈곤선에서 1,092달러가 모자라는 금액이다.

"하인 계층의 갑작스러운 출현은 일부 경제학자가 말하는 미국 경제의 브라질화를 보여준다." 바버라 에렌레이히는 잡지 〈하퍼스〉에 이렇게 썼다. "계급 양극화의 심화에 발맞춰 복종을 나타내는 고전적인 자세가 슬그머니 되살아나고 있다." 이런 추세를 연구하기 위해 직접 시급 6.63달러를 받고 가정부로 일한 바 있는 에렌레이히의 고발이다. 그녀는 프랜차이즈 업체인 메리 메이즈가 심지어 이렇게 광고한다고 지적한다. "우리는 귀댁의 마루를 옛날식으로 청소해 드립니다. 무릎을 꿇고 손으로 문지르지요."

에렌레이히는 메인 주 포틀랜드의 맥맨션들을 문지르러 다녔는데 집주인들은 청소를 하면서 물 한 모금도 마시지 못하게 했다. 몰래 카메라까지 설치해 두고 그녀의 행동을 감시하는 집도 있었다. 그녀는 사람들이 집 안을 얼마나 엉망으로 어지럽히는지 보고 놀랐다. 특히 아이들이 그랬는데, 한 아이는 그녀를 보자 이렇게 소리치는 것이었다. "엄마, 여기 좀 봐! 백인 하녀야!"

지나치게 많은 특권을 누리는 10대 아이들의 방을 청소하며 에렌레이히는 이런 결론을 내렸다. "미국의 오버클래스★는 끊임없는 도움이 없으면 스스로 만들어 낸 쓰레기 더미 속에서 질식해 죽고 말 세대를 기르고 있다."

상대적 박탈감

어플루엔자는 계층에 상관없이 모든 사람을 침범하지만, 가난한 사람들에게 한층 더 파괴적이다. 우선 일반적으로 저소득층은 저비용 생산전략으로 조성된 환경에서 제일 먼저 희생당한다. 그들은 대개 심각한 오염 물질에 노출된 지역에서 무방비 상태로 지낸다. 석유화학 기업들이 대기와 물속에 엄청난 양의 발암물질을 배출하는 루이지애나 주 미시시피강 하류 산업지역이 이런 곳이다. 이곳은 일명 '암의 뒷골목'이라 불린다.

★ Overclass. 신상류 층으로, 전문직업인과 경영주가 대부분이다. 그들은 교외에 살며 별난 취미와 미식에 돈을 낭비한다

한편, 막대한 임금 인플레는 새로 부각된 '정보경제'의 승자들이 돈을 거머쥘 기회를 부여했고, 이들이 주택 건설에 경쟁적 투자를 일으킴으로써 주거비를 평균 수준의 봉급을 받는 사람들조차 감당할 수 없는 지경으로 올려놓는다. 결국 많은 사람이 가족과 함께 평생 살아온 공동체를 떠날 수밖에 없었다.

마지막으로 가난한 사람들은 그들 앞에 소비 표준의 이미지를 비추어 주는 TV프로그램과 광고에 조롱당한다. 평균적인 미국인에게 전형적이라고 생각되지만 그들로서는 은행을 털거나 복권이 당첨된다면 모를까 평생 이룰 수 없는 그런 이미지들 말이다.

두 아이의 어머니로 코네티컷 주 하트포드의 공영아파트에 사는 흑인 여성 펠리시아 에드워즈는 아이들이 유명 상표 옷을 입고 싶어 마음 아파할까 걱정이다. "요새는 학교가 무슨 패션쇼 공연장 같아요." 그녀는 머리를 절레절레 흔들며 말한다. "그렇게 심한 또래 압력을 받다 보면 범죄까지 저지르게 됩니다. 심지어는 학교에서 아이들이 스니커즈 운동화 한 켤레 때문에 사람을 죽인 사건이 있었어요. 부모들은 자식들에게 브랜드 옷을 입히려고 두세 가지 일을 합니다." 펠리시아는 큰아이가 나이키의 에어조단 120달러짜리를 90달러에 세일한다며 한 켤레 좀 사달라고 졸랐을 때 돈이 없다고 말해 놓고는 아들 녀석이 안 됐다는 생각이 들었다. "나와 동생이 절반씩 부담해서 에어조던을 사줬습니다."

가난한 공동체에서 상대적 박탈감은 극에 달해 있다. 트렌드 연구가 제럴드 셀렌티는 건달과 어울리는 한 남자와 나누었던 대화를 소개한다. "그에게 문제를 일으키는 가장 중요한 원인이 무엇이라고 생각하느냐 물었더니, 그는 조금도 주저하지 않고 이렇게 대답했다. '탐욕과 물질주의다. 이 아이들은 시장에 나온 최신 제품을 갖지 않는 한 자기네 삶은 아무런 가치가 없다고 생각한다.'"

샌프란시스코 오메가 소년단의 부단장 마거릿 노리스도 같은 생각이다. 그녀는 자신이 만나는 저소득층 청소년들의 윤리는 '수단과 방법을 가리지 말고 돈을 벌라'는 것이라고 말한다. 그런 절망이 종종 범죄를 부른다.

"걱정할 필요 없다. 그런 놈들은 가두면 된다." 이것이 우리 사회의 대응인 듯하다. 전체적인 범죄율은 지난 몇 년 사이에 떨어지고 있는데, 이는 근래의 활황 덕에 일자리 얻기가 쉬워져서 나타난 현상이다. 하지만 미국은 이미 200만 명의 국민을 교도소에 가두었다. 이는 세계 어느 나라보다 높은 비율이고, 다른 산업 국가보다는 10배나 높다.

캘리포니아 주 하나만 해도 프랑스와 독일, 영국, 일본, 싱가포르, 네덜란드를 다 합친 것보다 많은 사람을 가두고 있다. 오하이오 주 영스타운과 같은 쇠락해 가는 녹綠지대★에서는 교도소가 가장 많은 일자리를 창출하기도 한다. 미국교정회사와 같은 민간 기업들은 현재 수용시설을 운영하여 수백만 달러를 벌어들인다. 약삭빠른 월스트리트의 브로커들은 '달러 버는 던전게임'으로 새로 민영화한 감옥 산업에 거액을 투자하고 있다.

감염의 세계화

어플루엔자가 남긴 사회적 상처는 갈수록 더 많은 나라가 미국의

★ Rust Belt. 오래된 기업체와 공장들이 들어찬 미국 북동부의 밀집 산업지대. 1970년대에 쇠퇴기를 겪으며 공장들이 방치되고 실업이 만연하여 주민이 빠져나감

생활방식을 모방함에 따라 전 세계에 걸쳐 복제된다는 것이다. TV는 연일 개발도상국의 수많은 사람에게 서구의 소비주의 생활방식을(그 결점은 감춘 채) 전파하고, 그들은 소비주의 사회에 편입하려고 발버둥을 친다. 『기업이 세상을 지배할 때When Corporations Rule the World』의 저자 데이비드 코턴은 한때 그들이 소비주의 사회에 편입할 수 있고, 또 그래야 한다고 생각했다. 코턴은 스탠퍼드와 하버드에서 경영학을 가르쳤고 아프리카, 아시아, 중앙아메리카에서 하버드 경영대학원과 포드 재단, 미국의 국제개발처를 위해 일했다.

코턴은 이렇게 말한다. "내가 맡은 일은 주로 전 세계에 우리와 같은 고도 소비경제를 창출하도록 경영자들을 교육하는 것이었습니다. 세계화 과정에 있는 회사 체제 전체를, 모든 나라를 갈수록 더 깊이 소비사회로 끌어들이도록 준비시켰지요. 특히 아이들에게 접근할 것과 아이들의 가치체계를 일찍부터 '진보란 무엇을 소비하느냐로 규정한다'고 믿도록 재형성할 것을 강조했습니다."

코턴은 자신이 소비주의라는 가치를 개발도상국에 강요함으로써 어플루엔자 바이러스를 전파하고 있음을 깨달았다. 그는 '개발' 분야에서 오랫동안 일하면서 갈수록 어플루엔자 증상을 뚜렷이 볼 수 있었다. 차츰 자신의 노력이 유익한 결과를 낳기보다는 해로운 결과를 가져온다는 것을 깨달았다. "나는 내가 조장하는 생활방식이 제 기능을 발휘하지 못했고 할 수도 없다는 것을 깨달았습니다. 많은 사람의 삶이 오히려 나빠졌지요. 우리는 환경이 파괴되는 것을 보았고, 문화와 사회적 기반이 붕괴하는 것을 보았습니다."

어플루엔자, 즉 고삐 풀린 소비주의라는 병이 전 세계에 퍼져감에 따라 빈부격차는 더욱 커진다. 미국에서는 아직은 드러나지 않은 사회적 상처가 어딘가에서 곪고 있다. 리우데자네이루에서는 끔찍한 빈민굴이 코파카바나와 이파네마의 황금빛 백사장까지 밀고 들어간다. 마닐라에서는 수천 명이 음식 찌꺼기를 뒤져 목숨을 연명하는 거대한 쓰레기더미인 스모키 산을 따라 화려한 쇼핑센터들이 늘어선다. 어플루엔자 바이러스는 쉐라톤호텔에서 빈민가로 쉽게 전파된다.

세계 인구의 5분의 1인 약 10억 명이 극빈자이며, 굶주림과 질병으로 서서히 죽어간다. 또 다른 수백만 명도 더 많은 물적 재화가 절실하다. 그러나 그들이 미국인처럼 소비하기 시작하면 그 결과는 끔찍한 환경 재앙으로 닥칠 것이다. 우리가 세계를 향해 전혀 다른 본보기를 제시하는 것, 그것도 조속히 제시하는 것이 절실하다.

11 사라지는 자연

우리는 쓰레기통을 사서 비닐봉지에 담아 집에 가져간다.
그런 다음 봉지에서 쓰레기통을 꺼내 그 봉지를 쓰레기통에 넣는다.
• 릴리 톰린, 코미디언

미국환경보호국(EPA)이 UN특별조사단과 합동으로 지구 개발의 영향을 연구한 결과, 현재 소비재의 다양성이 생명 다양성을 능가했음이 드러났다. 이 연구에 따르면, 역사상 처음으로 쇼핑몰과 슈퍼마켓의 진열대에 들어찬 소비재가 지구에 사는 생물종의 수를 넘어섰다.

연구 책임자 도널드 하그로브는 이렇게 말했다. "작년에 캐롤라이나 터프티드 헨이 멸종되고 바로 뒤에 덴타인 아이스 시나민트 껌이 출시됨으로써, 처음으로 제품 다양성이 우위에 올라섰다. 오늘날, 프록터&갬블의 상품만 해도 곤충 종수보다 두 배가 많다." 제품 다양성의 급증(1993년 한 해만 구매자가 선택할 물건이 200만 가지가 늘었다)은 식물과 동물의 종수가 줄어들고 있다는 소식에 낙심한 사람들에게 반가운 소식이다.

"동식물의 종수는 줄고 있지만 소비자가 살 수 있는 제품의 스펙트럼은 지구 역사상 그 어느 때보다 폭이 넓어졌다. 우리는 모두 쌍수를 들어 환영할 일이다." 하그로브의 말이다. 시카고대학의 생물학자 조나단 그로간은 이렇게 말했다. "아마존의 열대우림이 되었든 미국의 쇼핑몰이 되었든 복잡한 체계가 생존하려면 종과 제품이 풍부해야 한다. 바로 그 때문에 지구 생태계가 무너지는 지금, 우리가 되도록 폭넓게 소비재를 사들임으로써 지구 시장의 다양화를 촉진하는 것이 갈수록 중요해진다.

〈어니언〉

1998년 10월 21일

물론 패러디다. 하지만 무명씨가 띄운 이 인터넷 유머는 고통스러울 만큼 진실에 가깝다. 우리가 더 많이 살수록 자연의 종들은 더 빨리 사라진다. 더구나 그 피해는 시시각각 가속도가 붙는다. 당신이 이 장을 읽는 동안에도 줄잡아 12만 제곱미터의 농장과 공지가 여전히 거센 '졸부의 성' 수요를 맞추기 위해 파헤쳐진다. 저택 한 채를 지으려면 일반적으로 1에이커에 달하는 나무가 쓰러질 뿐만 아니라 콘크리트와 철근 등 건자재 원료를 캐기 위해 집 한 채만 한 구덩이가 나게 마련이다.

건물과 연료, 소비재 등에 대한 수요는 대형 드래그라인(토사를 그러모으는 버킷이 달린 굴착기)과 콤바인, 기계톱, 불도저, 유정 굴착 장치를 맹목적으로 원시의 광야로 보낸다.

"기업은 평균적인 중산층 한 가구의 연간 수요를 위해 1,814톤의 물질을 옮기고, 캐고, 추출하고, 삽질하고, 태우고, 버리고, 퍼올리고, 처분한다." 폴 호컨과 로빈스 부부는 공동저서인『자연 자본주의Natural Capitalism』에서 이렇게 썼다.

국제연합환경계획기구(UNEP)에 따르면, 미국인이 배출하는 쓰레기 봉지는 세계 210개국 중 90개국보다 더 많다. 평균 수명을 누리는 미국인 한 명이 일생 동안 저수지 하나에 해당하는 물(민간, 산업,

농업용을 포함해서 16,000리터)과 작은 유조선을 가득 채울 수 있는 기름(2,500배럴)을 소비한다. 미국지질연구소 전문가들은 세계 석유생산량은 10~20년 내에 절정에 이른 다음 감소할 것으로 본다.

벌써 불안해지는가? 이런 사실은 한밤중에 다급한 전화가 온 것처럼 정신을 번쩍 들게 한다. 우리의 어머니 자연은 전혀 안녕하지 않다. 언론은 거의 보도하지 않지만 자연은 위험 수준에 다다른 고열과 흉부출혈로 병원 응급실에 입원해 있다. 몇 시간 후, 자연의 먼 친척들(일반적인 미국인)은 에어컨 바람 쌩쌩 나오는 실내에서 자연의 병세를 알리는 뉴스를 기다린다. 기다리는 동안 우리는 간식거리를 찾고 담배를 피우고 전자오락을 하는 등 어떻게든 우리가 어플루엔자 보균자라는 사실을 잊으려고 애쓴다. 그 바이러스는 어머니 자연에 태풍 열을 합친 것만큼이나 큰 타격을 가하는 인간 질병인데도 말이다.

소비재의 보고 벤쿠버 섬

일주일 걸리는 도보 여행에 나설 때는 대개 각자의 배낭 무게를 따지기 마련이다. 97킬로미터에 이르는 밴쿠버 섬 서해안 오솔길 하이킹에 나설 때, 데이브의 열여섯 살 아들 콜린은 제 배낭이 아빠 것보다 무겁다고 투덜댔다. 자기 배낭에 식량이 더 많이 들었다는 것이었다. 데이브는 자기가 진 텐트와 방수 깔판과 취사용 난로가 제일 중요한 물건이라고 우겼다.

사람들은 짐이 무겁다고 느끼면 물건 하나하나에 대해 비용과 수익을 분석하는 게 보통이다. 데이브네도 밴쿠버 섬 해안을 천천히 걷다가 구름다리를 만나 이끼 낀 통나무를 밟고 지나게 될 무렵 자기가 진 물건의 상대적 가치를 다시 화제에 올렸다. 두 사람은 각기 자기가 먹을 에너지 바와 분말주스, 견과 종류를 지고 있었다. "간식거리를 이렇게 많이 가져오는 게 아니었어요." 콜린이 기분을 거스르자 데이브는 이렇게 응수했다. "하이킹하는 사람들이 이런 견해차를 쉽게 해결하도록 공원 측이 길가에 저울을 비치해 두면 얼마나 좋을까? 그러면 우리도 누가 진짜 일을 하고 있는지 알 수 있을 텐데 말이다."

"다음에는 저울을 가져와요." 콜린이 어깨를 들썩이며 말했다.

도보 여행은 아버지와 아들 두 사람에게 중요한 경험이었다. 그들은 사고팔 수 없는 원초적인 자연에 내재한 가치를 허파와 감각으로, 생생하게 체험했다. 데이브로 하여금 이 책의 집필에 참여하게 하고 콜린으로 하여금 아웃워드 바운드★ 지도원으로 첫발을 내

★ 야외 모험활동으로 생명과 타인의 소중함을 배우는 것을 목적으로 하는 국제 교육단체

딛게 한 교훈도 도보 여행에서 얻었다. 이미 여기 있는 것의 가치를 제대로 알면 그만큼 많은 물질이 필요하지 않다는 교훈 말이다. 머릿속이 깨끗이 청소되자 돈 외에 다른 부분에 초점이 맞추어졌다. 다우림과 그를 둘러싼 바다의 생물학적 풍요, 밴쿠버 섬 주민들의 사회 · 문화적 자산, 그리고 모든 가치 있는 자산 중에서도 가장 중요한 건강이 그것이었다.

원래 난파선 수부들의 구명 통로로 건설한 밴쿠버 섬 서해안 오솔길은 그늘 짙은 다우림의 어두운 실루엣을 통해 파란 바다와 하얗게 부서지는 파도가 어우러지는 장관을 보여준다. 불가사리와 게가 가득한 조수 웅덩이와 머리 위로 소리 없이 비상하는 흰머리독수리 가족, 수백 마리의 혹등고래가 뿜어 올리는 물줄기 등 모든 것이 자연의 풍요로움을 말해준다.

그런데 해변에는 가문비나무와 전나무 줄기들이 어지럽게 널려 있었는데 이건 벌목 회사들이 방치해 놓은 것들이다. 콜린은 작은 무대만한 그루터기에 서서 사진을 찍었다. 두 사람은 자신들이 집에서 소비하는 많은 제품이 바로 이 생태 지역에 시원을 두고 있다는 것을 실감했다. 신문 용지만 해도 전 세계 소비량의 10퍼센트가 여기서 나오는 것이다.

밴쿠버 섬에서 가장 마음에 든 것을 꼽으라면 두 사람은 신이 나서 이렇게 대답했을 것이다. "야생지대요. 그곳을 되살려야 해요." 만약 벌목업자가 같은 질문을 받았다면 이렇게 말했을 것이다. "수목이요. 벌목을 해야지요." 이는 작은 문제가 아니다. 특히 미국인이 세계 목재의 3분의 1을 소비하기 때문에 그렇다.

벌목 회사들이 훼손 현장을 감추기 위해 길가의 나무들을 커튼 삼아 남겨두지만, 데이브와 콜린의 눈에는 나무들 사이로 오후의 햇빛에 훤히 드러난 황량한 빈터들이 보였다. 하지만 이런 훼손 때문에 사회가 일을 더 열심히 해야 한다는 사실을 아는 이들은 그리 많지 않다. 직접 추적하기는 어렵지만 벌목 퇴적물이 상수도원인 강을 오염시키면 수도요금이 올라간다. 텅 빈 벌목지를 휩쓰는 홍수가 도로와 다리를 쓸어가면 세금이 오른다. 기업들이 자기네 작업이 얼마나 친환경적인지 광고할 필요성을 느끼면 목재와 종이의 가격도 오른다. 간단히 말해 우리는 저마다 '보이지 않으면 없다'는 식의 무책임한 행태에서 비롯한 사태를 수습하기 위해 수표를 쓰고 초과근무를 해야 하는 것이다.

도미노 소비

중세에는 흑사병을 쫓으려고 향을 피워 들고 다녔다. 병이 악취 때문에 생긴다고 믿었기 때문이다. 어플루엔자에 관한 한, 700년이 지난 지금도 사정은 마찬가지다. 우리는 우리가 소비하는 것과 세계에서 벌어진 일들 사이에 존재하는 극히 중요한 관계를 제대로 알지 못한다. 우리는 플랜테이션에서 재배한 커피를 사면서도 커피 한 잔이 나오기 위해서는 또 한 마리의 철새가 커피 농장에 살포한 치명적인 살충제에 해를 입는다는 사실은 알지 못한다. 레이첼 카슨★이 지적한 것처럼 우리는 더 이상 뒤뜰에서 새 울음소리를 듣지 못하면서도 그 사실을 우리가 마시는 커피와 연관 짓지 못한다. 매년 중앙아메리카나 남아메리카에서 수천 킬로미터를 날던

★ 환경운동의 시조로, 『침묵의 봄』에서 제초제나 살충제 탓에 물고기와 새가 죽어 생명체가 울지 않는 봄을 만들었다고 지적함

새들을 이제 더는 볼 수 없다. 설사 새들이 살아서 돌아온다 해도, 북쪽 서식지들은 필시 도로와 주택, 골프연습장과 주차장으로 뒤덮여 있을 것이다.

우리는 컴퓨터를 한 대 살 때도 그 안에 전 세계의 광산과 유전, 화학공장에서 모은 700가지가 넘는 재료가 있다는 생각은 하지 못한다. 책상 위에서 윙윙대며 돌아가는 그 멋진 기계 한 대가 제조 과정에서 64킬로그램의 위험한 고형폐기물과 2만7천 리터의 폐수를 발생하고, 제 수명의 4분의 1밖에 소모하지 못한다는 사실을 알지 못한다. 그런 기계가 매년 1,200만 대가 넘게 폐기되니 30만 톤이 넘는 전자쓰레기가 쌓인다. 요컨대 컴퓨터 한 대를 사면 우리는 이 모든 폐해를 일으키는 셈이 된다. 눈에 보이지 않는다고 없는 건 아니다.

스팸메일은 또 어떤가? 대다수는 상업용 광고지만 비영리기구들이 보내는 것도 많다. 도넬라 메도스는 한 단체가 회원 1,500명을 모으려면 15만 통의 우편물을 보내야 한다고 말한다. "나머지 148,500통은 공해에 불과한 셈이다. 나무로 만든 종이에 잉크로 인쇄해서 봉투에 넣고 주소딱지를 붙인 우편물을 트럭에 실어 배달하면 20퍼센트는 재활용센터로, 나머지 80퍼센트는 쓰레기매립장으로 간다." 스팸메일을 받고도 아무런 문제를 제기하지 않으면 그 자체가 스팸메일을 부추기는 행위다.

우리가 패스트푸드인 햄버거를 먹을 때마다 소와 사료작물이 흡수한 물의 양을 헤아려 보면, 보이지는 않지만 2,300리터의 물이 거기 딸려 오는 셈이다. 반짝이는 결혼반지가 든 작은 보석 상자를 우아하게 열 때 6톤의 볼품없는 광석이 그 반지에 보이지 않게 연결되어 있다. 그것은 광산의 폐광석 더미에 쌓여 있다가 종종 개울을 오염시킨다.

자동차를 타는 진정한 대가

보이지 않는 폐해와 감추어진 비용을 가장 잘 보여주는 품목은 자동차다. 새로 산 SUV 자동차에 붙은 가격표에 FOB 가격만이 아니라 환경적 · 사회적 비용이 모두 포함되어 있다면 그 액수가 얼마나 놀라울지 상상해 보라. 그런 감추어진 비용을 다 올리면 그 명단은 차창을 다 덮겠지만 여기서는 중요한 것들만 간추려 보겠다.

➡ 새로 산 멋진 SUV의 실제 비용

축하합니다! 당신은 방금 13만 달러 자동차를 할부로 샀습니다! (당신이 20대이고 앞으로 5년마다 이렇게 새 차를 할부로 산다면 이자와 원금으로 50만 달러가 넘는 돈을 지출하게 된다). 보통 미국인은 통근시간의 82퍼센트를 자신의 승용차로 해결한다. 반면 독일인은 48퍼센트, 프랑스인은 47퍼센트, 영국인은 45퍼센트에 불과하다. 통근할 때 왕복 48킬로미터를 자동차로 이동하면 현재의 연료 가격으로 따져도 하루 약 15달러가 든다. 이런 비율이면 연평균 3,500달러에 이를 것이다. 보험료, 할부금, 유지비, 등록비, 연료비 등을 포함하면 하루 중 22시간은 주차해 두고 두 시간 동안 운행하는 데 드는 비용이 연간 8,000달러가 넘는다.

당신의 자동차는 제조 과정에서 318킬로그램의 대기오염 물질을 만들어 내고 4톤의 탄소를 배출했다. 이후로 매년 최소한 1700리터의 휘발유를 태울 것인데, 이는 연료탱크를 서른다섯 번 이상 가득 채우는 양이다. 내부를 청소하고 윤을 내고 유리창을 닦을 때 세차장에서 애타게 기다리는 데만도 매년 만 3일이 소요된다. 당신이 운전한 거리를 자동차를 사고 유지하는 데 들인 시간으로 나누면 시간당 약 8킬로미터로 가는 셈이다. 로스앤젤레스의 러시아워 때보다도 느린 속도다. 당신의 새 차는 다음과 같은 국가 전체의 비용에서 상당한 몫을 차지한다.

- 연간 태워 없애는 휘발유 5,900억 리터
- 중동의 석유를 확보하기 위해 연간 지출되는 600억 달러
- 매년 치명적인 자동차 사고 4만 건과 6,000명이나 되는 보행자 사망
- 미국에 자동차가 본격적으로 보급되고 불구가 되거나 부상을 당한 2억 5천만 명의 사람과 미국 역사상 전쟁에서 죽은 사람보다 더 많은 사망자
- 고양이, 개, 말 등 반려동물 중 최소한 25만 마리를 포함하여 매년 죽는 5,000만 마리의 동물
- 잠을 방해하고 천식, 폐기종, 심장질환, 기관지염의 급격한 증가를 일으키는 소음과 대기 오염
- 가뭄, 태풍, 흉작을 일으키는 미국 온실가스의 4분의 1
- 재활용이 안 되는 연간 32만 톤의 지스러기와 쓰레기
- 도로의 건설과 유지, 제설에 들어가는 비용과 주차 보조비, 공중보건 비용, 그리고 호주머니에서 곧장 빠져나가는 기타 비용에 들어가는 연간 2,000억 달러가 넘는 금액
- 연 1조 달러가 넘는 사회 비용

즐거운 자동차 여행이 되시길!

슈퍼에 가서 지구를 더 사오자

북서부환경감시단의 앨런 더닝은 일상에서 우리가 사용하는 모든 것에는 지구 생태계에 퍼져 나가는 생태적 항적이 있다고 말한다. 같은 단체의 존 라이언은 『물질: 날마다 사용하는 물건들의 비밀Stuff: The Secret of Everyday Things』이라는 책에서 생활용품의 영향을 추적했다. 예를 들어 우리가 마시는 커피는 남미 콜롬비아 고지대에서 열매 100개를 따야 한 잔이 된다. 그 열매들은 60킬로그램짜리 자루에 담긴 채 거대한 화물선에 실려 가공공장, 창고, 슈퍼마켓, 커피잔에 옮겨진다. 각각의 단계에서는 모닝커피의 가치를 높이기 위해 에너지와 재료가 추가된다. 슬픈 이야기를 하나 전하겠다.

콜롬비아의 숲은 이 나라를 생물학적 초강대국의 반열에 올려놓았다. 그 면적은 지표의 1퍼센트에도 못 미치지만, 세계 식물종의 18퍼센트와 다른 어느 나라보다 다양한 새들이 이 나라에 산다…… 1980년대 말, 농장주들은 커피나무 주위에 그늘을 만드는 나무들을 거의 다 베어 내고 다수확 품종들을 심었는데, 그 결과 수확은 늘었으나 동시에 토양 침식과 조류의 죽음도 늘었다. 생물학자들은 햇빛 잘 드는 새 커피 밭에 사는 새의 종류가 커피 밭이 그늘로 덮여 있었을 때의 5퍼센트밖에 되지 않는다고 보고한다. 새를 비롯해 곤충을 먹고 사는 동물들의 서식처가 사라지자 해충이 급증했고, 경작자들은 살충제 사용을 늘렸다. 그들이 뿌리는 화공약품들 가운데 일부는 농장 노동자들의 폐에 들어갔고, 일부는 빗물에 씻기거나 공중에 흩어져 식물과 동물에 흡수되었다…… 커피 열매 450그램을 채취하려면 900그램의 과육이 강에 버려진다. 이 과육이 부패하면서 강물의 물고기들이 사용할 산소를 소비한다.

더닝은 이렇게 말했다. "내가 처음으로 물건의 실제 비용에 시선을 돌렸을 때, 한 친구는 내 원고를 읽고 이렇게 말하더군요. '아, 무슨 이야기인지 알겠네. 자네 말은 그러니까 죄의식을 느껴야 한다는 것이지? 쇼핑을 즐기는 대신 말이야.' 하지만 내가 말하고 싶었던 건 죄의식을 느끼라는 게 아니었어요. 우리의 행복을 위해 그리 많은 물건이 필요치 않은 삶의 방식을 찾자는 것이었지요. 그늘에서 자라 살충제 사용량을 줄일 수 있는 커피를 사는 일 등 말입니다. 우리는 무얼 포기해야 할 것인지가 아니라 무엇을 취할 것인지에 대해 생각할 필요가 있습니다."

일상생활에 필요한 물자를 자급하는 사람은 거의 없다. 감자에서 석유와 연필에 이르기까지 우리가 소비하는 것 대부분은 다른 곳에서 온다. "문제는 그 '다른 곳'이 점점 사라지고 있다는 것입니다. 개발도상국이 서구의 생활방식을 따라 하려 노력할 때 특히 그래요." 진보재정의연구소의 연구원인 엔지니어 마티스 웨커네이걸의 말이다. 웨커네이걸과 그의 동료 윌리엄 리스는 지구에서 생물학적으로 생산적인 땅과 바다를 할당할 때 한 사람에게 돌아가는 면적을 2만2000제곱미터로 산출했다. 그것도 지구의 다른 모든 종에게 아무것도 따로 떼어 주지 않았을 때 그렇다. "그런데도 1996년에 사용한 면적은 평균 2만8,000제곱미터였습니다. 바로 우리가 생태발자국★이라 부르는 것입니다." 역시 웨이커네이걸의 설명이다.

그의 설명은 계속된다. "이는 자연이 재생할 수 있는 것보다 30퍼센트가 많은 수준입니다. 달리 말하면, 인류가 1년 동안 사용하는 것이 재생되려면 1년 3개월이 걸립니다. 모든 나라 사람들이 평균 12만 제곱미터를 사용하는 미국인처럼 살려면 우리에게는 지구 다섯 개가 더 필요합니다."

사태는 심각하다. "우리 인간만이 지구의 자원을 모두 사용할 수 없습니다. 우리는 1,000만이 넘는 종 가운데 하나에 불과합니다. 하지만 우리가 다른 종의 몫으로 전체 생태 용량의 절반을 떼어 놓는다면(혹은 인구가 두 배로 불어난다면), 인간은 필요한 것을 한 사람당 1만2,000제곱미터에 못 미치는 면적에서 취해야 합니다. 이는 현재 미국인이 사용하는 면적의 약 10분의 1에 불과합니다."

그렇다면 해결책은 무언가? 염려하지 마라. 시장이 있지 않은가. 우리는 슈퍼에서 지구 같은 행성을 다섯 개쯤 더 사면되는 것이다.

수박사태

어플루엔자가 부추긴 지구 약탈이 계속됨에 따라 자원이 줄어드는 건 참으로 딱한 일이다. 하지만 그보다 훨씬 더 괴로운 건 서식처가 사라짐에 따라 지구의 생명 다양성이 감소한다는 사실이다.

생태계에서 핵심적인 종을 하나 잃는 건 슈퍼마켓 진열장에서 잘못 쌓아 놓은 수박 하나를 꺼내는 것과 같다. 수박 하나를 꺼내면 모든 수박이 바닥으로 쏟아져 내린다. 수박들이 제각기 다른 수박을 받치고 있으니 말이다. 예를 들어 벌목으로 강기슭에 형성된 천연 그늘이 사라진다면, 태양이 시내를 뜨겁게 달구고 찬물에서만 사는 송어 떼는 대학살의 비극을 맞는다. 또 다량의 물이 벌거

★ Ecological Footprint. 인간이 지구에서 삶을 영위하는 데 필요한 의 · 식 · 주 등을 제공하기 위한 자원의 생산과 폐기에 드는 비용을 토지로 환산한 지수를 말한다. 즉 인간이 자연에 남긴 영향을 발자국으로 표현함

벗은 대지를 휩쓸고 개울로 들어가면 치어稚魚들이 숨어 지내는 바위틈이 퇴적물에 의해 막히게 된다. 이렇게 되면 송어를 먹고 사는 포유류들이 중요한 단백질 공급원을 잃게 되어 결국은 포유류가 생태계 내에서 수행하던 기능도 정지하고…… 영겁의 세월 동안 벌여온 생태적 공사가 일순간에 허사가 된다.

놀라운 사실은 수백 건의 '수박 사태'가 자원 추출의 전장에서 매일같이 벌어진다는 것이다. 서식지 파괴와 그에 따른 멸종 사태는 다우림에 그치지 않고 우리 코앞에서 벌어지고 있다. "소리 없는 대량 멸종이 미국의 호수와 강에서 벌어진다." 생물학자 앤터니 리키아르디의 말이다. 달팽이에서 물고기, 양서류에 이르기까지 민물 종이 뭍에서 사는 종보다 다섯 배는 빨리 줄어든다고 한다. 일반적으로 가장 위태로워 보이는 다우림이 줄어드는 것만큼이나 빠른 속도다. 미국 습지의 절반이 사라졌고, 키 큰 풀이 자라는 프레이리 초원도 99퍼센트가 사라졌다. 이런 생태계가 개발과 농업 등의 용도에 밀려 파괴됨에 따라 미국에서는 935종(동물 356종, 식물 579종)이 생존을 위해 발버둥치고 있다.

자연이 건강을 잃기 전 우리는 제품이 어떤 과정을 거쳐 우리에게 오는지, 그 과정에서 어떤 대가를 치르는지는 생각하지 않은 채 그저 소비하고 나머지는 버렸다. 우리는 재료를 채취할 때 대체되거나 파괴되는 식물과 동물, 심지어 인간 문화에 대해서도 생각하지 않았다. 이제 노먼 마이어스와 E. O. 윌슨과 같은 생물학자들이 6,500만 년 전 공룡의 멸종 이후 가장 심각한 멸종 사태를 맞고 있다고 경고하자 마침내 사람들이 귀를 기울이기 시작했다. 우리는 자연적인 속도보다 천 배나 빠르게 자연의 종을 잃고 있다.

멸종의 폭증

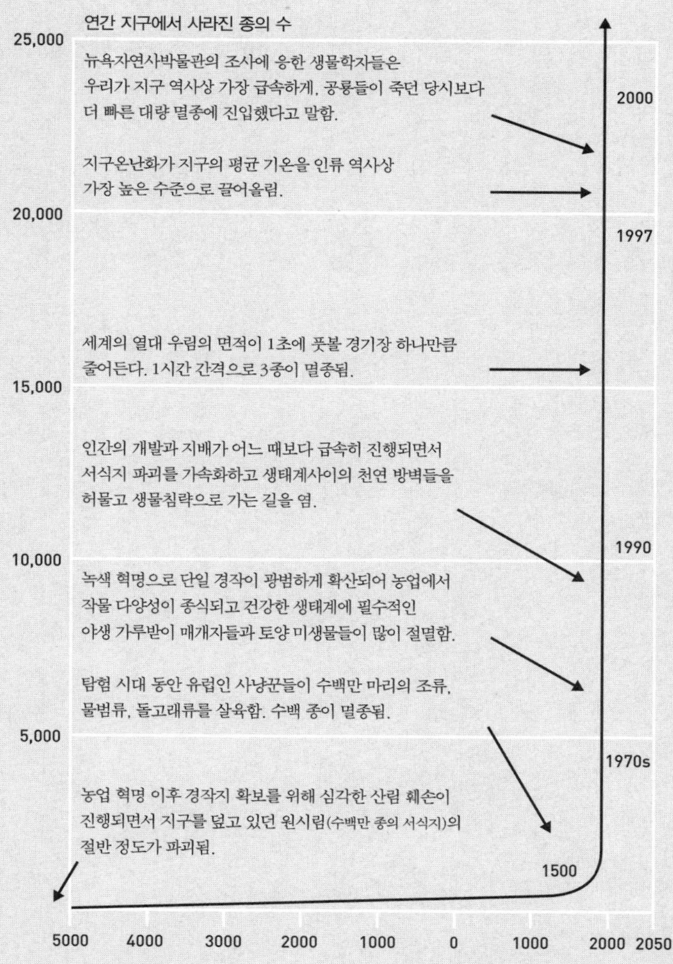

• 자료 출처: 에드 아이레스의 『God's Last Offer』

먼 미래의 문명은 우리 시대를 무엇이라고 평할까? 그들은 종 다양성이 재난에 가깝게 쇠퇴한 원인을 찾아낼까? 아니면 과거의 멸종 원인을 탐구할 때 우리의 과학자가 그러하듯, 그저 어깨만 들썩하고 말까? "그 원인은 지구온난화였다." 미래의 과학자는 이런 결론을 내릴지 모른다. "토지의 비효율적 사용이었다." 이런 가설을 세우는 과학자가 있을지도 모른다. 하지만 우리 문명의 체면을 위해 그들이 더 싼 커피와 휘발유, 속옷을 향한 우리의 강박적 욕구가 그 원인이었음을 뒷받침하는 치욕스런 증거는 찾지 못하기를 바란다.

산업 부산물의 역습 12

DDT는 참 좋아요!

• 1950년대 광고 음악

화학시대는 그 시대에 맞는 제품과 제도, 문화적 태도를 만들어 냈는데,
이것이 다시 자기 유지를 위해 합성 화학제품을 요구한다.

• 시오 콜번 외, 『우리의 도둑맞은 미래』

야구 경기에서 쌍안경을 통해 그들을 본다고 상상해 보라. 홈플레이트 뒤 맨 앞줄에 함께 앉아 있는 광고 스타들 말이다. 말보로 맨과 조 카멜(담배 광고에 등장하는 낙타)이 사인을 해주며 아이들에게 연기를 뿜는 모습이 보인다. 에너자이저 버니(배터리 광고에 등장하는 장난감 토끼)는 관중에게 잠재적 독성이 있는 건전지를 투씨롤 초콜릿이나 되는 것처럼 던져주고 있고, 로널드 맥도널드는 한 환경론자에 맞서 빅맥 햄버거에서 발견된 호르몬과 항생물질, 농약잔류물을 옹호하느라 여념이 없다. 그린자이언트(식료품 광고에 등장하는 녹색 거인)는 주차장에서 경기장을 내려다보며 홈팀이 점수를 낼 때마다 환호성을 울린다. 다량의 농약이 그의 푸른 몸뚱이를 거대한 각질 파편처럼 떼어내는데도 참견하는 사람은 아무도 없다.

이들은 모두 순진무구해 보이지 않는가? 우리는 이들과 함께 자랐고, 그들의 낙관주의와 바보스러움을 좋아한다. 이들이 광고하는 제품에 대한 우리의 수요가 미국 경제의 아찔한 성장 속도를 지탱하고 있으며 매혹적인 제품들이 인생을 밝고 빛나게, 편리하게 만든다는 건 부정할 수 없는 사실이다. 하지만 이 물질을 줄기차게 소비하는 가운데 우리의 환경과 건강은 심각한 타격을 입는다. 우리가 사는 제품 가운데 많은 것이 유해 화학물질처럼 눈에는 보이지 않는 독성을 함유했지만, 어떤 이유에서인지 우리는 그 사실을 믿고 싶어하지 않는다.

뻔뻔한 화학물질

우리는 담배가 현재 매년 43만이 넘는 미국인의 목숨을 앗아가고 연간 500만 년의 잠재수명을 태워 없앤다는 사실을 애써 외면한다. 원자력에서 방출되는 방사선은 DNA를 파괴하여 암을 일으키고 일부 생물 지역을 영원히 지워 없앴다. 다이옥신은 작은 미립자 하나라도 태아에게 전달되면 아직 태어나지 않은 아이의 재생산 체계를 영구히 파괴한다. 1940년과 1995년 사이에 합성화학물질의 생산은 600배가 늘어, 현재 우리는 연간 1인당 725킬로그램을 생산하고 있다. 그리하여 미국인 다섯 명 중 두 명은 생애 어느 때엔가는 암에 걸리고 아동의 발병률도 증가하고 있다.

"미국인은 전통적으로 기업을 믿습니다." 미국환경보호국(EPA) 덴버 사무소의 독물학자 수잰 워딜 박사의 말이다. "제품은 유죄로 판명될 때까지는 무죄 취급을 받습니다. 사실은 정반대여야 하는데 말이지요. 우리는 '받아들일 수 있는 위험' 이라는 전략의 지배를 받습니다. 기업의 태도는 '시체를 보여 달라. 그렇지 않으면 내 제품은 내가 알아서 만들게 내버려두라'는 식입니다. 기업은 재앙이 발생해야 반응하며 더러는 그래도 꿈쩍하지 않아요."

워딜도 지적하듯이 합성화학물질의 사용실적보고서는 불쾌하고 놀라운 사실로 가득하다. "우리는 방사선과 CFC★, 다양한 염화탄화수소 농약 등이 건강과 생태에 어떤 영향을 끼치는 지를 알 때는 늘 일이 벌어진 뒤지요. 가장 최근에 밝혀진 놀라운 사실은 유전자변형 유기체가 심지어 식물의 세포 속에 조작해 넣을 때에도 환경에 퍼질 수 있다는 것입니다. 예를 들어 유전자변형을 거친 옥수수의 꽃가루는 유액분비식물 등에 옮겨 붙어 거기에서 곤충 세계의 밤비라 불리는 북미 왕나비★★를 죽입니다. 기업과 정부에서 일하는 과학자는 전혀 놀라지 않았을 테지만 수십만 헥타르의 땅에 이미 유전자조작 옥수수가 재배되는 상황에서 그건 정말 충격적인 사태였습니다."

우리는 대개 다른 누군가가 문제를 붙들고 씨름하여 화학물질들을 안전하게 단속해주리라고 생각한다. 그러나 실제로 현재 상업적으로 통용되는 7만5,000가지 화학물질 중 약 1,200종~1,500종만이 발암성 검사를 받는다. 샌드러 스타인그래버 박사는 『하류 쪽에서 살기Living Downstream』에서 이렇게 지적했다. "상업적으로 이용하는 화학제품 대다수는 연방법으로 검사를 의무화한 1979년

★ Chlorofluorocarbon 클로로플루오르카본. 순환성 냉매, 발포제, 용제로 쓰이며 오존을 파괴하는 물질로 알려짐

★★ 미국 중·북부와 캐나다에 살다 매년 겨울이 다가오면 멀리 미 서부 캘리포니아 연안이나 멕시코 중부 산악지역으로 날아가는 최장 거리 이동 곤충

이전에 시중에 나왔다. 그러므로 많은 발암성 오염물질이 확인도, 측정도, 규제도 받지 않은 채 유통되고 있을 가능성이 크다."

방광암 환자인 스타인그래버는 대대적인 DDT 광고를 회상한다. DDT로 말할 것 같으면 2차대전 때 전쟁에 나간 미군들을 말라리아 등의 질병에서 구하고 의기양양하게 개선한 화학제품이다. "한 광고에서 아이들이 수영장에서 물장구를 치고 있을 때 물 위로 DDT를 뿌렸다. 또 다른 광고에서는 앞치마를 두르고 하이힐을 신고 차양 모자를 쓴 주부가 주방조리대에 있는 커다란 바퀴벌레 두 마리를 향해 분무기를 겨눈다. 바퀴벌레는 항복한다는 뜻으로 앞발을 든다. 화면에는 '가정전선에서 벌어지는 전투에 쓸 초강력 탄약'이라는 자막이 뜬다."

DDT는 해가 없는 친구로 보였다. 생물학자 레이첼 카슨은 이 화학물질이 새와 물고기를 죽이고 동물의 재생산 체계를 파괴하며, 새롭게 진화된 저항력을 갖춘 해충을 폭발적으로 증가시켰음을 입증하고 암마저 유발한다는 강력한 증거를 제시했지만 사정은 달라지지 않았다. 1951년에 이르러 DDT는 여성에게 침투하여 어머니에게서 아이에게 전달되는 것으로 밝혀졌다.

레이첼 카슨이 『침묵의 봄』에서 느릅나무 아래 경련을 일으키며 죽어가는 새들을 조명하기까지 DDT는 여전히 '만병통치약'으로 통했다. 그런 DDT 광고가 유행하던 시대부터 암은 서서히 유행병이 되었다. 뇌, 간, 유방, 신장, 전립선, 식도, 피부, 골수, 림프 등에 암이 급증했고 발병률은 50퍼센트 이상 증가했다.

DDT와 같은 화학제품의 사용은 처음에는 정당화되는 듯했다. 결국 다른 농약이 미국인의 음식 가격을 낮추는 데 큰 역할을 했다

(소득에 비추어 미국인은 세계에서 가장 싼 음식을 먹고 있다). 하지만 우리가 지급하는 감추어진 비용은 또 얼마나 되는지?

중금속 오염으로 사망한 뉴턴

연금술 시대 이래로 화학은 한 가지 비극적 결함 때문에 고초를 겪어 왔다. 즉 생물학에서의 격리다. 인류는 질병이 어디에서 오는지, 혹은 생명체들이 어떻게 상호 연관되어 있는지 이해하기 오래 전부터 이미 과학기술을 전개하고 있었다.

아이작 뉴턴 경은 중력을 발견했을지는 몰라도 실험에 사용하는 중금속이 자신의 목숨을 앗아갈 수 있다는 사실에 대해서는 전혀 몰랐던 듯하다. 1692년에 동료 존 로크에게 보낸 한 편지에서 그는 불면증과 우울증, 소화불량, 건망증, 편집증을 겪는 것을 '너무 자주 난로 옆에서 잔 탓'으로 돌렸다. 하지만 그로부터 300년 후, 과학자들이 가보로 내려오던 뉴턴의 머리 타래를 분석해 다른 사실을 밝혀냈다. 머리카락은 그가 연금술 실험에 쓰던 납, 비소, 안티몬, 수은 등 분자들의 저장고였다. 뉴턴의 일지에는 화학물질들의 맛이 하나하나 꼼꼼히 묘사되어 있다. 그는 자기가 한 행동의 심각성을 까맣게 모르고 있었던 것이다.

우리 선조는 유해성의 인과관계가 명백히 드러났을 때조차 '받아들일 수 있는 위험' 정책을 고수하기도 했다. B.C. 400년에 스페인에서는 수은이 잇몸 출혈과 치매, 종국적인 사망 등 심각한 건강 장애를 일으킴에도 이 물질의 채굴을 계속했다. 위험을 용인할 수 있었던 까닭은 채굴하는 사람들이 죄수와 노예였기 때문이었다.

이익은 제품을 팔거나 이용하는 사람에게만 돌아가는 반면, 위험은 흔히 인류 전체에 퍼진다. 유익한 일면이 있는 화학제품은 그렇지 않음을 입증할 만한 놀라운 증거가 나타나기 전에는 무해한 것으로 간주한다. 예를 들어 한 농약공장 노동자들은 늘 점심때 동료끼리 살충제 케폰에 노출되면 생식기능이 마비된다고 수근거렸지만, 정작 그 유해성에 대해 깨달은 건 자신들이 정상적인 가족을 이룰 수 없다는 사실을 알고 난 후였다.

화학이 보장하는 행복한 삶

미국 경제가 인류 역사상 유례없는 속도로 성장함에 따라 수백만 종의 합성화학물질이 생겨났다. 대부분 곧장 용처를 찾지는 못했지만 한 세기에 걸쳐 이리저리 매만지다 보니, 우리 세계에 불청객처럼 어슬렁거리는 난분해성 분자들의 알파벳수프★가 창출되었다. 이런 성분들은 서로 혼합되어 합성세제, 바니시, 플라스틱류, 매니큐어, 분무식 살충제, 의약품 등 우리에게 친숙한 제품으로 태어나기도 했고, 더러는 커튼 저쪽에서 사용되는 탈지제나 가소제가 되기도 했다.

일하는 날이면 9초마다 새로운 화학물질이 생성된다. '시장의 보이지 않는 손'이 계속해서 수많은 화학물질을 『마법사의 제자 The Sorcerer's Apprentice』★★에 등장하는 빗자루들처럼 불러내기 때문이다. 그것을 다시 되돌리는 건 불가능하며, 그 결과 우리는 스스로 만든 폐기물의 바다에서 살고 있다. 과학자들은 그것을 PBT

★ 알파벳 글자 모양으로 만든 작은 면발이 들어간 수프

★★ 미키마우스가 등장하는 만화영화. 마법사의 제자인 미키마우스는 빗자루에게 마법을 걸어 자기 대신 물을 긷게 한다

곧 난분해성 생체 축적 유해물질이라 부른다.

우리는 집에서 소비재를 사용할 때나 직장에서 일할 때 화학물질을 접한다. 본체에서 슬그머니 도망친 보이지 않는 미립자들은 집 안의 물과 실내 공기, 우리 몸의 살아 있는 조직 속에 들어와 우리를 공격한다. 지구에 탈주한 분자가 없는 곳은 없다. "전 세계에 걸쳐 90곳이 넘는 장소에서 채취한 나무껍질을 조사한 결과 아무리 외진 곳에도 DDT, 클로르덴, 딜드린 등의 살충제가 존재한다는 것이 드러났다." 앤 플래트 맥긴은 『2000년 세계의 실태State of the World 2000』에서 이렇게 썼다.

만약 우리 눈이 현미경만큼 밝다면 우리는 공기가 좀더 맑은 야외로 더 자주 나가야 할 것이다. 집 안의 무시무시한 광경을 보고는 밖으로 뛰쳐나가지 않을 수 없기 때문이다. 극히 미세한 플라스틱 입자와 카펫 섬유, 살충제가 가족의 코로 들어가서는 다시는 나오지 않는 것을 보고 어떻게 견디겠는가. 일상용품에 함유된 각종 화학물질 때문에 실내 오염 수준은 실외보다 두 배, 심지어는 100배까지 높을 수 있다. 에너지 효율과 냉방을 위해 주택의 밀폐성이 더욱 강화된 상황에서는 특히 그렇다.

포름알데히드 보금자리

데이비드와 메리 핀커턴 부부는 사람을 믿었다. 미주리 주에 터를 사서 '꿈의 집'을 짓는 부부는 퇴근 후 건설 현장까지 걸어가 완성되어 가는 집을 보며 행복해했다. 그런데 입주 직전, 새집에 깐 바닥재에 인쇄된 경고문이 눈에 띄었다. 합판에 든 화학물질에 노출되면 눈이나 상부 호흡기에 염증이 올 수 있다는 것이다. 하지만 데이비드는 건축업자를 믿었다. "인간이 살 집을 짓는 사람이 설마 해로운 자재를 쓸까."

『유독성 사기Toxic Deception』의 저자들은 이렇게 썼다. "한 달이 채 안 되어 세 딸과 부모의 건강이 크게 나빠졌다. 데이비드는 저녁 식사가 준비될 때까지 푹신한 낡은 의자에 앉아 있고 식사가 끝나면 곧장 침대로 가서 쉬는 생활을 해야 했다……. 어느 날 밤, 그는 식사 준비를 하던 메리가 프라이팬을 든 채 벽에 기댄 것을 보았다…… 다섯 식구 모두 구토와 설사를 일으켜 거의 밤마다 잠을 못 잘 지경이었다. 메리는 딸아이가 몹시 중요한 발레 수업도 받으러 갈 수 없었다고 했다."

이 가족은 입주하고 여섯 달이 채 못 되어 어쩔 수 없이 집을 비웠다. 주에서 파견한 환경조사관은 포름알데히드가 10ppm에 달한다고 밝혔다. 기준보다 몇 배나 높은 수치였다.

미국폐협회는 무려 400만에 이르는 미국인이 자기 집에서 알레르기를 겪고 있다고 추정한다. 지난 5년 동안 미국에서만 1,500만 명이 페인트, 세제, 건축용 합판, 플라스틱류, 접착제, 벽지, 화장품 등 100종도 넘는 21세기 표준제품에 함유된 화학물질에 접촉하여 알레르기를 겪었다.

스타벅스 효과

과학자들에게는 실제로 극히 미세한 것까지 볼 수 있는 장비가 있다. 밀레니엄형 장비를 갖춘 그들은 현재 눈길이 닿는 거의 모든 곳에서 유독성 화학물질을 찾아내고 있다. 미국인의 몸에서는 화학물질이 최고 500종까지 발견된다. 현재 수로에서 발견되는 특이한 화학물질은 미국식 생활방식의 파편이다. 진통제, 항생제, 피임약, 향수, 코데인(아편에서 채취하는 진통 · 진해 · 진정제),제산제制酸劑, 콜레스테롤 강하제, 항우울제, 에스트로겐 대체약품, 화학요법 약품, 자외선차단로션, 가축사육장에서 만든 호르몬제 등을 추적해 보라. 이 화합물들은 미생물, 염소 등을 사용한 폐수처리도 이겨내고 결국 우리가 모르고 마시는 물속에 모습을 드러낸다.

농약과 납 등의 화공제품에 대한 기사가 전국 각 신문의 1면을 장식하는 마당이니, 1977년과 2005년 사이에 생수의 소비가 무려 1,000퍼센트나 증가한 것도 놀라운 일은 아니다. 그러나 국가자원안보위원회는 제조원가가 수돗물의 1,000배까지 이르는 생수의 값이 지나치게 비쌀 뿐만 아니라 미덥지 못한 구석이 있다는 의견을 냈다. 최소한 시판되는 생수의 3분의 1은 수돗물이며, 또 다른 25퍼센트는 화학 오염물질을 함유했다는 의심이 간다는 것이다.

"과거에 우리는 즉시 죽음이나 암을 유발하는 맹독성 인자를 추적했다. 지금은 그 영향이 더 미묘하고 쉽게 가려낼 수 없는 화합물을 더 주목하고 있다." 미국 지질연구소의 화학자 에드워드 펄롱의 말이다. 놀랍게도 펄롱은 '스타벅스 효과'라 부르는 것을 찾았다. 카페인이 수생생물에 원치 않는 흥분 효과를 일으킬 수도 있다는 것을 알려주는 지표다.

카페인은 미국식 생활방식의 필수 연료(연간 1인당 90리터)지만 분해가 매우 어려운 화합물이다. 카페인은 우리의 혈관에 끈질기게 남아 수면을 방해하듯이 우리의 강과 시내에서도 쉽게 사라지지 않는다. 이는 가장 최근에 발견한 문제이다. 물과 관련해 풍요롭고 건망증 심한 우리 문명이 일으킨 문제는 이 외에도 많다. 마실 물을 안정적으로 공급하지 못하는 경제가 얼마나 오랫동안 번영할 수 있을까?

10여 년 전, 어부들 사이에서 멕시코 만에 '죽음의 해역'이 있다는 소문이 돌기 시작했다. 그곳에서는 멀쩡한 그물로도 물고기가 한 마리도 잡히지 않는다는 것이었다. 멕시코 만으로 유입되는 미시시피 강물에는 뉴저지 주만 한 수역을 오염시키기에 충분한 농약, 무용한 영양소(농장 토양에서 씻겨 온), 석유 화학물질이 들어 있다. 오염된 멕시코 만에 호화 유람선이 또 미처리 하수와 여타 쓰레기들을 버림으로써 결정타를 가한다. 허술한 법 때문에 유람선은 어디에서든 '중수(中水: 인간의 쓰레기가 섞이지 않은 폐수)'를 합법적으로 버릴 수 있다. 또 인간의 쓰레기와 완전히 상한 음식도 해안에서 5킬로미터 정도만 벗어나면 버릴 수 있다. 승객과 승무원을 합쳐 3,000명이 타는 일반적인 유람선이 한 주간 항해하는 동안 음식쓰레기 8톤, 중수 380만 리터, 기름에 오염된 물 9만5천 리터, 하수 75만 리터가 나온다. 누구 스쿠버다이빙하실 분 없는가?

알고 싶지 않은 진실

놀라운 사실들은 속속 밝혀지고 있다. 오대호와 북극 지방은 물론 심지어는 인간의 자궁에까지 죽음의 해역이 있을지 모른다는 사실이 드러났다. 무서운 범죄를 뒷받침하는 증거처럼 쌓이는 데이터는 우리에게 알고 싶지 않은 진실을 들이댄다.

과학자이자 작가인 시오 콜번은 30년에 걸쳐 수천 건의 데이터를 수집했다. 그의 데이터는 자연계가 심한 혼돈과 기능 장애를 겪고 있다고 말한다. 생식기 발육이 안 된 수컷 악어와 홰를 치지 않는 수탉, 새끼들을 키울 둥지를 만들지 않는 독수리, 수놈들이 발정하지 않아 함께 둥지를 튼 '게이' 암갈매기, 양 성기가 다 있는 고래……. '성적혼동'의 사례는 이외에도 많다.

그녀는 화학물질이 중요한 원인이라는 것을 알았으나, 그 메커니즘은 독물학의 전형적 질병인 암으로 시선을 돌린 다음에야 추론할 수 있었다. 그녀와 동료는 폴리염화비페닐(PCB), DDT, 다이옥신 등 인체에 들어가 지방 조직에 축적되는 난분해성 오염물질을 추적했다. 먹이에서 포식자에게, 어머니에게서 젖먹이 아이에게 전달되는 물질이었다. 가장 중요한 발견은 이 난분해성 화학물질이 에스트로젠이나 안드로젠과 같은 호르몬으로 행세하며 내분비 체계에 침투한다는 사실이다. 우리의 화학적 전령인 호르몬이 촉진되거나 억압되어 제때에 적당한 양을 방출하지 않으면 온전한 생명을 유지하는 건 불가능하다.

예를 들어 생태독물학자 피에르 벨랑은 1990년대 초에 세인트로렌스 강 기슭에 떠밀려온 고래 사체들을 보았는데, 더러는 독성이 너무나 강해서 위험 폐기물로 분류되기도 했다. 해부를 하니 대체로 악성 유방 종양, 위종양, 낭종囊腫이 겹쳐서 나타났다. 모두가 산업 생산이 미쳐 돌아가고 있음을 보여주는 지표들이었다.

내분비 체계의 교란에 대해 지구라는 산파가 대가를 치르고 있는데도 인간만이 예외라면 그게 오히려 이상한 일이다. 현재의 연구는 일부 과학자들이 오랫동안 우려했던 일을 확인해주고 있다. 인간도 예외는 아니다. 내분비 체계라는 것이 어떤 동물이나 비슷하니 당연한 일이 아닌가. 한 연구팀은 임신 중에 PCB에 오염된 물고기를 먹었던 어머니들에게서 태어난 아이들의 건강을 조사했다. 대조 집단보다 PCB에 노출된 200명의 아이는 대체로 더 일찍 태어났는데, 체중은 덜 나가고 지능지수도 낮았다.

산업의 설사

또 다른 연구에서 검출한 어떤 플라스틱 분자들은 에스트로젠 흉내를 내고, 실험실 조건에서 인간의 유방 세포에 암성癌性 성장을 일으킨다는 것을 입증했다. 1992년에 20개국 1만5,000명을 대상으로 한 연구 결과는 더 놀랍다. 1938년 이래 인간의 정자 생산량이 50퍼센트가 감소한 것으로 밝혀진 것이다. "합성 물질들이 남성의 정자를 침식해온 것과 똑같은 방식으로 우리의 지능을 갉아먹고 있다면, 그것이 우리 사회에 어떤 영향을 미칠지 생각해보라." 『우리의 도둑맞은 미래』의 저자들의 말이다. 그들은 또 화학물질과 과다활동증, 공격성, 우울증의 발생률이 증가하는 현상 사이에 어떤 관계가 있다고 생각한다. 모두 호르몬에 의해 통제되는 행동들이기 때문이다.

플라스틱 포장재와 장난감, 자동차, 컴퓨터 회로기판 등 산업의 설사를 일으킨 제품은 표면적으로는 아무런 죄가 없다. 하지만 유해 화학물질의 근원을 추적하려면 걸음마다 오물을 밟아야 한다. 매일 식탁에 오르는 베이컨조차 문자 그대로 산업의 설사를 초래한다. 작가 웹스터 도노반은 이렇게 쓰고 있다.

> 양돈은 늘 가족 사업이었으나 노스캐롤라이나 주의 한 농부가 대기업으로 일으켜 세웠다. 하지만 급속히 성장하는 이 국가적 산업은 한 가지 반갑지 않은 부산물을 대량 생산한다. 물을 오염시키고 공기를 더럽히

는 수백만 갤런의 축사 폐기물이 그것이다. 우선 그 냄새가 장난이 아니다. 마치 망치처럼 코의 신경세포를 때리고는, 기를 쓰고 머릿속으로 들어가 뇌를 뒤흔든다. 후텁지근한 날 돌아다니는 더러운 개, 봉해진 비닐봉지 속에 오랫동안 빨지 않은 기저귀, 도로 위 뜨거운 태양 아래 부풀어 오른 짐승 시체를 상상해 보라. 바로 이런 냄새다. 옥외 변소나 사향麝香 냄새에 눈물이 핑 도는 암모니아의 자극을 가미했을 때 나는 그런 냄새.

최근 몇 년 사이 자극적인 악취가 나는 암모니아와 고기 썩는 냄새가 나는 케톤과 곯은 달걀 냄새가 나는 황화수소의 강력한 혼합물이 미국 농촌 지역 전역에 걸쳐 수만 가구의 가정에, 그리고 수백만 헥타르의 농경지에도 침투했다. 그 거품이 보이지 않게 물결 치고 가끔은 다 날아가서 몇 시간이나 몇 주 동안은 멀쩡하지만, 사람들이 나뭇잎을 긁어모으거나 자동차 앞 유리의 얼음을 떼어내거나 가족끼리 옥외 요리를 즐길 때면 다시 발생한다.

이젠 처음부터 설사에 시달린 산업혁명에 작별을 고하고 생태적 제품 설계와 신중한 대처로 새시대를 열어야 하지 않을까?

중독 바이러스 13

충동이 커다란 파도처럼 그들을 덮쳤다.
그들은 일종의 황홀경, 약물에 취한 기분에 빠지는데,
그런 상황에서는 무엇을 사는지 거의 문제가 되지 않는다.

• 올리비아 멜란, 심리치료사

우리 가족은 사랑을 표현하기 위해 돈을 썼다.
이후에 나는 나 자신에게 사랑을 표현하기 위해 돈을 썼다.

• 12단계 채무자 지원 프로그램 '익명의 채무자들'의 참가자

쟁반이 들어오기도 전에 문 쪽을 쳐다보기 시작했다면 커피 중독을 의심해도 좋다. 하지만 그림이 있는 잔을 사고 싶은 충동을 억누르지 못할 때는…… 그때는 진짜다. 당신은 중독된 것이다. 당신을 포함해 최소한 3,500만 명의 커피 중독자에게는 커피가 생활이고(하루에 네다섯 잔), 나머지 사람들은 시간 문제일 뿐이다.

하지만 커피 중독이 가장 심각한 중독은 아니다. 1,400만 명의 미국인이 불법약물을 사용하고 1,200만 명은 알코올 중독이고, 600만 명은 담배에 중독됐다. 500만 명은 도박에 미쳐 수입은 물론 저축까지 날리고도 손을 털지 못한다. 갈수록 더 많은 물건을 사는 버릇을 고치지 못하는 사람은 최소한 1,000만 명에 이른다.

이 버릇이야말로 그 모든 중독 중 가장 파괴적인 중독일지 모른다.

뉴욕의 한 백화점에서 홍보 일을 하는 리안은 쇼핑 습관에 문제가 있다. 그녀는 매년 직원 할인을 이용해 옷과 액세서리를 사느라 2만 달러 이상을 쓴다. 그녀는 애인과 헤어지며 그의 아파트에서 짐을 챙길 때에야 비로소 자신이 쇼핑중독일지도 모른다는 생각을 했다. "일부 여성들은 자기 집과 남자 친구의 집에서 두 집 살림을 하기 때문에 많은 물건을 사는 경향이 있어요. 두 옷장을 하나로 보지 않기 때문이지요. 하지만 양쪽에 똑같은 옷을 얼마나 많이 가졌는지를 알고는, 내게 문제가 있다는 것을 깨닫기 시작했습니다." 그녀의 말이다.

물질 중독은 이해하기 쉽지 않은 문제다. 그건 불안과 외로움, 미약한 자존의식 등의 특성이 뒤섞여 끓는 솥이다. 리안이 설명하는 바는 이렇다. "나는 다른 사람들과 똑같게 보이지 않으려고 물건을 산다고 생각해요. 하지만 진정한 이유는 나 자신처럼 보이고 싶지 않은 거예요. 새 물건을 사고 자신에 대해 좋게 느끼는 것이 자신을 변화시키는 것 보다는 더 쉽거든요."

다시 한번 좋게 느끼기 위해 다음에는 더 많은 물건을 사야 한다. 중독성 물질 혹은 활동은 일상의 정서적 불안을 제거하지만 동시에 터질 듯이 부푼 갈망을 풀어놓는다. 목표는 힘을 느낄 수 있고 아무렇게나 행동할 수 있는 공간으로 돌아가는 것이다. 술에 취한 사람은 갑자기 긴장이 풀리고 아무런 제약도 의식하지 않는데, 그 순간만큼은 분명 세상에서 가장 기분 좋을 것이다. 도박하는 사람은 위험과 가능성 사이에서 쾌감을 느끼며 행운의 여신이 자신을 찾을 수 있게 밑천을 몽땅 한탕에 건다. 쇼핑 중독자는 며칠 전 옷을 샀을 때 느꼈던 황홀을 추구한다. 그 옷은 아직 상자에서 꺼내 보지도 않았으면서 말이다.

로널드 페이버 박사의 말에 따르면, 충동 구매자들은 흔히 쇼핑을 할 때 고조된 기분을 느낀다고 한다. 색채와 짜임새는 한층 강렬하고, 초점과 집중도는 흔히 극단적인 수준에 이른다. 문자 그대로 의식이 변경된 상태다. 극단적인 중독자 가운데는 쇼핑할 때의 쾌감을 마약했을 때의 경험에 비교하는 사람이 있는가 하면, 구매 순간의 기분을 오르가즘에 견주는 사람도 있다.

"나는 양가죽 냄새와 비단의 부드러운 느낌과 티슈페이퍼의 바스락거리는 소리에 사족을 못 써요." 어느 쇼핑 중독자가 스스로 인정하는 말이다. 그녀는 자신을 받들어 모시는 듯한 점원들의 시중도 즐긴다. 더구나 신용카드가 있으니 원할 때는 언제든 물건을 살 수 있다. 거기서 힘을 느끼는 것이다.

물질 중독

쇼핑하며 느끼는 몸 떨리는 쾌감은 물질 중독의 한 측면에 불과하다. 많은 사람이 사들인 물건들로 자기만의 요새를 짓는 일에 중독되어 있다. 그것이 새 골프클럽 세트이든 스웨터와 신발로 가득 찬 초대형 벽장이든, 적절한 물건을 가지고 적절한 신호를 보내기만 하면 중독 구매자들은 다시 기운을 차린다. 문제는 외부 세계의 신호가 끊임없이 변하기 때문에 당신이 만족할 만큼 많은 물건을 가지는 시점에는 절대로 도달하지 못한다는 것이다. 컴퓨터는 늘 메모리가 부족하며, 만족스러운 속도에는 결코 도달하지 못한다. 내 SUV 자동차는 위성에 연결된 위치파악시스템(GPS)을 갖추지 못해 현재 위치를 알 수 없다. 전화는 구식이어서 다양한 게임이 없고, 정수기에서는 얼음을 만들지 못하고, 대형TV 화면은 거실 벽에 비해 180센티미터나 좁다. 이와 같은 부족감은 일단 어플루엔자가 들어앉으면 용납할 수 없다.

경제학자들은 이를 '한계효용 체감의 법칙'이라 부른다. 간단히 말해, 같은 자리를 유지하려면 더 빨리 뛰어야 함을 의미하는 전문용어다. 사회심리학자 데이비드 마이어가 말했듯이, "파이의 두 번째 조각이나 두 번째 거머쥔 10만 달러는 처음 것 만큼 맛이 없다."

이렇게 효용이 줄어드는 것이 뻔한데도 어플루엔자 환자들은 언제 어떻게 그만둘지도 모르는 채 계속 더 많은 것을 추구한다. 파이를 많이 먹었는데도 만족하지 않으면, 우리는 더 많은 파이를 먹어야 한다고 생각한다. 이쯤에서 어플루엔자 바이러스는 중독 물질로 바뀐다. "소비는 병적인 수준에 이른다. 우리의 만족이 점점 줄어드는 것에 반비례하여 그 중요성은 더욱더 커지기 때문이다." 경제학자 허만 데일리의 말이다.

이 중독성 바이러스를 격발하는 사회적 요인을 살피건대, 우리는 맨 먼저 공급 측면의 '강매자'에게 감사할 일이다. 예를 들어 우리가 늘 다니던 도로가 꽉 막히면 업자들은 더 많은 도로를 건설하라고 압박하는데, 그런 도로 역시 금세 정체를 빚는다. 우리가 선정적인 광고에 시들해지면 강매자들은 선정성의 단계를 높이고 또 높여서 결국 10대 초반의 아이들이 속옷을 입고 TV광고에 나와 선정적인 포즈를 취하는 수준까지 끌어올린다.

사정은 식당이나 패스트푸드점, 극장 등에서도 마찬가지다. 1인

분이 점점 더 커지다가 마침내 거대해지는 것이다. 접시가 큰 접시가 되고, 큰 버거가 공룡 버거가 되며 팝콘 봉지가 더 크게 바뀐다(다음 단계는? 손수레가 필요한 드럼통?). 우리의 위장이 더 많아진 1인분에 맞게 팽창하면 우리는 많아진 양을 정상으로 여긴다(음료수 1인분이 64온스인데 정상이라고?).

더러는 더 많아지고 더 커지는 것만으로는 만족하지 못할 때도 있다. 기존의 제품이나 활동에 익숙해진 나머지 소비 쾌감을 유지할 수 없으면 우리는 새로운 쾌감을 찾는다. 스포츠는 극한스포츠★나 환상스포츠가 되어, 스릴을 좇는 사람들은 고층 건물에서 번지점프를 하거나 인터넷의 환상스포츠 사이트에서 도박을 즐긴다.

★ extreme sports BMX, 스케이트 보드, 인라인 스케이트, 번지점프, 스트리트 루지, 웨이크 보드, 스포츠 클라이밍 등 이색적이고 위험한 스포츠가 이에 속함

프로선수들도 아무리 대단한 연봉을 받아도 곧 불만을 느낀다. 유망한 프로야구 신인이 연봉 1,000만 달러에 계약하면, 700만 달러를 받는 노장이 갑자기 불만을 느끼는 것이다. 아무리 많아도 충분하지가 않다는 것, 이것이 어플루엔자 중독의 난점이다.

공허감을 채우는 쇼핑

여러 중독증 사이의 유사성은 놀라울 정도다. 병적인 것이 정상으로 여겨질 때 중독자는 그 습관을 유지하는 데 필요한 일은 무엇이든 하려고 한다. 도박에 미친 사람과 낭비벽에 빠진 사람은 둘 다 자신의 버릇을 유지하려고 부도를 내고 친구에게 돈을 빌리다가 깊은 빚 수렁에 빠지며 종종 사랑하는 사람들까지 속인다. 중독이 우리의 문화와 환경에 패인 거대한 운석 구덩이들과 연관이 있음을 알아채기는 어렵지 않다. 도박꾼들이 도박을 계속하려고 가보를 파는 것과 마찬가지로, 소비 중독자들은 상품이 흐르는 시내를 유지하고자 돈으로 살 수 없는 자연과 만족감, 전통을 희생한다.

심리학자들은 병적인 구매는 일반적으로 더 많이 인정받고 싶은 욕구나 분노의 표현, 환상을 통한 도피와 관련 있다고 말한다. 모두 흔들리기 쉬운 자아상自我像에 연결된 것들이다. 로널드 페이버 박사는 이렇게 썼다.

> 충동구매 습관이 있는 사람이 엄청나게 비싼 스테레오와 TV를 샀지만, 정작 그가 좋아하는 음악과 프로에 대해 토론할 때는 흥미를 보이지 않았다. 결국 그의 구매 동기는 주로 이웃들이 그를 전자제품의 전문가로 알아 모시고, 제품을 살 때면 그에게 조언을 구한다는 사실에 있다는

것이 밝혀졌다.

페이버의 말에 따르면 흔히 병적인 구매 속에는 분노가 암호화되어 있다. 부채가 배우자나 부모에게 복수하는 메커니즘이기도 하다. 일시적인 현실 도피의 수단으로 극단적인 쇼핑에 빠지는 사례도 있다.

구매는 구매자 자신이 중요하고 존경받는 인물로 보이는 환상 속으로 도피하는 수단을 제공한다. 신용카드를 소지하고 사용하면 자신이 강하다는 느낌을 받는 사람들이 있는가 하면, 점원이 관심을 기울여 주거나 고급 점포에서 자기 이름을 기억해주는 것으로 자신을 중요하고 지위가 높은 사람으로 느끼는 사람도 있다.

중독자들

우리가 지역에서 가장 큰 쇼핑몰에서 쇼핑하느라 여념이 없는 사람들을 바라보고 있으면 좀 놀랍기도 하다. 확실히 비정상적이지 않는가. 치유 목적으로 쇼핑하는 사람으로 가득하기 때문이다(우리는 모두 미쳤다!). 최소한 열 명 중 세 명은 가정이나 직장에서 일이 꼬이자 쇼핑몰로 달아난 사람들이다. 다른 사람들은 특별히 살 것도 없으면서 단지 외로움을 덜기 위해 사람들 틈에 끼려고 나온 사람들이다. 한 여인은 최근 자신의 지갑에서 돈을 훔친 아들을 주려고 선물을 사고 있는 자신한테 분개했다. 10대 몇 명은 그들이 새로 산 옷이 그날 밤 여자를 유혹하는 데 유용하기를 간절히 바라고 있다. 쇼핑객 열에 여섯은 모든 자극으로부터 희열을 느끼지만, 그건 불안으로 뒤틀린 희열이다. 쇼핑객들은 모두 경험을 통해 문밖에 나서는 순간 죄의식과 수치심, 혼란이 뛰쳐나올 것을 잘 알고 있다. 그런데도 그들은 또 올 것이다. 중독자들이니까.

그들이 모든 것을 소비하는 바이러스를 퇴치하지 않는 한 그럴 수밖에 없다. 토머스 모내건은 성공한 사람이다. 도미노 피자의 창업자인 그는 1991년 자신이 애지중지하던 자산을 처분하기 시작했다. 프랭크 로이드 라이트★가 설계한 저택 세 채와 800만 달러짜리 부가티 르와얄★★을 비롯한 골동품 자동차 30대를 팔았다. '지나친 자존심의 원천'이라 하여 프로 야구팀 디트로이트 타이거스까지 팔았다. 그는 그러면서 이렇게 말했다. "내가 산 것 중에 나를 행복하게 해준 건 하나도, 단 하나도 없었다."

★ 미국의 건축가, 광활한 미국의 풍토를 배경으로 고도의 기술문명을 구사하면서 그 토양과 조화되는 유기적인 건축설계를 전개함으로써 20세기 위대한 건축가 중 한 사람으로 꼽힘

★★ 프랑스 고급 승용차 제작자 에토레 부티가 만든 희귀 차종으로, 여섯 대만 생산함. 부품까지 예술적으로 만들어 세계 최고의 예술성을 지닌 차라는 평을 받음

예고된 불행 14

우리가 상상할 수 있는 만족은 지금 가진 것을 더 많이 늘리는 것이다.
하지만 현재 가진 것으로는 모든 사람이 불만이다.
그렇다면 더 많이 가지면 어떻게 될까? 더 만족할까, 더 불만일까?

• 제러미 시브룩, 심리학자

방에 들어갔는데 무엇을 하러 들어갔는지 잊은 것과 같은 상황이다. 다만 이 경우에는 잊어버린 것이 문화 전체라는 점이 다를 뿐이다. 우리는 '경제가 왜 있는가?' 라고 질문하는 것을 잊고 있다.

새 밀레니엄으로 가는 도중, 우리는 곁길로 빠졌다. 행동 하나하나가 거래 행위가 됨에 따라 가격표와 바코드가 우리 삶을 뒤덮기 시작했다. 먹기와 오락, 교제, 건강은 물론 심지어 종교까지, 모든 것이 시장에 내다 팔 수 있는 상품이 되었다. 잠을 이루거나 섹스의 시동을 걸려면 알약을 한 알 복용하라. 배가 고프면 패스트푸드를 거머쥐든지 배달 음식을 주문하라. 운동을 하려면 헬스클럽에 가입하라. 오락이 필요하면, 인터넷에서 전자게임을 사라. 담배를 끊으려거든 니코틴 패치를 사거나 의사에게 임상용 웃음 가스★ 몇 회분을 부탁하라(농담이 아니다).

살기 위해 우리는 산다. 모든 것을 산다. 그러나 이런 생활방식은 지속 불가능하다. 신탁자금에서 그리 많은 돈을 찾을 수 없다. 화석연료와 화석수★★도 지하에서 무진장 퍼 올릴 수 있는 건 아니다. 자동차로 그리 멀리 갈 수 없다. 최고급 경주차라 해도 별수 없다. 경주차처럼 질주하는 미국인의 생활방식은 결국 연료가 소진되어 멈출 수밖에 없다. 삶과 천연자원, 건강을 먹어 치우는 오랜 스트레스성 노동을 요구하기 때문이다. 이런 생활방식은 시민의식과 인간적 교류를 소비와 맞바꾸는 프로그램을 우리에게 입력한다. 물질적 재화로 비물질적 요구를 충족시키려고 애쓰지만 이는 결국 지는 전략이다.

게임 오버

심리학자 리처드 라이언은 여러 연구에서 물질적 풍요로도 행복을 창출하지 못한다는 사실이 드러났다고 밝혔다. "우리는 만족을 찾으려고 바깥을 바라보지만 만족은 안에서만 옵니다." 그의 설명이다. 인류에게 행복은 사랑을 주고받는 것과 같은 내적 목표를 이루는 데서 온다. 부와 명성, 외모 등과 같은 외적인 목표는 흔히 '안과 밖이 뒤집힌' 보상으로 자신을 가득 채우려는 사람들이 추구하는 진정한 목표의 대체물에 불과하다. 라이언은 이렇게 말한다. "외적 목표를 추구하는 사람은 외부 공간을 정복하려고 자신의 자아를 날카롭게 벼리지만, 내부의 공간을 항해하는 방법은 전혀 모릅니

★ 이산화질소의 별명으로, 이 기체를 흡입하면 얼굴 근육에 경련이 일어나 마치 웃는 것처럼 보인다. 산소와 혼합하여 주기적으로 마시면 금연 성공률이 높아진다

★★ fossil water. 석유처럼 1만년 내지 2만5.000년 전에 지하에 고인 물

다." 또 이렇게도 말한다. "우리는 불행과 불안이 사람에게 부를 추구하도록 충동하는 경우가 많다는 것을 밝혀냈습니다." 놀라운 일인가? 중독이 흔히 어린 시절의 학대에서 비롯한다는 증거가 있다. 청소년 140명을 대상으로 한 연구에서 라이언과 그의 동료 팀 카서는 자신을 긍정하고 가족 공동체를 열망하는 다른 피험자들에 비해 부나 명예에 대한 열망이 강한 피험자가 더 침울하고 자기존중감도 낮다는 것을 밝혀냈다.

"부를 추구하는 사람들은 두통, 위염, 감기 같은 병의 발병률이 더 높았습니다." 라이언은 사람들은 내적 호기심과 자기욕구를 타고나지만, 이들 특성은 자발적인 선택과 목표가 아니라 외적 통제에서 오는 기한과 규제, 위협, 지시, 억압된 평가, 강제된 목표에 따라 왜곡된다고 말한다. 외적목표의 기원을 추적하는 과정에서 심리학자들은 가족의 영향에 주목했다. "어머니가 가족과 친구에 대한 인식에서 지배적이고 차가운 사람이었을 때, 피험자들은 자기가치와 안전의 토대를 돈과 같은 외적 원천에 두는 경향이 더 강했습니다."

이러한 연구 결과가 부유한 사람이 늘 불행하다는 것을 증명하진 않는다(그들의 행 · 불행은 돈을 어떻게 이용하는지에 달렸다). 하지만 이러한 연구 결과가 외적목표의 추구가 우리를 사람과 자연, 공동체와의 생기 넘치는 관계로부터 단절시킬 수 있음을, 그리하여 우리를 불행하게 만들 수 있음을 지적해 주는 것만은 분명하다.

이러한 장애와 단절은 최근 빈부를 떠나 모든 사람의 삶을 빗나가게 하는 듯하다. 도넬라 메도스는 『한계를 넘어Beyond the Limits』에서 문제의 정곡을 찔렀다.

사람들은 대형 승용차가 필요한 것이 아니라 존중이 필요하다. 옷이 가득한 옷장이 아니라 자신이 괜찮은 사람이라는 느낌이 필요하고, 흥미와 변화, 아름다움이 필요하다. 사람들은 전자 장비가 아니라 인생을 가치 있게 할 만한 무언가가 필요하다. 정체성, 일체감, 공동체, 도전, 인정, 사랑, 즐거움이 필요한 것이다. 물질적인 것으로 이러한 욕구를 충족하려는 건 절대로 충족되지 않는 문제에 대한 해결책으로 억누를 수 없는 탐욕을 제시하는 것과 같다. 거기서 초래되는 심리적 공허는 물질적 성장욕의 주요한 요인 가운데 하나다.

여러 건의 설문조사는 미국인이 진정한 만족의 원천과 관계 복원을 갈망하고 있다는 것을 보여주지만 광고나 노래, 요란한 논쟁, 망가진 기계장치, 신용카드를 통해서는 관계 복원에 이르는 길을 찾을 수 없다. 우리가 계속해서 '얼마나 잘?' 보다는 '얼마나 많이?' 라고 묻는다면, 어플루엔자에 대한 저항력은 떨어질 수밖에 없고, 그 불가피한 결과는 불만일 것이다. 보장된 불만! 양量은 질質처럼 만족을 줄 수 없으며, 가상현실은 제아무리 확대되어도 절대로 현실이 될 수 없다.

진정한 부를 찾아서

친구들과 재능, 책, 자연, 낮잠 등과 같은 진정한 부가 많을수록 행복해지는데 필요한 돈은 적어진다. 작가 타이치 사카이야가 『지식가치 혁명The Knowledge—Value Revolution』에서 설명한 대로, 유사이래 많은 문명이 이미 이런 진리를 발견했다. 레바논의 백향목과 북아프리카의 표토가 사라지자 주민들은 그제야 눈을 뜨고 물적 재화 대신 지식, 즐거움, 제의, 공동체를 택하기 시작했다. 그들의 문화는 더욱 풍성해졌다. "상황이 달라지자 그들은 행복이 더 많은 소비에서 온다는 지도 원리에서 이탈했다…… 그저 더 많은 것을 생산하고 소비하려고 막무가내로 땅을 파는 건 할 짓이 아니었다…… 진정으로 차원 높은 생활방식은 사람의 마음과 영혼을 풍요롭게 가꿀 수 있는 여유를 허용하는 삶이었으며, 이런 깨달음은 종교에 대한 대대적인 관심으로 이어졌다. 중세 사람들은 공동사회가 지지하는 비전에 대한 충성과 신앙의 중요성을 강조했다."

자원이 부족한 시기에 일본인은 켄주츠(검술), 주지츠(무술), 사가(다도), 고(바둑) 등 고상한 문화를 많이 발전시켰다. 사카이야의 발표에 따르면, 당시 문화가 얼마나 고도로 발전했던지 화기(火器)는 분쟁 해결의 수단으로는 너무나 야만적이고 파괴적이라 하여 금할 정도였다.

인본주의 심리학자 에이브러햄 매슬로★는 1930년대에 캐나다의 블랙푸트 인디언의 문화를 관찰했다. 그리고 그들의 부에 대한 관념 역시 한편으로는 본능에 바탕을 두고 다른 한편으로는 공정성과 다양성, 재능 등 사회적으로 상찬할 만한 목표의 전략적 추구에 바탕을 둔 사회 구성물이라는 증거를 발견했다. "부족의 부자들은 겉옷과 음식, 여러 가지 꾸러미는 물론, 더러 펩시콜라 상자까지 무더기로 쌓아 놓았다…… 나는 그들이 거행하던 태양춤 의식을 기억한다. 한 남자가 당당하게 걸어 나와 자신의 위업을 자랑했다…… 그러더니 자부심에 차 있으나 누구를 무시하는 기색은 찾아볼 수 없는 위엄 있는 몸짓으로 그의 재산을 과부와 고아, 맹인, 병자 등에게 나누어 주었다. 의식이 끝났을 때, 그에게는 입은 옷 말고는 아무것도 남아 있지 않았다."

매슬로는 이와 같은 부의 관념이 물질적 만족보다 차원이 높은 가치에 토대를 두고 있다고 주장한다. "인간은 태어날 때 사회에 의해 주조될 진흙 덩어리로 태어나는 게 아니라, 오히려 사회가 억누르거나 거기 의지할 하나의 구조물로 태어나는 것 같다."

매슬로의 욕구 위계

어디에나 건강하고, 현명하고, 여유 있고, 자발적이고, 관대하고, 개방적이고, 애정이 깊은, 대개는 연배가 있는 소수의 독특한 사람이 있다. 그들은 자기 외부 문제에 주의를 집중하여 무엇이 진실하고 무엇이 그렇지 않은지 명확히 분별할 줄 아는 사람들로, 삶을

★ 인본주의 심리학의 창설을 주도했고, 기본적인 생리적 요구에서부터 궁극적으로 자기실현에 이르기까지 충족되어야 할 욕구에 위계가 있다는 욕구 5단계설을 주장함

일보다 우위에 둔다. 스스로 좋아하는 일을 택했기 때문에 그들에게는 일이 곧 놀이다. 에이브러햄 매슬로는 이런 사람들을 '자아실현자'라고 불렀다. 그는 기초적 욕구를 해결한 다음 완성으로 향하는 욕구의 위계를 다른 사람이 지도하지 않아도 스스로 밟아 올라가는 인간의 잠재력을 굳게 믿었다. 1969년 세상을 뜨기 전에 매슬로는 대다수 미국인이 이미 기초적인 생리적 욕구와 안전에 대한 욕구를 해결했고, 최소한 '사랑과 소속감' 단계까지 나아갔다는 결론을 내렸다. 물론 그보다 높은 단계에 있는 사람도 많았다.

하지만 어플루엔자에 감염된 미국은 지난 30년 사이 매슬로의 사다리에서 미끄러져 내려왔다. 설문조사를 따르면 우리의 두려움은 더 커졌다. 우리는 현재 범죄와 실직, 파괴적인 질병에 대해 과거보다 더 불안해하고 있다. 5만이 넘는 미국인이 매년 의료사고로 목숨을 잃고 있으며 건강에 대한 불안감도 한층 더 커졌다.

매슬로의 욕구 위계

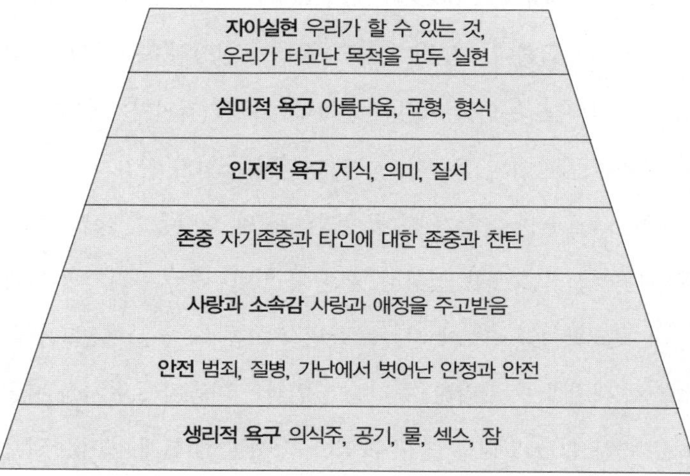

도시가 무질서하게 팽창하여 사람들 사이의 거리가 멀어지는데 어떻게 내면의 공동체적 욕구를 해결할 수 있는가? 우리의 공동체에 새 쇼핑몰이며 똑같은 집들이 줄지어 들어서(새로 산 집을 찾는 방법이 차고 개폐기의 '집 찾기' 버튼을 눌러서 어떤 문이 열리는지 확인하는 것뿐인 경우도 있다) 아름다운 공간을 질식시키는데 어떻게 아름다움과 안전, 균형을 느낄 수 있겠는가? 자신이 다니는 회사가 환경 파괴, 사회적 불공평, 살아 있는 것으로부터의 소외를 조장하고 있는데 어떻게 자신을 존중할 수 있는가(심장 발작의 발병률은 월요일 아침에 가장 높다. 다시 직장에 나가느니 죽고 싶은 사람들도 있을 것이 분명하다)?

미국이 자동화된 제품들 덕에 응석받이 소비자의 나라가 된 이래, 우리의 직장에서 손재주가 있는 사람, 혹은 공예 감각이 있는 사람은 더욱 줄어들었다. 그 결과 창조적 만족은 지식과 의미와 아름다움과 균형(모두 매슬로의 위계에서 높은 단계에 있는 특성)과 함께 어느 사이엔가 사라지고 없다.

심리학자와 인류학자, 예술가는 물론 우리 머릿속 깊은 곳의 목소리도 우리에게 부를 새로이 정의할 능력이 있음은 물론 그렇게 하는 것이 시급하다고 말한다. 만약 우리가 진정한 부의 원천을 찾아낼 수 있다면 돈의 필요성이 얼마나 줄어들 것인가? 만약 우리가 스스로 음악가와 정원사, 목공, 좌담가나 경기 참가자(티켓을 사야 하는 스포츠팬이 아니라)가 되어 우리 자신의 오락을 '생산한다면' 우리는 금전적 요구를 상당히 줄일 수 있다. 만약 우리가 직장과 가게, 레크레이션 장소에 가까이 살면서 교통(혹은 운동)의 필요성을 스스로 해결할 수 있다면, 우리는 일반적인 자동차 소유자가 지출하는 연간 7,000달러를 줄일 수 있다. 다시 말해 현재는 1월 1일부터 3월 10일까지 일을 해야 충당할 수 있는 교통비를, 예를 들어 2월 중반까지만 일해도 벌 수 있는 것이다.

올바른 식사와 만족스러운 근무, 규칙적인 운동은 값비싼 의료비를 절감할 뿐 아니라 진료 부작용에 따른 미국의 연간 사망자 3만 명 중 많은 사람을 구할 수 있다. 건강에 좋은 재료로 요리하면 우리의 미뢰와 시냅스, 백혈구가 행복해질 것이므로 건강보험공제액은 늘리고 보험료를 낮출 수 있다. 에너지 효율이 높은 집에서 살면 광열비가 최소한 300달러는 줄고 가정생활도 더 편리해진다. 이처럼 변화는 행복을 박탈하기보다는 오히려 삶의 풍요로움을 더욱 증대한다(물론 생활비, 스트레스, 쓰레기는 감소하고). 양量보다 질質이 더 깊은 만족을 주기 때문이다.

매슬로는 기초적인 생리 욕구를 결핍 욕구라 부르며, 음식을 먹으면 음식 욕구가 충족된다고 가정한다. 마찬가지로 단독주택이나 아파트에서(거리가 아니고) 산다면 주거 욕구는 해결된다. 그러나 그는 결핍의 의미를 말할 때 음식이나 주거의 질이 어떤지는 따지지 않았고, 욕구의 충족을 말할 때도 거기에 필요한 체제인 농장과 숲, 어업을 보전하는 방식으로 이루어지는지는 따지지 않았다. 개인적 만족은 궁극적으로 그들 체제의 안정성에 달렸는데도 말이다.

매슬로는 충족의 의미와 기초 욕구의 과잉소모를 고려하지 않았다. 욕구를 충족하는 방식의 효율성에도 관심을 기울이지 않았다. 생산과 이용의 기술과 방법도 말이다. 만약 기술이 낭비적이고 파괴적이라면 온전한 만족은 주지 못한다. 그런 기술은 자연에 상처를 남기기 때문이다. 우리의 자유시장에서는 쓰레기조차 중요한 제품이 되었지만 그것에 대해 긍지를 느끼기는 어렵지 않은가. 금융업자와 조세정책 입안자, 규제 당국이 제공하는 대부와 인센티브는 낭비적인 설계와 접근법을 조장하고, 나아가 우리의 자기실현 노력을 좌절시킨다. 요컨대 우리의 경제체제는 늘 불만을 느끼도록 프로그램되어 있다.

위협받는 식탁

몇 가지 문제점은 있지만 매슬로의 위계론은 지금도 인격적 · 문화적 성장의 도구로 폭넓게 이용된다. 여기서는 어플루엔자가 어떻게 만족을 저해하는지 이해하는 도구로 매슬로우의 위계론을 활용해 보자.

식료품이 가득 든 장바구니를 슈퍼마켓에서 자동차까지 나른다고 생각해 보라. 장바구니 속에 어떤 가치가 들어 있는가? 그 음식은 건강에 어떻게 작용하는가? 1950년에서 2000년 사이에 미국은 소득 대비 식료품비가 세계에서 가장 낮았지만, 1인당 건강 관리비는 가장 높았다. 이 두 항목 사이에는 어떤 관계가 있는가? 우리의 장바구니에 든 식료품에 독이 들어 있지는 않은가? 우리의 습관이, 산업의 습관이 해로운 건 아닐까?

미국에서는 굶주림보다 비만이 건강을 위협하는 더 위험한 요소다. 일반적으로 먹는 음식에 지방과 설탕 함량은 너무 높고 탄수화물은 너무 낮아서, 미국인의 71퍼센트는 표준체중을 평균 4.5킬로그램이나 초과하는 과체중이다. 대략 30만 명의 미국인이 매년 건강에 좋지 않은 음식과 운동 부족이 겹쳐 목숨을 잃는다. GDP는 우리의 허리둘레에 비례해서 불어난다. 최소한 연간 1,500억 달러가 비만 억제와 비만 관련 질환 치료에 들어가기 때문이다. 우리가 계속 게걸스레 먹는 동안 우리의 장바구니에 들어가는 내용물은 당뇨병과 쓸개 질환, 고혈압, 암을 일으키고 뇌졸중의 위험을 높인다.

미국인이 성과도 거두지 못하면서 살을 빼려고 노력함에 따라 체중조절과 건강관리 산업의 규모가 특히 커졌다. 우리의 장바구니는 번드르르하게 포장된 좌절감으로 가득하다. 우리는 1인당 연간 210리터의 음료수를 마시고 113킬로그램의 지방질 고기를 먹으며 매일 53스푼의 설탕을 섭취한다.

식사와 관련한 불만족은 많은 부분이 가공식품에서 비롯한다. 음식 선택에 대한 통제력을 상실한 것도 한 요인이다. 설탕이 그 좋은 예다. 1997년, 미국인은 100년 전보다 설탕을 1인당 75퍼센트를 더 소비했다. 100년 전에는 먹는 음식을 대부분 우리가 직접 조리했으므로 설탕 양도 알아서 조절할 수 있었다. 오늘날은 여러 면에서 설탕에 대한 통제력을 상실했다. 현재 생산하는 설탕의 4분의 3이 가공식품 속에 이미 들어 있다.

고단백 식품은 우리가 욕구를 부적절하게 충족하고 있음을 보여주는 가장 중요한 예다. 식용동물은 미국에서 생산되는 곡물의 70퍼센트를 먹는데, 만약 인간이 곡물을 직접 먹는다면 우리가 먹는 음식은 킬로그램 당 효율성이 일곱 배에서 여덟 배는 더 높아질 것이다. 게다가 우리는 곡물 에너지를 수질오염의 원인이 되는 소, 돼지, 닭 등의 산더미 같은 똥을 생산하는 데 허비하지 않을 수 있다.

일본과 중국이 서구적 식생활을 채택하면서 동맥경화증이나 관상심장질환 등 전에는 드물던 서구인의 질병도 늘어간다고 보건전문가 앤드루 웨일은 말한다. "전통적 식생활을 고수하는 일본 여성은 세계에서 유방암 발병률이 가장 낮은 편에 속하지만, 그들이 미국으로 이주해 미국인처럼 먹고 살면 유방암 발병률이 급격히 증가한다."

웨일은 섭식을 잘하려면 음식의 성분에 대해(기름기가 많은가, 푸석푸석한가, 달콤한가, 짭짤한가?) 아는 것만으로는 부족하다고 말한다. 그의 주장을 따르면 음식은 항상 사회 활동의 매개체이다. 동료를 뜻하는 영어 '컴패니언companion'도 원래는 '빵을 함께 먹는 사람'을 가리키는 말이었다. 질 좋은 음식은 만족과 여유로움을 주지만 질이 나쁜 음식은 취약한 건강과 과민한 태도, 농약 잔류물, 암, 토양 침식, 농촌 공동체 상실(농업 재벌들에게 먹혀서)을 초래한다. 간단히 말해, 영양가 없는 즉석식품은 매슬로의 사다리에서 꼭대기에 올라갈 기회를 감소시킨다. 애석한 일이지만 과도한 다이어트는 잠재력의 꼭대기를 향해 올라갈 에너지와 동기를 빼앗아, 활기가 없거나 활동이 과다한 사람들을 만들어 내는 경우가 허다하다.

사이버 섹스

활기찬 인간관계는 자기실현의 필수 조건이다. 우리 문화에서 생리적 욕구인 섹스는 때로 자기실현에 디딤돌보다는 걸림돌이 되는 경우가 많다. 섹스는 저항하기가 매우 어려운 본능이기 때문에 어플루엔자의 가장 강력한 전염체 중 하나로 상품이 되어 팔린다. 하지만 식품과 마찬가지로 섹스는 근본적인 사회적 고리이다. 에리히 프롬은 이렇게 썼다. "함께 나눈 경험은 두 사람 사이의 관계를 계속 살아 있게 한다…… 그러나 성행위(기쁨을 나누는 행위의 원형)는 대단히 나르시스적, 자기 몰입적, 소유지향적이어서 동시에 일어나지만 공유되지는 않는 쾌락인 경우가 많다."

섹스가 소외와 비현실성의 새로운 상징인 '사이버 섹스'보다 얼마나 더 자기 몰입적일까? 「사이버섹스, 정신 장애를 초래」라는 제목의 〈뉴욕타임스〉 기사를 보면, "인터넷의 저비용, 접근성, 익명성은 컴퓨터에서 성적 자극을 찾는 사람들 사이에 새로운 심리적 혼란을 야기했다. 이 중독자들 가운데는 매일 온라인상의 포르노 이미지를 보고 자위를 하거나, 한 번도 보거나 듣거나 접촉하거나 느끼거나 냄새 맡지 못한 누군가와 온라인 섹스를 하며 몇 시간씩 보내는 사람도 있다." 사이버 섹스를 욕망 해소로 치부할 수는 있을지 모르지만, 결코 욕망의 충족이라고 부를 수는 없다. 그건 허망한 쾌락이다.

뇌의 식민지화

태평양에 있는 어느 섬 주민이 등장하는 옛날이야기가 어플루엔자 시대에는 정말처럼 들린다. 건강하고 삶에 열의가 있는 한 주민이 해변의 오두막 앞에서 가볍게 흔들리는 해먹에 누워 쉬면서 가족에게 나무 피리를 불어준다. 이국적인 과일을 따고 신선한 개복치를 잡아 저녁을 준비한다. 그는 항상 기쁘고 살아 있는 것이 행복하다(시간 대부분을 '휴가'로 보낸다고 생각해 보라). 그런데 갑자기, 아무런 예고도 없이 어플루엔자가 섬을 침범한다. "한 실업가가 와서 섬 전체를 사서 나무를 베어 내고 공장을 짓는다. 실업가는 그 원주민을 고용하고 원주민은 돈을 벌기 위해 일을 한다. 언젠가는 본토로부터 과일과 생선통조림을 사고, 전망 좋은 해변에 멋진 블록집을 짓고 주말을 즐기기 위해서다." 제리 맨더는 이렇게 썼다.

태평양 섬의 주민처럼 우리는 달콤한 말에 넘어가 욕구를 대개 다국적기업이 허락한 제품으로 해결한다. 테이크아웃식 만족이라 불러도 좋을 것이다. 작가 에릭 슐로서는 이렇게 말한다. "이제 콜롬비아병원 분만실에서 휴스턴에 본부를 둔 서비스 코퍼레이션 인터내셔널(현재 미국인 유해 아홉 구 중 한 구를 처리함)이 소유한 시체 처리실까지 미국식 생활방식의 거의 모든 측면이 프랜차이즈화 되어 있다."

"미국에 좋은 건 전 세계에도 좋다." CEO들은 이렇게 말할 것이다. 현대 세계 7대 불가사의 가운데 하나인 맥도널드의 황금빛 아치가 현재 114개국의 2만5,000개 점포를 빛내고 있다. 가히 해가 지지 않는 제국이다. 데이브의 한 친구가 최근 중국에서 돌아왔는데 그는 아치 밑에서 문화 충돌을 목격했다. "맥도널드의 전도사들은 양 많고 값싼 패스트푸드를 복음으로 전파하지만, 중국인들은 패스트푸드는 그리 달가워하지 않는 듯하다. 그들은 서두를 필요를 못 느낀다. 게다가 음식을 가지고 나가 차 안에 앉아 먹을 수가 없다. 자전거를 타고 다니기 때문이다."

만리장성이 금 가는 기색을 보이는데 타지마할이라고 다를까? 인도의 성스러운 소가 성스러운 햄버거가 될 수 있을까? 문화 유린은 이미 스페인에서 커다란 성공을 거둔 바 있다. 일대 수술을 벌여 시에스타(스페인과 라틴 아메리카에서 낮잠 자는 전통)를 제거한 것이다. 아름다운 책 『도약Leap』에서 테리 템페스트 윌리엄스는 비행기 안에서 만난 P&G사의 한 중역과 나눈 대화를 소개했다. 그는 스페인의 시에스타 관습을 교묘히 제거할 때 자신이 수행한 역할을 자랑했다. 천 년이 넘도록, 스페인 사람들은 단 1페세타도 들지 않는 안일한 낮잠으로 삶의 질을 높여 왔다. 그러나 상업적 견지에서

볼 때, 시에스타는 완전한 시간 낭비다. 잠을 깨라. 그리고 부자가 되어라! 한 영국인 친구가 우리에게 일러준 바로는, 영국에서도 오후에 차를 마시는 습관이 앉아서 하는 식사와 더불어 사라지고 있다.

그러나 지금까지 상업이 문화를 상대로 저지른 가장 성공적인 쿠데타는 한때 비옥했던 미국인의 정신적 프런티어에서 일어났다. 1600년대 북아메리카에 대한 보고에 따르면, 숲이 얼마나 광활했던지 다람쥐가 한 번도 땅을 딛지 않고 버지니아에서 일리노이까지 여행할 수 있었다고 한다. 오늘날엔 대중매체가 살판난 자유시장 덕분에 한 사람이 조작된 메시지에 의해 왜곡되지 않은 독창적인 생각은 한 번도 떠올리지 않고, 일주일간 여행하는 게 가능할지도 모른다! 현재 우리 뇌는 많은 부분이 상업적으로 '식민지화' 됐다. 문제는 만약 우리가 자신의 마음에서 쫓겨난다면 우리는 누구냐는 것이다.

행복한 바보들

책을 읽는 당신이 생리적 욕구와 안전에 대한 욕구는 물론 매슬로가 '고등한' 욕구라고 한 사랑을 주고받고 싶은 욕구까지 충족했다고 치자. 당신은 정크푸드, 건강 산업의 부주의, 사랑과 소속 욕구를 질식시키는 인간관계의 전장에서 벗어나는 데 성공했다. 하지만 조심하라. 이어지는 존중 단계에는 바이러스가 우글거리니까. 존중의 함정에 도달하거든 다시 장갑을 단단히 끼어라. 우리의 소비 행태는 얼마나 많이 자존 의식과 주변 사람들의 인정에 휘둘리는가? 이 욕구를 충족하려 노력할 때, 우리는 종종 자신을 인간 존재가 아니라 인간 행동으로 왜곡한다.

외부에서 인정을 구하기 위해 우리는 아는 것이나 믿는 것이 아니라 가진 것에 대해 큰 소리로 떠든다. 우리가 원하는 걸 갖는 것이 우리가 가진 걸 원하는 것보다 더 중요한 목표가 된다. 우리가 자신을 '소비자'라는 사회적 종種으로 구분함에 따라 우리의 자신감은 우리의 통제에서 크게 벗어나 있는 것들에 의존하게 된다. 우리의 기분은 경기의 상승과 하강에 따라 흔들린다.

현재 우리의 '소비자 신뢰도'는 기록적 수준이다. "우리는 돈 속에 있다!" 이 호경기는 진짜인가 가짜인가? 유례없이 높은 소비자 신뢰도를 보도하는 신문들은 같은 날짜에 "왜 무지한 사람이 행복한가?"를 설명하는 기사를 크게 다루었다. 코넬대학 심리학 교수 데이비드 더닝은 능력이 모자라는 사람들이 대개 유능한 사람들보다 더 자신감과 자기 확신이 강하다는 것을 증명해 보였다. 더닝은 이렇게 썼다. "그들은 잘못된 결론에 도달한 탓에 불행한 선택을 하는데, 그들의 무능력이 그 사실을 깨닫는 능력마저 앗아간다." 그는 논리, 영문법, 유머 시험에서 가장 점수가 낮은 피험자들이 자신의 실력을 과장하는 성향도 가장 강하다는 것을 입증했다.

우리는 행복한 바보들의 문화 속에 사는 건 아닐까? 우리는 물질 속에서 타인의 인정, 자기존중감, 의미를 찾으리라고 잘못 생각하고 있지는 않은가?

2부
어플루엔자의 원인

금단의 열매 01

우리는 아무것도 세상에 가지고 온 것이 없으며
아무것도 가지고 갈 수 없습니다.
먹을 것과 입을 것이 있으면 그것으로 만족하시오.
부자가 되려고 애쓰는 사람은 유혹에 빠지고 올가미에 걸리고
어리석고도 해로운 온갖 욕심에 사로잡혀서
파멸의 구렁텅이에 떨어지게 됩니다.
돈을 사랑하는 것이 모든 악의 뿌리입니다.

• 디모데 전서 6장 7절

당신은 어플루엔자와 그 다양한 증상을 알고는 우리가 왜 이 지경이 됐는지 자문할지도 모르겠다. 어플루엔자는 어디에서 비롯했는가? 인간 본성의 일부로 원래부터 있던 것일까? 문화적으로 길든 것일까? 그도 아니면 본성과 양육이 다 같이 작용한 결과일까? 2부에서는 이런 문제를 다룬다. 우리는 이 병을 억제 또는 제거하려는 초기 노력을 검토하고 이 바이러스가 역사의 진전에 대응하여 오랜 세월 어떻게 변화하고 강화되었는지 알아볼 것이다.

어플루엔자와 싸움을 시작하려면 우선 이 병의 역학疫學을 이해할 필요가 있다. 이러한 측면을 조사한 결과 어플루엔자는 새로운 질병이 아니다. 이미 존재한 질병이었는데 지난 반세기 동안 억제

요소로 작용하던 문화적 가치가 현대의 상업적 압력과 기술적 변화에 침식당함에 따라 유례없이 빠른 속도로 전파되었다.

1호 환자

역학자는 어떤 병의 진화 과정을 추적할 때 맨 처음 그 병에 걸린 사람을 찾는데, 그 사람에게는 '1호 환자'라는 달갑지 않은 호칭을 붙였다. 예를 들어 에이즈의 공식 1호 환자는 1959년에 사망한 남아프리카 사람이다(1920년에 이 병이 발생한 것으로 추정하기도 한다).

그렇다면 어플루엔자 1호 환자는 누구일까? 유대, 그리스도교, 이슬람의 전승에서는 두 사람이 있다. 즉 아담과 이브다. 두 사람은 에덴동산에 필요한 게 모두 있는데도 금단의 열매를 따 먹지 말라는 신의 명령을 어겼다. 따라서 성서의 첫 번째 가르침은 필요한 것보다 많은 것을 탐내지 말라는 경고다. 이렇듯 탐욕은 원죄이다.

일부 진화생물학자는 원시생활의 불확실성 때문에 비축하려는 성향이 인간 본성의 일부가 되었다고 주장한다. 형편이 좋을 때 식량을 저축한 사람들은 어려운 시기에 그것을 먹고 연명할 수 있었다. 결국 그들은 살아남았으며 자기네 비축 유전자를 후손에게 물려주었다. 따라서 물질을 축적하는 건 지극히 인간적이다.

한편, 호모 사피엔스는 지구에 존재한 시간의 99퍼센트를 사냥꾼이자 채취자로 살았다. 문제는 식량을 찾는 활동이 주거지역의 먹을거리를 급속히 고갈시킨다는 것이었다. 그래서 종종 자연이 원상회복할 여유를 주기 위해 거주지를 옮겨 다녀야 했다. 이동은 원시적 직업의 이름이었다. 그런데 이동 생활은 짐을 많이 가지고 다니는 것을 허락하지 않았다. 따라서 간소하고 물질에 매이지 않는 삶이 생존의 요건이었다. 축적하려는 유전적 성향이 치명적일 수밖에 없었다.

마치구엔가 부족의 풍요

수렵인의 생활에서는 들짐승과 사고, 질병, 가끔 닥치는 적 등 모든 것이 생명을 위협했다. 유아사망률은 높았고 발병률도 마찬가지였다. 부러진 뼈를 고치기도 쉽지 않았다. 그들이 현대의학을 경험한다면 신의 선물이라 여겼을 것이다.

하지만 구석기시대는 우리가 생각하는 것만큼 비참하지는 않았다. 현존하는 '석기시대' 문화를 관찰한 인류학자는 그것을 '풍요로운 사회의 원형'이라 부른다. 칼라하리 사막의 쿵 부시맨과 같은 집단을 연구한 결과를 보면 근대화가 그들의 활동 영역을 좁히고 생물학적 서식지를 파괴하기 전에는, 이들 수렵인은 하루 서너 시간만 일해도 기초 욕구에 필요한 물질을 구할 수 있었다. 소위 '석기시대'에는 우리 시대보다 여가가 더 많았던 게 분명하다.

캘리포니아 주립대학의 인류학자 앨런 존슨과 그의 가족은 2년 동안 마치구엔가라는 부족과 함께 지냈다. 이 부족은 농사도 조금 짓는 수렵인으로, 페루 아마존 강우림의 북부 지역에 산다. 그들은 생활용품이 가득 든 커다란 트렁크를 가지고 마치구엔가 땅에 들어갔다. 존슨은 그때 일을 이렇게 설명한다. "한두 달 지나는 사이에 얻은 교훈은 우리가 가져간 것 대부분이 없어도 되는 물건이라는 겁니다. 시간이 지남에 따라 우리는 비우는 생활이 편해졌고, 물건이 거의 필요치 않음을 알았어요. 나는 마치구엔가 부족에게서 우리가 훨씬 더 단순하게 살아도 행복할 수 있다는 사실을 배웠습니다."

물론 마치구엔가 부족이 네 시간만 일하고도 살아갈 수 있을 정도로 풍요롭지는 않았다. "인류학자들이 수렵생활이 쉽다고 설명하면서 좀 과장했는지 모르지만, 마치구엔가 부족이 예닐곱 시간 일하면 필요한 물자를 모두 충당할 수 있는 것만은 분명합니다. 그 덕에 시간이 많이 남지요. 마치구엔가 가족은 늘 시간이 많은 부족이라는 생각이 들었어요. 그들은 절대로 서두르는 법이 없습니다."

그는 그들의 온건한 태도와 친절, 주변 환경을 조용히 관찰하여 얻는 기쁨, 결코 지루함을 모르는 생활에 탄복했다. "그들이 하는 일에는 전반적인 만족 같은 것이 있어요. 마치구엔가 가족이 일을 할 때면 그들 곁에 있는 것만으로도 기분이 좋습니다. 그들은 차분하고, 육체적으로 고되지 않습니다. 바느질하거나 옷감을 짜거나 상자나 활과 화살을 만들면서도, 우리가 취미나 공예를 즐기듯이 일을 즐기는 것 같습니다. 시간의 압박이란 없지요."

존슨은 이렇게 덧붙였다. "밤이면 둘러앉아 이야기를 듣기도 합니다. 밤에 마치구엔가 가족의 집을 지나면 담 사이로 집 안이 보입니다. 불꽃을 내며 타는 모닥불이 보이고 이야기하는 사람들의 부드러운 목소리가 들립니다. 사냥을 나갔다 온 남자는 그 광경과 소리, 냄새를 들려줍니다. 민담을 이야기하는 사람도 있습니다. 나는 많은 민담을 번역했는데, 정말 아름다워요. 문학 작품으로도 손색이 없는 이야기들이죠."

진보란 무엇인가

소위 '저개발' 혹은 '미개' 문화를 체험하고 돌아온 여행자들이 대개 그렇지만, 존슨은 속도가 빠르고 소유에 짓눌린 미국식 생활방식으로 복귀하는 데 어려움을 겪었다. 문화 충격에서 벗어나지 못한 채로 즉석요리용 케이크 가루가 가득한 슈퍼마켓에 들어간 그는 이런 의문에 사로잡혔다. "풍요란 어디에 있지? 이것이 정말 진보란 말인가?"

처음 돌아와서 로스앤젤레스에서의 생활은 초현실처럼 보였다. 아이들은 넘치는 장난감과 여러 놀이에도 금방 따분하다고 불평이었다. 그가 만난 사람들은 마치 '어떤 구멍이나 빈 곳'을 채우기라도 하듯이 정신없이 일하고 소비하느라 쉼 없이 움직였지만 자기 생활에 만족하는 것 같지는 않았다. 마치구엔가 부족과 지낼 때는 한 번도 마주한 적 없는 심리 상태였다.

존슨은 마치구엔가 부족의 생활을 낭만적으로 미화하지는 않는다. 그들은 평균 수명이 짧았다. 정글의 각종 질병에 잘 걸리기 때문이다. 하지만 적어도 어플루엔자 기미는 볼 수 없었다.

그러므로 어플루엔자는 '인간의 본성' 이 아니다. 하지만 오랜 정착, 계급 분화, 초보적인 도시 생활을 뒷받침하기에 충분할 만큼 농업 잉여를 획득한 사회에서는 일찍부터 어플루엔자에 감염된 증거를 쉽게 찾을 수 있다. 이런 문화에서는 정치·경제적 계급제도가 잘 발달했고, 더 큰 부를 갈망하는 상류층은 가난한 사람을 억누르고 이웃을 정복하기 시작했다. 동서양의 모든 문명에서 예언자들은 어플루엔자에 감염된 지배층에게 사죄를 요구했다. "탐욕을 경계하라." 이집트의 한 고대 격언은 이렇게 경고했다. 또한 부처는 행복과 깨달음에 이르는 길은 욕망을 줄이는 데 있다고 가르쳤다. 그는 욕망이야말로 모든 고통의 근원이라고 생각했다.

예수님의 부탁

히브리의 예언자들은 빈자와 약자를 억눌러 부를 쌓는 사람을 저주하고 중용을역설했다. "가난하지도 부유하지도 말라. 먹고 살 만큼만 주시오." 『잠언』에 쓰인 말이다. 매주 하루 안식일은 돈 버는 일은 일절 하지 말며, 그럼으로써 신성을 지켜야 한다. 안식일에 대해 유대인 대학자인 랍비 아브라함 헤셸은 이렇게 썼다. "그날의 신성에 들고자 한다면 먼저 잇속을 따지는 불경不敬과 …… 사나운 욕심을 내려놓아라." B.C. 700년경에 쓴 『신명기』는 물욕을 좇는 삶의 당연한 귀결인 낭비를 경계한다. 랍비 다니엘 슈바르츠가 말하듯이, "피조물을 낭비하는 건 신의 얼굴에 침을 뱉는 것과 같다."

고대 그리스인도 어플루엔자에 대해 경고했다. "단순성은 고대의, 아니 원시 이래의 이상이다."『단순한 삶The Simple Life』의 저자로 현재 퍼먼대학 총장인 역사학자 데이비드 샤이는 "그리스인은 중도中道, 곧 호사와 결핍의 중용中庸을 말했다."고 알려준다

아리스토텔레스는 사용할 수 있는 것보다 많은 외적 재화를 획득했으나 마음의 재화는 부족한 사람들을 나무랐다. 그는 행복은 인격과 정신을 최상의 수준으로 도야하고 외적 재화의 획득은 적당한 수준을 지키는 사람들에게 올 것이라고 주장했다. 철학자 제롬 시걸에 따르면, "아리스토텔레스는 돈의 한계효용이 체감한다고 주장한 최초의 인물이다. 그는 일정액의 돈이 추가로 증가할 때마다 소유자가 얻는 혜택은 줄어들고, 그러다 어느 수준을 넘어서면 더 가지는 것이 아무런 가치도 없고 심지어 해롭기까지 하다고 믿었다."

아리스토텔레스는 '무제한 부는 커다란 가난'이라고 설파했다. 기존 질서를 거부하는 스토아학파와 견유학파는 물질주의에 대해 한층 더 비판적이었다. 예수가 태어났을 때쯤에는 그들의 사상이 광범히 퍼져 있었다. 로마의 스토아철학자 세네카는 자신이 속한 문화를 이렇게 비판했다. "과거에는 초가지붕 아래에서 자유민이 살고, 노예들은 대리석과 황금 아래 거주했다."

신약학자 버턴 맥에 따르면, 초기 그리스도교의 가르침은 에픽테토스와 디오게네스 등 그리스 견유학파의 주장과 비슷한 점이 많았다. 단순하게 사는 견유학파 사람들은 부유한 동포들의 전통적인 문화를 조롱했다. 그들의 사상은 2,000년 전 지중해 지역에 널리 알려졌었다.

초기에 어플루엔자를 가장 강력히 비판한 사람은 바로 예수였다.

예수는 부의 위험을 끊임없이 경고하며 부를 천국에 들어가는 것을 막는 커다란 장애물로 선포했다. 그는 제자에게 부자가 하늘나라에 들어가는 것보다 낙타가 바늘귀로 빠져나가기가 더 쉬울 것이라고 말했다. 예수를 따르고자 하는 어떤 부자는 먼저 재산을 팔아서 가난한 사람들에게 나누어 주어야 한다는 말을 들었다. 그는 재산이 많은 탓에 이 말을 듣고 풀이 죽어 떠나갔다.

예수는 재물을 이 세상에 쌓아 두지 말라고 명령했다. 차라리 새나 꽃처럼 되어라. 새나 꽃은 가진 것이 아무것도 없으나 하느님이 돌보지 않느냐? 이들의 아름다움은 온갖 영화를 누린 솔로몬도 따르지 못한다. 예수의 초기 제자들과 신도들은 단순한 생활을 하는 공동체에서 모든 것을 공유하며 살았고, 돈을 사랑하는 것이 모든 악의 뿌리라고 설교했다.

"내 생각에 신약성서에서 가장 매혹적인 구절 중 하나가 예수께서 부의 권세요 돈의 권세인 마몬을 경계한 말씀입니다." 각처의 복음주의 교회를 돌며 강연하는 내과의사 리처드 스웬슨은 이렇게 말한다. "예수님은 하느님과 마몬을 아울러 섬길 수 없다고 말씀하셨습니다. 이건 어렵거나 곤란하거나 솜씨가 필요한 것이 아니고 아예 불가능하다고 하셨어요."

사실 예수의 마지막 공적 행동에서도 교단을 침범하기 시작한 어플루엔자에 대해 꾸짖은 예가 있다. 성전에서 환전꾼들을 쫓아내고 탁자를 뒤엎음으로써, 예수는 가장 신성한 장소에까지 기어들어온 불경한 상업주의를 물리적으로(폭력적으로라고 해도 무방하리라) 공격했던 것이다.

그리스도교 신학자로 환경학자이기도 한 캘빈 드윗은 현대의 소비주의 철학은 성서의 가르침을 뒤엎는다고 말한다. "더 많이 소비하라. 그리하면 행복해질 것이다. 그 어느 것에도 만족하지 말고 더 많은 것을 추구하라. 이런 것이 우리가 듣는 메시지죠. 하지만 성서의 가르침은 지금 가진 것에 만족하라, 하느님을 공경하라, 피조물을 보살피라, 굶주린 자에게 너희 빵을 주어라, 그리하면 봉사의 부산물로 기쁨이 올 것이다, 이런 것입니다. 이런 가르침을 택해서 그 반대로 써 보세요. 현재 우리 소비사회의 모습이 고스란히 나타날 것입니다."

앉은 황소의 예언

1877년 봄, 어느 수렵인 부족의 유명한 지도자가 사우스다코타의 바람 사나운 평지에서 주위에 모인 부족들을 향해 연설했다. 라코타 부족의 추장 타탄카 요탄카(앉은 황소)는 계절의 변화와 대지가 아낌없이 베푼 혜택에 감사를 표했다. 하지만 그는 부족원에게 '우리 조상이 처음 만났을 때는 작고 나약했으나 지금은 크고 오만해진 타 인종'을 경계하라고 했다. 우애와 평화, 호의, 가난한 마음, 물질에 얽매이지 않은 자유로운 생활을 가르친 한 남자의 말씀을 가지고 와서는 오히려 그 반대로 행동하는 백인들을 두고 한 말이었다.

'앉은 황소'는 이런 말도 했다. "백인 침략자들은 규칙을 많이 만들었다. 그런데 이 규칙은 부자들은 마구 무시해도 되고, 가난한 사람들은 그러면 안 되는 규칙이다. 그들은 가난하고 약한 사람들에게 십일조를 걷어서 부자들의 배를 불리었다. 우리의 어머니인 이 대지를 자기들 것이라고 주장하며 울타리를 쳐서 이웃들을 멀리 내쫓았다. 건물과 쓰레기로 어머니 대지의 얼굴을 망쳐 놓았다. 그들은 봄날 홍수 같아서 강둑을 범람시켜 자기들 앞길에 거치적거리는 모든 사람을 죽인다. 우리는 그들과는 어깨를 나란히 하며 살 수 없다."

백인에 대해 말하면서 앉은 황소는 한 가지는 확실하다고 했다. 소유에 대한 애착은 그들의 지병이다. 지금이라면 그는 그 병을 '어플루엔자'라고 불렀을 것이다. 당시 백인 중에도 자기 삶의 한복판에 파고든 이 바이러스에 대한 공포를 느끼는 사람들이 있었다.

잘못된 선택 02

인간 세계의 가치 저하는 사물 세계의 가치 증대에 정비례해서 심화한다.

• 카를 마르크스, 『1844년의 경제학·철학 수고』

어플루엔자에 대한 두려움은 유럽에서 최초의 이주자들이 신대륙에서 온 이래로 하나의 전통을 이루었다. 목숨을 걸고 대서양을 건넌 사람들은 성향이 다양했다. 맨 처음 사람들은 부를 찾아서 왔다. 스페인인은 금을, 프랑스인은 모피를 원했다. 네덜란드인은 전설 속의 나라 인도제국으로 가는 새로운 무역로를 찾아 나섰다.

하지만 초기의 잉글랜드 이주자 중에는 유럽에 급속히 뿌리 내린 물질주의가 싫어 달아난 사람도 있었다. "청교도들이 신세계에 도착했을 때, 그들은 단순한 삶을 실천하는 그리스도교 나라를 건설하려고 했다." 역사학자 데이비드 샤이의 설명이다.

매사추세츠 베이 식민지의 청교도들은 소위 사치금지법을 채택하여 부의 유별난 과시를 금했다. 한 예로 이 법은 옷을 간소하게 입도록 했지만 법은 공정하게 적용하지 않았다. 유럽에서 신세계로 갈수록 많이 흘러들어오는 사치품을 막을 수는 없었던 것이다. 부유하고 정치적으로 힘이 센 청교도들은 법을 무시하고 원하는 대로 입을 수 있었지만, 가난한 신자들은 복장 규정을 어기면 처벌을 받았다. 요컨대 사치금지법은 계급 차이를 더욱 심화할 뿐이었다.

펜실베이니아에서는 퀘이커교 지도자 존 울먼이 교도들에게 이렇게 설교했다. "친구들이여! 단순성과 진정한 지혜의 산물인 꾸밈없고 소박한 삶을 실천하십시오." 철학자 제롬 시걸은 말한다. "퀘이커 교도들 사이에서는 과시와 소비에 대한 제한이 폭넓게 적용되었다. 이들은 사치스런 소비를 추구하는 태도가 알코올 중독, 가난, 노예제, 인디언 차별 등과 같은 광범위한 불의와 사회 문제와 연관이 있다고 보았다."

산업혁명의 폐해

어느 면에서 미국 독립전쟁은 어플루엔자에 대한 반란이었다. 영국의 식민지 소유주들은 타락에 가까우리만치 사치스러운 생활을 유지하려고 식민지에서 고혈을 짜냈다. 영국의 주인들은 옷 입는 데만 반나절이 걸렸는데, 그 태반은 복잡하기 그지없는 머리장식을 매만지는 데 소요되었다. 그러고 나면 몇 시간이 걸리는 만찬에서 배를 가득 채우는 것이 일이었다.

반면 식민지 주민들은 영국의 금고를 가득 채우고자 부과되는 세금에 불만이 높아갔다. 하지만 식민지 지도자뿐만 아니라 식민지 주민들도 무절제하게 부를 추구하고 있어 골머리를 앓았다. 존 애덤스는 독립전쟁 당시 아내 애비게일에게 보낸 편지에서 이렇게 썼다. "우리는 검약을 대피처로 삼아야 해요. 나는 여자들이 장신구를 줄였으면 합니다. 남자들도 마찬가지고요. 불의에 굴복하기보다 차라리 물과 감자를 먹읍시다."

18세기 말, 미국 독립전쟁과 프랑스혁명의 성공은 세계 정치만이 아니라 경제까지 변모시켰다. 산업혁명의 '어둡고 악마적인 공장들'이 증기력과 조립 라인을 도입해 직물 등의 제품을 과거보다 훨씬 짧은 시간에 생산할 수 있게 되었다. 벤저민 프랭클린은 인류가 그와 같은 생산수단을 마음껏 이용함으로써, 생활에 필요한 모든 재화를 생산하는 데 필요한 노동을 하루 서너 시간으로 줄일 수 있다고 주장했다.

하지만 현실은 그 반대였다. 산업혁명 초기에 노동시간은 줄어들기는커녕 거의 두 배로 늘었다. 학자들이 추정하는 바로는 중세의 노동시간은 여름에는 길고 겨울에는 짧았지만 평균 약 9시간이었다. 게다가 노동 속도는 대단히 느렸고 휴식도 잦았다. 유럽 일부 지역에서는 노동자들이 전혀 일하지 않는 종교 축일만도 거의 150일이나 되었다. 피터르 브뢰헐이 그린 16세기 농민들이 춤추는 광경이나 밀밭에서 낮잠을 자는 모습은 자신이 목격한 생활을 정확히 묘사했다.

성聖 월요일

그러나 산업혁명과 함께 공장 노동자들은 과거 자신이 농사를 짓던 땅에 양을 키우려고 울타리가 쳐지자 디킨스 작품에 등장하는 황폐한 산업 도시로 내몰려 하루에 14시간, 16시간, 심지어 18시간까지 일했다. 1812년, 잉글랜드 리즈의 한 공장주는 열 살이 안 된 아이들은 고용하지 않았고 아동 노동시간을 하루 16시간으로 제한했다고 해서 인간적이고 진보적인 인물로 그려졌다.

공장 노동자들은 새로운 규율을 순순히 받아들이지 않았다. 과

거의 종교 축일을 빼앗긴 그들은 새로운 축일을 만들었다. '성聖월요일'이 그것이었는데, 일요일 밤이면 주점에서 실컷 취하고 다음날은 늦잠을 자느라 아예 공장에 나타나지 않는 식이었다. 노동자들은 생산량에 따라 성과급을 받았으므로 처음에는 생존에 필요한 시간만큼만 일했다. 그들에게 더 일한 대가로 인센티브를 주는 사용자가 있더라도 그 전략은 금방 실패했다. 막스 베버가 말한 대로, 더 많이 벌 기회는 더 적게 일할 기회보다 덜 매력적이었다. 이는 분명히 어플루엔자시대 이전의 상황이었다.

따라서 카를 마르크스도 여러 번 지적했듯이, 고용주는 노동자가 살아남으려면 장시간 노동을 하지 않을 수 없도록 가능한 가장 적은 임금을 지급하려 애썼다. 하지만 그처럼 인색한 대응은 개별 고용주에게는 합리적인 행동이었지만, 자본주의산업 전체로는 그 토대를 침식하는 일이었다. 노동자들의 구매력 부족이 과잉생산 위기를 초래하여 주기적으로 산업 전체를 파괴한 것이다.

마르크스와 엥겔스는 『공산당 선언The Communist Manifesto』에서 이렇게 썼다. "이러한 위기에서는 기존 생산물뿐 아니라 이전에 창조된 생산력 대부분이 주기적으로 파괴된다…… 사회는 갑자기 야만상태로 되돌아간다…… 그렇다면 자본가 계급은 어떻게 이러한 공황을 극복하는가? 한편으로는 생산력의 대량 파괴를 강화함으로써, 다른 한편으로는 새로운 시장을 정복하고 기존의 시장을 더욱 철저하게 착취함으로써 극복한다."

마르크스의 예언

그렇다면 '더욱 철저한 파괴'는 어떻게 진행하는가? 간단히 말하면 잠재적 소비자들을 어플루엔자에 접촉시키는 것이다. 물론 이 용어를 사용하지는 않았지만 마르크스는 『1844년의 경제학·철학 수고』의 명문에서 분명히 그 과정을 묘사했다. 마르크스는 과잉과 무절제가 경제의 진정한 표준이 된다고 썼다.

> 생산과 욕구의 확대는 비인간적이고 저열하며 부자연스러운 가상의 욕망에 약삭빠르고 셈에 밝은 노예가 된다…… 모든 생산물은 한 사람이 다른 사람의 정수, 곧 돈을 끌어내기 위해 사용하는 미끼다. 실제적이거나 잠재적인 욕구는 모두 덫에 끌려드는 새의 약점이다…… 기업가는 자기 이웃의 가장 저열한 환상에 부응하고, 그와 그의 욕구 사이에서 뚜쟁이 노릇을 하며 그의 내부에 있는 불건전한 욕망을 일깨우고, 뒤에 이 사랑의 수고에 대한 보수를 요구하기 위해 모든 약점을 주시한다.

160여 년 전에 쓴 이 문장은 현대 광고의 중요한 특징을 정확히 지적한다. 실제로 광고는 상품을 팔기 위해 가상의 욕망을 자극하고 끊임없이 섹스를 이용하며 가장 저열한 환상에 부응한다.

하지만 궁극적으로 시장 팽창은 항상 부적절하며 과잉생산 위기는 노동자 스스로 공장의 주인이 되어 모두를 위해 기계를 이용하기만 하면 막을 수 있다고 마르크스는 믿었다. 그렇다고 계속 물질생산의 파이를 키우고 좀더 공평하게 나누자는 뜻은 아니다. 마르크스의 목표는 물질주의적 발전이 아니다. 사실, 그는 단순히 노동자의 구매력만 높아지는 건 노예의 보수가 나아지는 것과 다를 바 없고, 그래서는 노동자에게도 노동에도 인간적 의미와 가치가 회복되지 않는다고 역설했다.

여가를 누릴 자유

사회주의 정부가 '강제적 균등 임금'을 법으로 정한다 해도 행복이 찾아오는 것은 아니다. 마르크스는 행복은 다른 사람과의 관계에서, 그리고 창조적 표현 능력의 개발에서 찾아야 한다고 믿었다. 진정으로 부유한 인간은 삶의 총체적 표출을 필요로 하는 사람, 자기 자신의 실현을 내적 갈망으로 품고 있는 사람이라고 했고, 너무 많은 유용한 재화가 너무 많은 무용한 인간을 만들어 낸다고 했다.

물론 마르크스도 인간이 자양분이 있는 음식과 안락한 거주처, 몸을 보호할 의복을 충분히 갖추어야 한다는 건 잘 알고 있다. 그는 대량생산이 사람들에게 이것을 이루게 해줄 것으로 생각했다. 그러기 위해서 사람들은 저마다 어떤 최소한의 반복적이고 비창조적인 노동을 수행해야 한다고 보았다. 마르크스는 엥겔스와 함께 하루 4시간(1800년대 중반임에도)으로 추정한 그 시간을 '필연의 영역'이라고 불렀다.

진정한 물질적 욕구를 충족하는 데 필요한 노동시간은 생산성의 향상에 따라 좀 줄어들더라도 그건 늘 '필연의 영역'으로 남는다. 그것을 넘어서면 인간 능력의 개발, 그 자체가 목적인 진정한 자유의 영역이 시작된다. 바로 스스로 선택한 활동이 우세할 때이다. 이 자유 영역에 대해 마르크스는 "노동시간의 단축이 그 기본적인 전제 조건"이라고 덧붙였다. 마르크스는 또 1821년에 영국에서 발표한 익명의 기사에 찬성을 표하며 내용을 인용하여 이렇게 썼다. "노동시간이 12시간이 아니라 6시간이라면 그 나라는 진정으로 부유하다. 부는 자유다. 여가를 누릴 자유, 삶을 즐길 자유, 정신을 함양할 자유. 즉 마음대로 쓸 수 있는 시간인 것이다."

소로의 오두막

한편 대서양 건너 미국에서도 산업화와 그것이 야기하는 탐욕에 비슷한 비판이 대두되었다. 스스로 초절주의자라 부르는 사람들이 자연에 가까운 단순한 생활을 이상으로 삼고 브루크 농장이나 프루트랜드 등 자기 원리에 기반을 둔 계획적인 공동체를 건설했다(모두 결국은 오래가지 못했지만).

단명하기는 마찬가지였지만 1845년 헨리 데이비드 소로가 보스턴 근처 월든 호숫가에 방 하나짜리 오두막을 짓고 산 경험은 좀더 오래 기억에 남는다. 소로는 『월든Walden』에서 이렇게 썼다. "단순, 단순, 단순. 대다수 사치품과 소위 생활용품 중에는 불필요한 것이 태반이며 오히려 장애물이 될 뿐이다."

『원칙 없는 삶Life Without Principle』에서 소로는 이미 어플루엔자 항체가 결여된 탐욕스러운 산업적 인격을 한층 더 강하게 비판했다. 마르크스와 마찬가지로 그 역시 진정한 부는, 스스로 선택한 창조적 활동을 위한, 충분한 여가라고 믿으며 한나절 노동이면 물질적 필수품을 조달하는 데 충분하다고 주장했다. "내가 여느 사람처럼 사회에 오전과 오후를 둘 다 팔아야 한다면, 분명히 말하건대 내게는 더 살아야 할 이유가 없다."

> 우리가 인생을 어떻게 쓰는지 생각해 보자. 세상은 하나의 일터다. 끝도 없이 부산한…… 안식이란 없다. 인간이 한가하게 지내는 모습을 보는 건 행운일 것이다. 다들 일, 일, 일뿐이다. 나는 생각을 기록할 공책도 쉽게 사지 못한다. 생각조차도 돈의 지배를 받기 때문이다…… 나는 시와 철학, 삶 자체에 반하는 것으로 이 끊임없는 일보다 더한 건 아무

것도 없다고 생각한다. 심지어 범죄까지도.

"한 사람이 하루 종일 그저 숲을 즐기며 거닌다면 그는 빈둥거리는 게으름뱅이라고 손가락질을 받을 것이다. 하지만 투기꾼이 종일 숲 속에서 나무를 베어내어 산림을 파괴한다면 그는 부지런하고 진취적인 시민으로 존경받는다." 소로의 한탄은 오히려 퍼시픽목재회사의 찰스 허위츠가 정크본드(쓰레기 채권)를 갚으려고 숲을 마구 벌채하는 오늘날 더 절실하다.

마르크스와 소로에게 산업 발전은 단조롭고 고된 노동에 들이는 시간을 줄여주고 스스로 선택한 활동을 할 여가를 줄 경우에만 정당화되었다.

시간과 돈 중 하나를 선택하는 문제에서 이 철학자들은 전자를 택했다. 소로가 월든 호수에 은거한 이후 정확히 한 세기 동안, 이 선택의 문제는 미국인을 폭넓고 열띤 논쟁으로 몰아넣었다. 그리고 갑자기 문제가 해결되었다. 물론 돈을 선택하는 방향으로. 그렇다고 이 문제에 종지부가 찍힌 건 아니었다.

두 갈래 길 03

우리는 빵을 원하지만, 장미도 원한다(물론 그 향기를 맡을 시간도).

• 어느 직물공장의 여성 노동자, 1912년, 매사추세츠 주 로렌스

남북전쟁 이후 미국에서는 조용하지만 그 전쟁만큼이나 강력한 영향력을 행사한 충돌이 일어났다. 로버트 프로스트가 그의 아름다운 시 「가지 않은 길」에서 말한 두 갈래 길이 미국인 앞에 나타났고, 우리는 거의 한 세기 동안 결정을 내리지 못하다가 결국 한 길을 선택했는데, 그 때문에 모든 것이 달라졌다.

19세기 미국인은 낭비보다 검약을 중히 여겼으며 '소비'라는 낱말의 의미도 그때는 달랐다. 제러미 리프킨이 설명한 것처럼, 새뮤얼 존슨의 영어사전으로 돌아가면, 소비한다는 건 다 써 버리는 것, 약탈하는 것, 황폐하게 하는 것, 파괴하는 것을 의미했다. 사실 할아버지 세대만 해도 누가 결핵을 앓으면 그 병을 '소비'라고 불렀다. 그리하여 20세기까지도 소비자가 되는 건 좋은 일이 아니었다. 다들 나쁘게 여겼던 것이다.

그런데 공장체제가 같은 양을 생산하는 데 필요한 시간을 크게 줄여 놓았다. 여기서 새로운 투쟁이 자라났다. 여분의 시간으로 무

엇을 할 것인가? 한편에선 물질을 더 만들자고 주장했다. 다른 한편에선 일을 덜 해야 한다고 믿었다. 호사냐 단순한 생활이냐, 돈이냐 시간이냐.

게으름의 미학

대서양 반대편에서도 비슷한 논쟁이 일었다. 1883년, 프랑스 감옥에 투옥된 마르크스의 사위 폴 라파르그★는 「게으를 수 있는 권리」라는 도발적인 수필을 써서 '더 많이 만들기', '더 많이 소유하기' 라는 윤리에 도전했다. 라파르그는 햇빛을 받으며 빈둥대는 행복한 인민 사이에 들어와서 철길을 놓고 공장을 세워 일이라는 재앙을 들여온 기업가를 조롱했다.

라파르그는 게으름을 '예술의 어머니요 고상한 미덕' 이라고 생각했으며, 이미 공장의 생산성이 대단히 높아 진정한 필요를 충족하는 데는 하루 3시간이면 충분하다고 주장했다. 그는 마르크스처럼 가톨릭 교회법이 노동자에게 노동이 금지된 성인 축일을 많이 부여해야 한다고 주장했다. 그러니 기업가가 프로테스탄트 신앙을 (물론 그 노동윤리와 함께) 좋아한 건 당연했다.

같은 시기에 영국에서는 시인이자 화가이자 수필가이자 모리스의자 디자이너인 윌리엄 모리스가 공장 체제에서는 수많은 사람이 어리석음과 탐욕에 내몰려 해롭고 무익한 것을 만들 수밖에 없다고 주장했다. 그는 가게 진열대의 성가시고 불필요한 것들을 만드

★ 쿠바 태생의 프랑스 사회주의 운동가. 런던 망명 시절 마르크스와 친해져 그의 딸과 결혼했다. 프랑스 노동당을 결성하고 마르크스주의를 프랑스에 보급하는 데 큰 역할을 했다. 1911년 염세관에 빠져 아내와 자살했다.

는 데 막대한 노동이 허비된다고 호소한다.

> 겉만 번드르르할 뿐 시시한 물건에 사로잡힌 수많은 사람을 생각해 보라. 기계를 만드는 기술자로부터 도매를 맡아 종일 끔찍한 우리 안에 앉아 있는 불운한 직원, 감히 자기 영혼을 자기 것이라 부르지 못한 채…… 소매점에서 고객에게 물건을 파는 점원에 이르기까지…… 고객은 또 어떤가? 물건을 사지만 곧 다시 대하기 싫을 정도로 정나미가 떨어진다.

모리스는 미래의 좋은 삶은 당시 부자들의 삶과는 전혀 다르리라고 말했다. 그는 자유로운 사람들은 단순한 생활을 영위하고 단순한 기쁨을 누려야 한다고 주장했다. 모리스는 품위 있고 풍요로운 삶에는 건강한 몸, 능동적인 정신, 그리고 그것에 어울리는 직업과 살기 좋은 아름다운 세상이 필요하다고 했다.

단순한 삶

미국에서는 백화점과 같은 새로운 문물이 호화로운 소비 생활을 조장했다. 역사학자 수전 스트래서의 말에 따르면, 1880년대 도시의 백화점은 사람들이 가서 넋을 잃고 돈을 쓸 만한 장소로 만들어졌다. 1890년대에 이르면 부유한 미국인은 성공의 증거인 물질적 표상을 자랑스럽게 과시했다. 말하자면 어플루엔자를 노골적으로 드러낸 것이다. 하지만 모두가 다 감동한 건 아니다.

역사가 데이비드 샤이는 이렇게 말한다. "19세기 말, 단순한 삶을 향한 미국인의 관심이 크게 되살아났다. 시어도어 루스벨트도 일찍부터 미국인에게 소박하게 살 것을 주창했다. 미국식 자본주의를 지지하지만 제멋대로 발전하게 내버려두면 결국은 타락한 문명을 만들어낼 것이다." 샤이는 그의 명저 『단순한 삶The Simple Life』에서 단순한 삶에 대한 세기말적 관심의 다양한 사례를 제시하고 있다. 심지어 미국의 베스트셀러 잡지 〈레이디스 홈 저널〉조차 그 시기에는 단순한 삶을 장려했다.

8시간 노동

노동자 조직도 당시에는 '좋은 삶'이 물질의 생산량으로 진보의 정도를 재는 척도라고는 여기지 않았다. 사실 반세기가 넘도록 노동시간 단축에 대한 요구는 노동자들의 최대 현안이었다. 1886년, 수십만의 노동자가 전국의 도시를 가득 메우고 8시간 노동을 법적 기준으로 정하라고 요구했다. 이런 바람은 1938년 하루 8시간, 한 주 48시간 노동을 법정 노동시간으로 규정한 와그너 노동법이 시행되고서야 실현되었다. 이때부터 노동운동 지도자들은 하루 6시간 노동을 목표로 싸웠다. 그들은 경제적 이유에서도 그렇지만 정신적 이유에서도 노동시간 단축이 필요하다고 주장했다.

미국노동연맹(AFL) 의장 윌리엄 그린은 1926년 여가를 즐기는 인간적 가치가 그 경제적 의미보다 훨씬 크다고 썼다. 그린은 현대의 노동이 무의미하고 반복적이고 지루하며 지적 욕구에 대해 아무런 만족을 주지 않는다고 주장했다. 그는 또 노동시간 단축은 정신적 · 지적 능력을 한 단계 더 발전시키는 데 필요하다고 주장했다. 부의장 매슈 울은 현대의 생산이 삶의 질을 간과하고 불행히도 우리의 산업 생활은 물질주의적 생산 정신에 지배당하고 있어, 인간의 신체와 정신 혹은 삶의 정신에는 관심이 없다고 비난했다.

국제여성의복노동자연맹의 교육부장 줄리엣 스튜어트 포인츠는 노동자들이 간절히 바라는 건 '인간이 될 시간'이라고 선언했다. 노동자들은 자신의 삶을 무엇과도 바꿀 생각이 없다고 했다. 임금이 아무리 높아도 시간보다는 중요하지 않다는 것이다.

하느님을 알 시간

저명한 종교 지도자들도 집결했다. 아이오와대학 교수 벤저민 허니커트가 『끝이 없는 일Work without End』에서 지적한 대로, 노동자들에게 영적인 문제를 돌아볼 시간, 즉 하느님을 알 시간이 없음을 우려했다. 유대교 지도자들은 토요일 근무를 안식일 위반이라고 비판하고 주 5일 근무제를 위한 싸움을 이끌었다. 가톨릭 지도자들은 '검소한 안락'을 보장할 '생활 임금' 혹은 '가족 임금'을 요구한 레오 13세 교황의 회칙 '레룸 노바룸'을 지지하고 나섰다. 하지만 그들은 거기서 한 걸음 더 나아가 노동자에게는 돈보다 시간이 더 중요하다고 생각했다.

1920년대, 〈가톨릭 자선 리뷰〉의 편집자 몬시뇨르 존 라이언은 성 아우구스티누스가 자연법은 최저 생활만이 아니라 최고 생활도 요구한다고 주장했다고 했다. 라이언은 진정하고 합리적인 교리는 사람들이 충분한 생필품과 합리적인 편의품을 생산하고, 남은 시간은 자신의 지력과 소망의 개발과 더 높은 생활의 추구에 써야 한다고 썼다. 그는 사람들이 삶의 목적을 고민해야 한다고 했다. 유대교 학자 펠릭스 코헌은 성서의 전승에서 노동은 에덴에서 저지른 죄에 대해 아담에게 내린 저주라고 지적하고, 헛되고 불필요한 생산을 폐기하면 주간 노동시간을 10시간으로 줄일 수 있다고 주장했다.

소비라는 복음

1920년대 산업계 지도자들에겐 자기 나름의 종교가 있었으니, 소비라는 복음이 그것이었다. 그들은 노동시간의 단축은 자본주의 체제를 무너뜨릴 것이라고 주장했다. 하버드대학 경제학자 토머스 닉슨 카버는 여가가 증가하면 경제에 해롭다고 경고했다.

> 여가가 늘어나면 재화에 대한 요구도 늘어난다고 믿을 이유는 어디에도 없다. 여가가 예술과 우아한 생활에 쓰일 가능성이 대단히 크다. 박물관과 도서관, 화랑을 방문하거나 하이킹과 게임과 비싸지 않은 오락을 즐기는 것이다…… 그렇게 되면 물적 재화에 대한 요구는 줄어들 것이다. 만약 노동시간이 줄어 사람들이 정원을 가꾸거나 가구를 만들거나 수리하고 집에 페인트를 칠하고 수리하는 등의 유용한 소일거리에 시간을 쓴다면 임금을 지급하는 기업의 제품 수요는 감소할 것이다.

노동시간이 단축되면 어플루엔자가 위축될 것이라는 말이 그에게는 큰일 날 일로 생각되었던 모양이다.

1913년 헨리 포드의 조립 라인에서 T형 승용차가 굴러 나온 이후, 물적 재화가 쏟아져 나오기 시작했다. 기업이 상품을 팔 길을 찾는 와중에 심리학을 동원해 광고산업이 성장했다.

1923년에 어느 광고 전문가가 필라델피아 기업가에게 말했다. "그들에게 꿈을 팔라. 그들이 바라고 열망했으나 갖지 못할 것이라

포기한 것을 팔라. 그들 머리 위에 햇빛을 뿌려서 그들에게 모자를 팔라. 그들에게 꿈을, 컨트리클럽과 댄스파티의 꿈이 실현될지도 모른다는 환상을 팔라. 사실 사람들은 물건을 가지려고 물건을 사지는 않는다. 그들은 희망을, 상품에서 얻을 것에 대한 기대를 산다. 그들에게 희망을 팔라. 그러면 제품을 팔지 못할까 걱정할 필요가 없다."

재계 지도자들은 인간의 바람에는 만족이 없으므로 사업 기회에도 한계가 없다고 선언했다. 1920년대, 그들이 전하는 풍요의 복음은 많은 신도를 확보했다. 세계 최초의 대량생산 사회가 찰스턴 댄스를 추기 시작했다. 금전등록기들은 쉴 새 없이 벨 소리를 울렸고, 주가는 높이 날아올랐다. 1990년대처럼 말이다. 사람들은 주가가 곤두박질치리라고는 생각지도 않았다.

노동시간 단축

1929년 10월, 검은 금요일이 닥쳐 주식시장이 붕괴했다. 〈버라이어티〉 지는 「월스트리트, 썩은 알을 낳다」를 제목으로 뽑았다. 백만장자들이 졸지에 알거지가 되어 창밖으로 뛰어내렸다. 무료급식을 받으려는 사람이 줄지어 섰고, 수백만 명이 일자리를 잃었지만 자선을 베풀려는 사람은 거의 없었다. 수많은 사람이 실직자가 되자 노동시간을 줄이고 '일자리를 나누자'는 생각이 다시 유행을 탔다. 심지어 허버트 후버 대통령조차도 노동시간 단축이야말로 더 많은 일자리를 창출할 가장 빠른 길이라고 주장할 정도였다.

다시 윌리엄 그린과 같은 노동운동 지도자들이 하루 6시간, 주 5

일 근무를 요구하고 나섰다. 1933년 4월 6일 워싱턴의 의사당에서 미국 상원이 주 30시간을 미국의 공식 노동시간으로 규정한 법안을 가결했다는 소식에 그들이 얼마나 기뻐했을지 상상해 보라. 그 이상은 연장근로가 될 것이었다. 주 30시간 노동이라니! 그것도 70년 전에!

하지만 법안은 불과 몇 표 차이로 하원에서 부결되고 말았다. 루스벨트 대통령도 그 법안에 반대했다. 연방정부의 일자리 창출 계획 뉴딜이 실업 감소와 경기부양을 동시에 이룰 수 있는 더 좋은 길이라고 확신했기 때문이었다.

그러나 이미 주 30시간 노동제를 시행하여 훌륭한 성과를 올리는 기업들도 있었다. 시리얼 업계의 거인 W.K 켈로그가 1930년 10월에 맨 처음 이 제도를 채택했다. 켈로그는 회사를 가혹하게 운영하는 가부장적인 자본가였지만 그에게는 급진적인 계획이 있었다. 켈로그는 끝없는 경제성장이 아니라 여가가 '자본주의의 꽃이요 지상의 업적'이라고 생각했다. 그가 그런 계획을 갖게 된 건 그 자신이 엄한 어린 시절을 보냈고 스스로 장시간 노동에 중독된 것을 한스럽게 여기고 있었기 때문이다. "나는 노는 법을 배우지 못했다." 그는 언젠가 손자에게 이렇게 한탄했다.

켈로그는 주 30시간 노동에 35시간어치 임금을 주었고 공원, 여름휴양지, 자연센터, 정원, 경기장 등 노동자들을 위한 각종 여가 시설을 건설했다. 이 계획은 즉시 켈로그 공장이 있는 미시간 주 배틀크리크에서 새 일자리 400개를 창출했다. 생산성도 급속히 증가하여 2년이 채 안 되어 30시간 일하는 노동자에게 전에 40시간 일할 때 주던 임금을 지급할 수 있었다. 1930년대에 켈로그 노동자를 상대로 벌인 설문조사는 30시간 노동제에 대한 압도적인 지지를 보여준다. 오래 일하고 많이 받기를 원한 사람은 미혼남성들뿐이었다.

여섯 시간 노동제

하지만 켈로그가 죽은 후에는 사정이 달라졌다. 회사는 40시간 노동제로 돌아가자는 캠페인을 전개한다. 이유는 각종 수당이었다. 수당이 임금에서 차지하는 비중이 갈수록 커지자, 노동자를 더 오래 붙들어 두는 것이 유리해진 것이다. 결국 켈로그사의 30시간 노동제는 1980년대에 이르러 완전히 철폐되었다. 1985년, 회사는 아직도 30시간만 일하는 노동자들(여성 노동자 전부를 포함해 전체 노동자의 20퍼센트)이 노동시간 연장에 동의하지 않으면 배틀크리크에서 철수하겠다고 위협했다. 여성들은 현지의 한 바에서 30시간 노동제를 위한 장례식을 치렀는데, 아이너 사이즈라는 여성은 이런 추도시를 지었다.

> 잘 가라, 좋은 친구 여섯 시간이여
> 슬프지만 현실인 걸 어찌하리
> 네가 떠난 지금 우리는 깊은 슬픔에 잠겼네.
> 네 비타민을 꺼내 들고 의사에게 전화하렴
> 우리 모두 여덟 시간이라는 옛 병에 걸렸으니

벤저민 허니커트는 그의 책 『켈로그사의 8시간 노동제Kellogg's Six Hour Day』를 쓸 때 켈로그에서 일했던 사람을 많이 만났다. 대다수는 주 30시간 노동제에 대해 아주 좋은 기억을 간직하고 있었다. 그들은 여가를 잘 활용했다고 말했다. 정원을 돌보고, 공예를 익히고, 취미를 기르고, 운동을 하고, 공동체 생활에 활발하게 참여했다는 것이었다. 한 남성은 이렇게 말했다. "퇴근할 때도 완전히 지쳐 있지 않았습니다. 다른 일을 할 만한 힘이 남아 있었어요."

처크와 조이 블랜처드 부부는 둘 다 켈로그에서 일했다. 처크는 여성 해방이라는 말이 돌기 훨씬 전에 아이들을 무리없이 돌보았고 학교에서는 '학급 부모'★였다고 말했다. 그들은 40시간제로 환원하고서 배틀크리크의 자원봉사자 수가 줄어들고 범죄가 증가했다는 것도 기억했다. 블랜처드 부부는 가진 건 적었어도 풍부한 여가를 누렸다. 물질은 훨씬 많이 가졌지만 늘 시간에 쫓기는 듯한 오늘날의 젊은 가족들보다 행복하게 생활했다고 말한다.

켈로그 이전은 물론 그 이후로도 미국 산업 노동자는 '다른 길', 즉 돈이 아니라 시간의 길로 그렇게 멀리까지 가본 적이 없었다. 그런 의미에서 켈로그사의 노동자들은, 허니커트가 본 것처럼 세계 2차대전이 끼어들어(막대한 국가적 노동력 유출을 요구함으로써) 문을 걸어 잠그지 않았더라면, 모든 미국인이 도달했을지 모를 새롭고 놀라운 땅의 탐험가였다. 오늘날 우리는 반세기도 더 전에 미국 땅 한 귀퉁이에서 정규 노동자들이 생계를 위한 일에 1주에 30시간밖에 들이지 않았다는 사실을 곧이들으려 하지 않는 사람들을 만난다.

★ room parent. 학급 행사에 간식과 주스 등을 지원하고 유치원에서는 교사를 보조해주는 역할을 하는 학부모 자원봉사자

하지만 그건 사실이다. 그리고 그런 일은 우리가 어플루엔자를 제압하는 날 다시 일어날 수 있다.

04 어플루엔자의 도래

우리는 더 많은, 더 좋은, 특히 새로운 것을 살 가능성에 넋을 빼앗겼다……
시장의 모든 신상품을 사는 게 많은 사람의 꿈이다.
반면 사용할 때 느끼는 진정한 기쁨은 아주 부차적이다.
현대인에게 자신이 생각하는 천국을 명확히 표현하라면,
세상에서 가장 큰 백화점과 같은 어떤 광경을 묘사할 것이다.
그는 입을 벌린 채 멋진 인테리어와 상품들로 가득 찬 천국을 배회한다.
그곳엔 신상들이 널려 있다.
아마도 주위 사람들은 그보다는 이런 특권을 덜 누릴 것이다.

• 에리히 프롬, 정신분석학자(1955년)

세계 2차대전 때 미국인들은 배급과 징발을 감내했다. 낭비는 논외의 일이었다. 도시마다 시민들이 전쟁에 일조하기 위해 쇠붙이를 모았다. 대다수는 소위 정원에서 가족의 먹을거리를 얼마씩은 직접 길렀다. 연료를 아끼려고 자동차 운행도 제한했다. 그 시기를 살았던 사람들이 가장 뚜렷이 기억하는 건 공동체 의식과 공동선을 위한 나눔, 공동의 적을 물리치기 위한 단결이다.

하지만 2차대전 직후 가계저축이라는 형태로 갇혀 있던 경제수요는 정부의 저금리 대부, 활발한 신용거래와 짝을 이루어 역사상 유례가 없는 소비 붐을 조성했다. '제대병 원호법G.I. Bill'은 도시 변두리에 새 주택을 대량으로 건설하는 바람을 일으켰다. 롱아일

랜드의 유명한 레비트타운 개발이 그 시초였다. 레비트타운 방갈로의 평균 규모는 불과 70제곱미터였지만 단지에 사람이 몰리자 다른 개발업자들도 앞 다투어 교외에 더 큰 집들을 지으며 도시를 팽창시켰다.

베이비붐이 시작되자 새 가족이 새집을 채웠다. 가족마다 새 가정용품이 많이 필요했고, 대중교통이 없어 차도 필요했다. 그 시기 기업이나 정부가 제작한 많은 영상물은 새로운 대량 소비사회를 상찬하는데 참으로 볼만한 광경이다.

유토피아가 도래했도다!

"새 자동차들이 공장에서 흘러나오고 있습니다." 1940년대 말에 나온 다큐멘터리 영화에서 해설자는 찬양을 늘어놓는다. "신선한 구매력이 전국 각지의 모든 가게로 밀려듭니다. 사상 초유의 호황입니다." 영화에서 우리는 돈을 쓰는 사람들을 몽타주한 영상을 보고 더욱 활기찬 해설을 듣는다. "흩뿌리는 돈, 구매의 기쁨! 봉급으로 살 수 있는 물건이 가정에 행복을 선사하고 있습니다!" 유토피아가 도래했도다!

다른 영화에서는 증대하는 풍요의 시대에 살고 있다고 주장하며 미국인에게 저마다 원하는 건 무엇이든 살 수 있는 자유에 감사하라고 촉구한다(이 해설은 자유의 여신상을 비추는 화면과 '아름다운 미국'을 흥얼거리는 천상의 합창과 함께 흘러나온다). 또 다른 영화는 우리에게 미국인의 기본적인 자유는 개인적 선택의 자유임을 상기시킨다(그 자유가 어떤 제품을 구매할지 선택할 자유임은 물론이다).

어떤 영화는 여성들에게 2차대전 참전자들이 멈춘 곳에서 출발하라고 호소한다. 아름다움을 위한 장구한 싸움에 뛰어들라는 것이다. "아름다움을 통째로 살 수는 없다는 말이 있지만 그 속담은 허풍입니다. 우리는 쓸 돈이 있고, 그 돈으로 살 수 있는 온갖 향기로운 로션과 비누, 향수를 살 수 있어요." 그들이 광고하는 건 병 속에 든 기쁨이다. 여성들이 고급 백화점에서 향수를 뿌려 보는 장면에서 해설자는 이렇게 말을 잇는다. "우리의 자아는 호화 사치품에 제대로 투자할 때 가장 잘 자라지요. 생각에 따라서는 신중하게 과시적 낭비라 불러도 좋겠지만." 벤저민 프랭클린은 '낭비가 없으면 궁할 일도 없다'고 훈계했지만, 새로운 슬로건은 '낭비할수록 더 많이 원한다'로 고쳐 쓸 수 있을 것이다. 하루아침에 좋은 생활good life은 상품 생활goods life이 되었다.

계획적인 구식화

"전쟁 직후 소비에 대한 미국인의 태도가 근본적으로 바뀌었다." 『보장된 만족Satisfaction Guaranteed』의 저자인 역사가 수전 스트래서의 말이다. 마케팅 전문가들이 말하는 '계획적인 구식화'로 신중한 소비는 이제 다른 형태의 추진력을 얻었다. 제품의 수명을 짧게 만들어 자주 교체할 수밖에 없도록 하거나, 질보다는 디자인을 더 자주 바꾸는 방식으로 계속 업그레이드 하는 것이다. 2차대전이 있기 훨씬 전 질레트 일회용 면도기에서 시작된 이 구상은 곧 더 큰 고객을 만난다.

당시로는 하루 5달러라는 파격적인 임금을 지급함으로써 1920년대의 소비 붐에 일조한 헨리 포드의 자동차 스타일은 좀 보수적인 편이었다. 포드는 한때 소비자들에게 유명한 T형 자동차는 어

떤 색이든 오래 생산하겠다고 약속했었다.

대공황 직전, 제너럴 모터스는 해마다 모델을 바꾼다는 개념을 도입했다. 이 발상은 2차대전이 끝나고 호시절을 맞았다. 가족들은 매년 새 차를 사는 것이 좋다는 권장을 받았다. "지난해에 생산한 차는 쓸모가 없어졌다. 스타일이 구식이기 때문이다. 이제 새 차가 나왔고, 그 차야말로 우리가 몰고 싶은 차라는 것이다." 수전 스트래서의 설명이다.

즉시 대출

물론 일부 부유한 미국인을 제외하면 매년 새 차에 수천 달러씩 쓸 수 있는 사람은 별로 없다. 다른 내구성 소비재도 마찬가지다. 하지만 염려 마시라. 소비 잔치에 드는 돈이라면 끌어댈 길이 많으니까. "미국의 소비자 여러분! 여러분은 해마다 엄청난 금액의 식품, 의복, 주거, 오락, 각종 기구와 갖가지 서비스를 소비합니다. 이런 대량소비는 당신을 이 나라에서 가장 큰 거인으로 만듭니다." 미국 소비자금융협회(NCFA)가 1950년대 중반에 제작한 애니메이션 영화에서 해설자는 이렇게 열을 올린다.

"나는 거인이다." 소비자 어르신이 거대한 물질의 산을 쌓으며 이렇게 자랑한다. 돈이 어디 있어서 그 많은 물건을 샀을까? 해설자는 차입한 것이라고 말한다. "수백만 미국인이 이용한 소비자대출이 엄청난 구매력이 됩니다. 구매력은 모든 상품과 서비스의 수요를 창출하고, 이는 다시 전 국민의 생활수준을 끌어올립니다." 당신은 이미 마음속에서 북소리가 울리는 것을 들을 수 있을 것이다.

거의 같은 시기에 제작한 아메리카은행의 애니메이션 TV 광고는 몸을 떠는 한 남자를 보여주며 이렇게 묻는다. "돈 때문에 신경쇠약에 걸렸습니까? 믿음직한 은행 아메리카은행에 증상을 진정시키는 즉시 대출을 신청하세요. 도와줍니다. 편리한 개인대출이 기다려요." 애니메이션의 남자는 커피잔에 가득 담긴 달러를 마시고는 떨리는 증상이 사라지자 기뻐서 팔짝팔짝 뛴다. '지금 사고 지급은 나중에' 식 현상은 1960년대 신용카드의 등장으로 더욱 심화되었다.

쇼핑몰로 뒤덮인 나라

1950년대와 1960년대에 교외로 몰려가는 소동이 계속되었다(실은 아직도 그치지 않았다). 1946년의 '제대병 원호법'은 달리는 말에 박차를 가했다. 아이젠하워 대통령은 전국적인 무료 간선도로망을 건설하려고 막대한 연방교부금 개시를 선언했다. 정부는 애초 이 도로망 건설엔 국방 목적도 있다고 밝혔다. 다시 말해 만일 소련이

쳐들어온다면 탱크를 이동하기 위함이라는 것이었다. 새 도로들이 또다시 대량 이주를 부추겨 교외 지역을 더욱 넓혀 놓았다. 모든 것이 자동차와 대형 쇼핑몰을 중심으로 건설되었다.

1960년대 초의 한 판촉용 영상물은 쇼핑몰의 모든 창에 '행복이 넘치는 세계'가 비친다고 광고했다. "쇼핑몰은 청년들에게 팽창(흥미로운 어휘 선택이다)이 필요하다고 말합니다. 대량으로 사서 자신의 차에 싣고 가는 젊은이들, 바로 커다란 시장이죠!" 해설자는 이 대목에서 목청을 돋웠다. "맨 처음 교외로 이주했을 때와 똑같은 기세로 쇼핑하는 이 청년들은 자동차로 살아가는 우리 국민 중에서도 가장 활동적인 사람들입니다." 이 기세 좋은 소비자들에게 쇼핑몰에 가는 건 에베레스트에 오르는 것과 맞먹는 모험이다. 적어도 이 영상물에 따르면 그렇다. 영상물 뒷부분에서는 소비자들이 쇼핑몰에서 겪는 가장 큰 어려움은 광활한 주차장에서 자기 차를 찾아가는 것이라고 설명하니 말이다.

1970년에는 미국인의 쇼핑 시간이 마침내 유럽인의 네 배에 이르렀다. 쇼핑몰은 당시 미국에서도 드물었던(유럽에서는 지금도 그렇지만) 일요일 쇼핑을 부추겼다. 명예를 내세운 시어스 로벅사는 일요일 개장에 반대했다. 종업원에게 안식일을 허락하고 싶다는 게 그 이유였다. 하지만 1969년 결국 이 회사는 경쟁에 굴복하여 커다란 후회와 약간의 죄의식을 느끼며 일요일에도 매장을 열었다.

TV의 유혹

대활황의 원인은 어느 한 가지가 아니었다. 배출구를 찾는 갇혀 있던 수요, 정부 융자, 신용판매 확대, 교외 팽창, 쇼핑 시간의 증가,

쇼핑몰의 확산 등 일련의 요인이 동시에 작용했다. 하지만 전후 어플루엔자라는 전염병의 출현에 영향을 미친 요인 중에 무엇보다 중요한 건 1950년대까지 저 유비쿼터스 상자, 즉 TV가 대다수 미국 가정에 합류했다는 사실이다.

TV는 사람들에게 다른 절반(위쪽 절반)이 어떻게 사는지를 보여주었다. 방송 프로그램은 무료였는데, 프로그램 사이에 혹은 그 도중에 나오는 상품 광고 때문에 가능한 일이었다. 광고는 처음에는 조잡했으나 갈수록 교묘해졌다. 기술의 발전에 힘입어 시각적으로도 그랬지만, 전문가들이 가장 효과적으로 상품을 팔 방법을 찾기 위해 심리학적으로도 인간을 분석했기 때문이다.

초기 TV광고는 유머를 많이 이용했다. "어떤 처녀라도 좋은 남편을 찾을 수 있지만 머리를 만질 줄 아는 남자를 찾는 것, 그건 쉽지 않은 문제다." 이런 식이었다. 남모르는 고민거리를 내놓기도 했다. 이를테면, '암내' 와 같은 소름 끼치는 증상에 대해 경고하는 것이었다. 하지만 대개는 구매자의 손길을 기다리는 온갖 말쑥한 제품들을 보여주는 데 그쳤다.

TV에서는 편리성이 새로운 이상이라며 일회용품을 부추겼다. "한 번 쓰고 버려라." 보이지 않으면 없는 것! 일회용 알루미늄 용기에 든 TV디너. 회수해 가지 않는 유리병. 간편한 저녁 식사. 사람들은 상품과 춤을 춘다. 전파는 광고음악으로 들끓는다. 존은 어린 시절 매일 밤 TV에서 들었던 광고음악을 지금도 잊지 못한다. "누런빛은 어디로 갔나. 펩소덴트(치약 상표)로 이를 닦을 때."

불평분자들

물론 어플루엔자에 걸리는 것을 바라지 않는 사람도 있었다. "정말로 필요하고 없어서는 안 될 것만 사라." 해리 트루먼 대통령은 TV에 나와 이렇게 말했다. 50년대 말에는 교육용 영화가 학생들에게 과소비에 대해 경고하기에 이르렀다. 하지만 모두 따분하기 그지 없어서, 다채롭고 재치 넘치는 TV의 적수가 되지 못했다. 한 영화에서 '미스터 머니'라는 멍청하게 생긴 인물은 학생들에게 저축하라고 가르친다. 학생들이 하품을 해댈 건 뻔하다. 또 다른 영화에서는 신의 목소리가 "너희는 쥐구멍같이 쓸모없는 데에 돈을 쏟아붓는 죄를 범했다. 1센트 100개를 모아야 1달러가 된다는 것을 잊었느냐?" 라고 말한다. 따분하게도 손 하나가 '쥐구멍'이라고 표시된 흙구덩이에 손을 넣는 영상이 나온다.

혜안을 가진 사회 비평가들은 좌 · 우파 모두 미국의 새로운 풍요에는 비싼 대가가 따른다고 경고했다. 보수주의 경제학자 빌헬름 뢰프케는 우리가 물질적 재화의 공급에서 잠재적 수익을 계산할 때 발생할 수 있는 비물질적인 손실에 대해 염려했다. 중도파인 밴스 패커드는 『은밀한 설득자들The Hidden Persuaders』(1957년)과 『신분 추구자들The Status Seekers』(1959년), 『낭비 조장자들The Waste Makers』(1960년)을 통해서 광고와 남 따라 하는 소비, 계획적인 구식화 등을 호되게 비판했다. 또 진보주의자 존 케네스 갤브레이스는 경제 성장은 스스로 창출하는 욕구를 충족할 뿐 아무런 행복도 증진하지 않는다고 주장했다. 그는 우리가 사적인 부유함을 강조하면 대중교통 체제와 학교, 공원, 도서관의 쇠퇴, 대기 오염과 수질 저하 등 공적인 비참함이 초래된다고 말했다. 게다가 그런 태도는 세계적으로 굶주리고 불만에 찬 사람을 양산하는데, 그들을 굶주림과 궁핍에서 구제할 수 없다면 무질서는 불가피하다고 말한다.

갤브레이스는 풍요로운 사회의 성원들은 이미 진정한 물질적 욕구를 충족했다고 주장한다. 이제 이 사회엔 다른, 더 중요한 과제가 있다. "황량한 방에 가구를 비치하는 것과 마루가 내려앉을 때까지 가구를 꾸역꾸역 집어넣는 건 다른 문제다. 재화 생산의 문제를 해결하지 못했더라면 인간은 가장 오래고 가장 고통스러운 불행에서 헤어나지 못했을 것이다. 하지만 우리가 그 문제를 해결했다는 것을 깨닫지 못한다면, 그리고 다음 과제로 나아가지 못한다면, 그로 말미암은 불행은 클 것이다."

'아니요'를 외친 젊은이들

10년 동안 소비주의를 비판한 젊은이들도 많다. 교외에서 자란 그들은 모두 '똑같게' 자라는 교외 생활방식을 거부했다. 1964년 버클리대학에서 격렬한 자유발언운동★이 진행되는 동안, 운동 지도자 마리오 사비오는 학생들을 겉만 번드르르한 소비자 낙원의 얌전한 아이들로 만드는 학교 체제를 공격하고 나섰다. 새로운 '대항문화'가 일어나 물질주의를 질타한 것이다. 수천의 젊은이가 도시를 등지고 농사공동체로 들어가 단순한 삶을 실천했는데, 그중 성공적인 공동체들은 지금도 존속한다.

많은 젊은이가 GNP를 국민행복의 척도로 삼는 데 대해 이의를

★ 캘리포니아 주립대학 버클리 캠퍼스에서 벌어진 학생 시위. 흑인 민권운동에 참여한 일부 학생들을 학교 당국이 징계하려하자 학생들이 징계철회와 정치적 발언 보장 등을 요구하면서 시작되었다

제기했다. 그들은 명망 있는 상원의원 로버트 F. 케네디의 지지를 받았다. 1968년 대통령 후보 지명 유세에서(그의 암살로 끝이 났지만), 로버트 케네디는 이렇게 역설했다.

> 우리가 단순히 경제발전을 계속하는 것으로는, 재화를 끊임없이 축적하는 것으로는, 국민적 목표도 개인적 만족도 이루지 못합니다…… 국민총생산에는 삼나무 숲의 파괴와 수피리어 호의 죽음이 포함되었습니다.

제1회 지구의 날(1970년 4월 22일) 무렵, 젊은이들은 소비주의 생활방식이 지구 자체에 끼치는 영향을 문제 삼았다. '지구의 친구들'을 창설한 환경운동 지도자 데이비드 브라우어는 무한 성장을 바라는 아메리칸 드림이 지속 가능하지 않다고 경고했다.

이어 1974년에 전국적인 석유 부족 사태가 벌어지자 많은 사람이 자원이 고갈될지도 모른다고 우려했다. 하지만 에너지 회사들은 유전을 더 많이 개발해야 한다고 대응했다. 역사학자 게리 크로스에 따르면, 제럴드 포드 대통령은 보존보다는 더 많은 핵발전소와 해안 유전개발, 연방 보유지에 시추를 바라는 업계의 요구를 지지함은 물론 대기오염 기준치의 완화를 지지했다고 했다.

에너지 보존 마지막 대통령

그러나 포드의 후임자 지미 카터 대통령은 이에 동의하지 않고 보존과 대체에너지를 장려했다. 그는 1979년에 행한 유명한 '국민병' 연설에서 한 걸음 더 나아가 아메리칸 드림에 대해서까지 이의를 제기했다. "너무 많은 미국인이 현재 방종과 소비를 숭배하고 있습니다." 그의 연설은 어플루엔자의 확산에 맞서 미국의 대통령이 취한 용기 있는 저항으로는 마지막이었다. 이는 다음 해 카터가 선거에서 패배하게 된 원인이기도 했다. 역사학자 데이비드 샤이는 이렇게 말한다. "지미 카터가 패배한 데는 그가 경제성장과 자본개발이라는 높고, 넓고, 멋진 개념이 현대 미국의 정신에 얼마나 깊이 자리 잡았는지 알아채지 못한 점도 한 요인으로 작용했습니다."

어플루엔자 시대는 이미 시작되었다.

확산된 어플루엔자 바이러스 05

광고는 우리 시대를 이전 시대와 구분 짓는 가장 확실한 특징이다.

• 빌헬름 뢰프케, 보수주의 경제학자

미래에는 당신이 시각적으로 수용하는 어떤 공간에도,
당신이 듣는 어떤 소리에도 상표가 붙을 것이다.

• 리자이너 켈리, 광고회사 전략기획 이사

"미국에 아침이 밝았습니다." 로널드 레이건의 TV 광고다. 미국은 보존과 개발, 두 마리 토끼를 다 잡을 수 있다는 그의 메시지는 신중한 보존주의자 지미 카터를 완전히 압도했다. 사실 그것은 어플루엔자 시대의 아침이었고, 원한다면 여명黎明이라 해도 좋다. 경기 기복은 있었지만 20세기 마지막 20년은 역사상 유례가 없는 상업적 팽창기이기 때문이다.

요즘 시각으로 보면, 황금색으로 빛나는 소도시와 미소 짓는 사람이 등장하는 레이건의 광고는 소박하기까지 하다. 신시대의 아침보다는 구시대의 석양에 더 가까워 보인다. 그의 정치 광고에는 레이건 말고는 번쩍이는 광고판도, 팔 물건들도 없었다. 하지만 이제 미국은 더는 그런 세계가 아니다.

레이건 집권 10년은 공급 측 경제학의 시대였지만 수요 창출의 시대이기도 했다. 여피족★은 태어난 것이 아니라 만들어졌다. "탐욕은 선이다." 월스트리트의 아이번 보이스키는 이렇게 부추겼다. 레이건 취임축하 무도회와 낸시의 1만5,000달러짜리 의상이 던지는 메시지는 분명했다. 소비하고 과시하는 건 좋은 일이다. 80년대 광고에는 이런 감정이 배어 있다. "한번 즐겨 보라. 당신은 오늘 쉴 자격이 있다. 그만한 돈이 있지 않나. 최고를 고르라."

1980년 이후, 광고 산업만큼 빠르게 성장한 산업도 달리 찾기 어렵다. 광고의 중요성은 다음과 같은 사실이 이를 뒷받침한다. 뉴욕시 매디슨 애비뉴의 부동산이 현재 지구에서 가장 비싼 땅이라는 사실이다. 싱글 침대 하나보다 작은 면적인 1제곱미터 당 임대료는 놀랍게도 연 6,500달러에 달한다.

광고의 목적

광고의 첫째 목표가 어플루엔자의 조장이라는 사실은 비밀이랄 것도 없다. 최고의 옹호론자조차 말만 달리하여 자주 밝힌 바 있다. 일찍이 1957년에 〈시카고 트리뷴〉의 마케팅 이사 피에르 마티노가 말했듯이, 광고의 가장 중요한 사회적 기능은 개인을 현대 미국의 고속 소비경제에 통합시키는 것이다. 마티노는 고전이 된 자신의 책 『광고의 동기부여Motivation in Advertising』에서 이렇게 썼다. "일반적으로 개인은 아무것도 만들지 않는다. 개인은 닥치는 대로 물건을 사고 그의 구매 속도에 따라 우리 경제는 갈수록 빨라진다.

★ Yuppies. 전문직에 종사하여 높은 소득을 올리며 교외 지역에 사는 젊은 고학력 엘리트

그의 구매 행위는 많은 부분이 광고로 창출된 욕구에 기반한다." 이는 광고 비판론자로서가 아니라 최고 광고전문가로서의 견해다.

마티노의 설명은 계속된다. "우리 미국인의 생활수준은 전 세계 어느 국민보다 높다. 이것은 우리의 평균 생활수준이 높기 때문이며, 우리의 욕망이 가장 크다는 것을 의미한다. 지식인들은 광고가 창출하는 새로운 욕구를 좇는 생활의 불안정과 불만족을 한탄하며 제한할 것을 주장하지만, 지금의 시스템에서 행복은 소비자로 하여금 계속 원하게 하는 '동기'를 얼마만큼이나 부여할 수 있는지에 달렸다." 피에르 마티노가 지금 살아 있다면 현재 소비자에게 '원하게' 만들고자 얼마나 많은 동기를 부여하는지를 알고는 가슴 뿌듯해할 것이다.

'집이 역시 최고'라는 옛말이 있는데, 매디슨가에는 그 집을 부수는 망치가 가득하다. 현재 우리의 신문에서 지면의 3분의 2가 광고다. 우리가 받는 우편물의 거의 절반은 무언가를 광고하고 있다.

TV 귀신

'감자 잎마름병'★★이라 부르는 병이 있다. 일명 'TV귀신'이다. 미국인은 일반적으로 생애 중 거의 2년을 TV광고를 본다. 아이들은 스무 살 전에 광고를 100만 번도 더 볼 것이다. 현재는 방송 시간 중 더 많은 부분이 광고에 할애된다. 상업 TV방송의 경우, 평균 30분당 8분이 광고다. 20년 전에는 6분이었다. 광고의 수는 훨씬

★★ Couch Potato Blight. 종일 소파에 앉아서 감자칩을 먹으며 TV만 보는 사람

많아졌다. 더 빠른 편집(리모컨에 대항하기 위해)과 광고비 상승이 평균 광고 길이를 줄여 놓은 것이다.

광고비는 놀랍도록 비싸다. 전국 단위 TV의 30초 광고는 제작비가 30만 달러에 가깝다. 초당 1만 달러인 셈이다. 공영 TV방송의 황금시간대 1시간 분량 프로그램의 제작비와 거의 비슷하다. 초당 83달러인 셈이다. 상업 방송의 프로그램은 좀더 비싸지만, 광고의 제작비와는 비교도 되지 않는다. 광고가 TV에서 제일 볼 만하다고 말하는 사람들이 있는 것도 당연하다.

자사 광고가 황금시간대 프로그램에 전국에 방송될 때마다 기업은 수십만 달러를 낸다. 예를 들어 미식축구의 왕좌를 가리는 슈퍼볼 중계방송 때 광고를 내보내려면 30초 광고 하나에 무려 300만 달러(2009년 기준)가 든다. 어플루엔자 바이러스의 가장 중요한 매개체인 TV광고는 현재 연간 2,200억 달러 규모의 시장이며 매년 7.6퍼센트씩 성장한다. 전체 경제의 평균 성장률보다 두 배나 크다.

TV광고는 충분한 성과를 거두고 있다. NPR의 스콧 사이먼이 메릴랜드 주의 한 쇼핑몰에서 10대들에게 무엇을 사는지 묻자 도나카란, 캘빈클라인, 토미힐피거, 아메리칸이글 등의 브랜드 이름을 줄줄이 주워섬겼다. 최근의 한 조사에서, 일반적인 미국인이 나무는 10가지도 알지 못하지만 기업의 로고는 100가지가 넘게 안다는 사실이 드러났다.

세상은 온통 로고 천지

조금이라도 수요를 더 많이 창출하고자 마케팅 담당자들은 틈만 나면 광고 메시지를 내걸려고 벼른다. 오늘날 옥외광고 산업의 규모는 연간 50억 달러에 이르고(매년 10퍼센트 성장), 광고판 한 분야만도 10억 달러가 넘는다. 브래드 존슨의 『광고시대Advertizing Age』에 따르면, 옥외광고는 한창 불이 붙어 이용할 공간이 부족한 실정이다.

버드 존슨(린든 B. 존슨 대통령의 미망인)여사의 '아름다운 미국' 캠페인이 있은 후로 35년이 지난 지금, 우리의 풍경은 광고판으로 가득하다. 광고 비평가 로리 매저는 이것을 '기둥 위의 쓰레기'라 부른다. "마케팅 담당자의 관점에서 광고판은 완벽한 매체예요. 누구도 끌 수가 없고, 리모컨을 눌러 바꿀 수도 없으니까요."

매저는 마케팅 담당자가 자기 입으로 광고 환경이 난장판이 되었다고 말할 지경이라, 약삭빠른 기업들은 광고를 게시할 새로운 장소를 물색하고 있다고 지적한다. 앞서 말한 것처럼 학교가 공략 대상이다. 기업들은 수학 교과서에 기업 로고를 싣는 등 별의별 방법을 다 동원한다. "조 카멜이 오레오 쿠키를 30개 가지고 있다가 그중 15개를 먹었다. 이제 몇 개가 남았는가?" 이런 식이다. 물론 그 페이지에는 오레오 쿠키가 크게 그려져 있다. 이런 문제를 추가했어야 옳지 않을까. "조에게 충치가 몇 개나 생겼을까?"

할리우드 영화는 현재 기업에 간접광고 기회를 제공하면서 슬라이딩스케일 방식을 적용한다. 매저의 지적에 따르면, "제품이 영화에 나오게 하려면 1만 달러, 등장인물이 제품을 사용하게 하려면 3만 달러다. 영화 《남의 돈Other People's Money》에서 대니 드 비토는 도넛 상자를 든 채 카메라를 향해 '내가 던킨도넛을 믿지 않으면 어떤 도넛을 믿겠어요?'라고 말한다."

"광고는 우리 사회를 구석구석 파고들고 있습니다." 매저와 『마케팅 광기Marketing Madness』를 함께 쓴 마이클 제이컵슨은 이렇게

말한다. "스포츠 경기를 보고 있으면 스타디움 광고가 보이지요. 선수의 유니폼에도 로고가 있어요. 공중휴게실에서도 있습니다. 지금은 일부 경찰차에도 있어요. 골프코스의 홀에도 광고가 있습니다. 그런데도 수천 명의 사람이 아직 아무도 광고를 게시한 적이 없는 공간을 찾으려고 기를 쓰고 있어요."

대니얼 쉬프린이 그런 장소 하나를 찾았다. 그는 실리콘밸리에 '오토랩스'라는 광고회사를 차리고 자동차 운전자들을 모집했다. 운전자들은 자신의 자동차를 굴러다니는 광고판으로 만든다. 광고 로고를 차에 붙이고 다니는 것이다. 쉬프린은 그런 운전자들에게 월 400달러를 지급하고, 공략 대상이 있는 곳으로 다니는지 확인하려고 위성으로 그들의 행적을 추적한다. 운전자들은 매달 최소한 1,600킬로미터는 달려야 한다.

우주 광고판

마이클 제이컵슨은 광고 공간에 대한 극단적인 구상을 하나 소개한다. "지구의 모든 사람이 볼 수 있도록 달만 한 크기로 로고를 투영할 광고판을 우주에 설치한다는 것이다."

커다란 피자 같은 달이 밤하늘에 떠 있다. 바로 도미노 피자! 풍성한 보름달 같은 로고의 빛을 받으며 밤길을 걸을 때의 낭만을 상상해 보시라.

현재로서는 우주에 로고를 투영한다는 구상은 한 광고쟁이의 몽상에 지나지 않지만, "한계는 어디까지인가? 어쩌면 외계일지 모른다. 그런데도 우리는 그저 묵묵히 모든 것을 받아들이고 있다." 제이컵슨의 말이다.

아마도 어플루엔자 시대를 가장 크게 팽창시킨 주요 원인은 인터넷의 등장이다. 광고는 초고속 정보통신망에서 버섯처럼 불쑥 튀어나온다. 미국 인터넷 광고협회가 발표한 바로는 전체 광고비용에 비교해서는 아직은 규모가 작지만 2003년 2분기에서 2004년 2분기까지 그 비용이 43퍼센트나 껑충 뛰어올랐다. 물론 여기에는 이메일 스팸으로 전해온 광고는 뺀 것이다. 교육의 천국이라고 환영받던 것이 장사꾼의 낙원이 되었다. 전자상거래에 수십억 달러의 투자와 광고를 끌어들였기 때문이다.

일반적으로 인정하듯이, 냉혹한 시나리오 속에는 긍정적인 측면도 있는 법이다. 조지 부시 대통령이 상업전화거부DO Not Call 법안을 2003년에 통과시켰고, 우리는 여기에 등록만 하면 저녁을 먹는 도중에 원치도 않는 상품을 구매하라는 스팸 전화를 받지 않아도 되었다. 이는 정말로 대통령님에게 감사할 노릇이다! 분명히 쇼핑광조차도 그들의 저녁 식사를 방해받는 건 피곤한 일일 테니 말이다. 이제 인터넷스팸 금지법안만 있다면!

장식문화

초상업주의 시대에는 어디를 가나 이미지가 널려 있다. 테니스 스타 안드래 아가시가 선글라스 광고에 나와 말한 것처럼, '중요한 건 이미지다.' 연일 광고 이미지들의 폭격을 받는 우리는 자신은 물론 현재 파트너의 외모에 대해서도 영원히 만족할 수 없게 되었다. 로리 매저는 이렇게 말한다. "광고는 물질적 목표를 통해 비물질적 욕구를 충족하도록 부추깁니다. 광고는 사랑받고 인정받을 터이니 자사 제품을 사라고 말하면서 동시에 그 제품을 사지 않으면 사랑스럽거나 매력적인 사람이 아니라고 말합니다."

우리는 수전 팰루디가 말한 '장식 문화' 속에 살고 있다. 이 문화는 사람들에게 꾸미고 소비하는 역할 외에 유익한 공적 역할은 거의 아무것도 하지 못하게 한다. 팰루디에 따르면, "명성과 이미지, 매력과 오락, 마케팅과 소비주의를 중심으로 건설된 장식 문화는 어디로도 통하지 않는 의례상의 문이다. 그 본질은 파는 행위 그 자체가 아니고 자아의 판매이며, 이런 상황에서는 모든 사람이 본질적으로 자신의 이미지를 파는 외로운 판매원이다."

일찍이 1958년에 자유기업 체제의 견고한 옹호자인 보수주의 경제학자가 20세기는 '광고의 시대'로 끝날지 모른다고 경고했다. 빌헬름 뢰프케는 상업주의가 사회의 모든 영역을 지배하도록 방치한다면 그 결과는 파멸일 거라며 우려했다. 판매라는 종교가 갈수록 중요성이 커짐에 따라 정중하고 친절하며 우애 어린 모든 몸짓

소비의 폭증

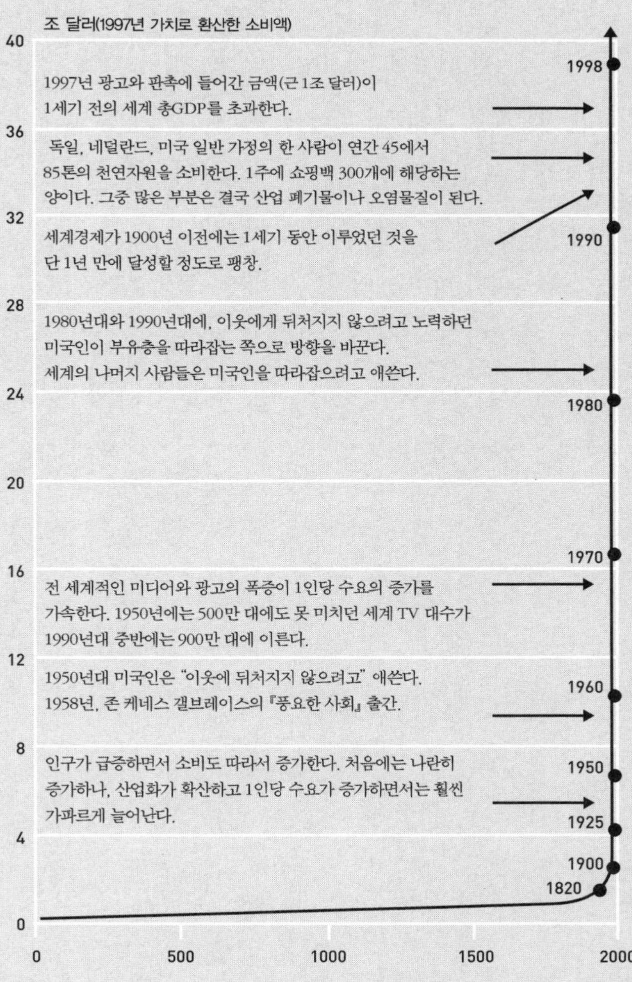

• 참고: 1997년 달러 가치 평가

• 자료 출처: 에드 아이레스의 『God's Last Offer』

은 저의가 의심스러운 행위로 격하된다. 상호 불신의 문화가 형성되는 것이다.

뢰프케는 이렇게 덧붙인다. "상업화의 재앙은 시장의 규칙이 수요와 공급을 넘어 지켜야 할 영역까지 번져가는 것이다. 상업화는 인생의 진정한 목적과 존엄성, 아취(雅趣)를 손상하며, 삶을 참을 수 없을 만큼 추하고 저열하고 따분하게 만든다. 어머니날을 생각해 보자. 가장 살갑고 신성한 인간관계가 광고쟁이들에 의해 판촉수단으로 전락하여 경제의 바퀴를 굴리게 되었다."

뢰프케는 상업주의가 미치는 범위를 제한함으로써 자유시장 체제가 앞으로도 계속 더 큰 선에 봉사할 것을 기대할 수 있다고 주장했다. 우리 시대의 필요불가결한 요소인 극단적인 상업주의를 적절히 통제하지 않는다면 "그 원리의 맹목적인 과장에 의해 자유경제를 파괴할 것이다."

불편한 진실 06

우리는 정보를 일종의 쓰레기로 바꾸어 놓았다.

• 닐 포스트먼

PR산업에서 중요한 건 분개하는 사람들을
관리하는 것이지, 위험성을 관리하는 게 아니다.

• 샤론 비더, 『글로벌 여론조작Global spin』

질병의 증상을 방치하면 어떻게 될까? 병이 더욱 나빠질 것이다. 바로 그 때문에 어플루엔자가 전 지구에 확산하는 것이다. 과도한 스트레스와 자원 고갈, 사회적 상처 등의 증상이 우리 코앞에 있는데도 우리는 다른 쪽으로 시선을 돌린 채 시장이 대처할 것이라는 말만 되풀이한다. 과연 그럴까?

작가 겸 애드버스터(잘못된 광고를 찾아 방영 반대 운동을 하는 사람들)인 칼레 라슨은 드넓은 교외의 정원에서 열리는 성대한 결혼축하연 이야기를 전한다. 파티에서는 풍요와 안락함이 흘러넘친다. 라이브 음악은 멋지고 모든 사람이 흥겹게 춤춘다. 문제는 썩은 하수관 위에서 춤을 추는 것이다. 라슨은 이렇게 썼다. "미처리 하수가 잔디를 뚫고 올라와 발을 덮기 시작한다. 알아채는 사람이 있더라도 아무 말도 하지 않는다. 샴페인이 넘쳐나고 음악이 흐른다. 마침내 어린 소년 하나가 '똥이잖아!' 하고 소리친다. 그제야 모두 발목까지 잠긴 것을 깨닫고 화들짝 놀란다."

현재 얼마나 많은 미국인이 어플루엔자로 숨을 헐떡이면서도 완강하게 감염 사실을 부정하고 있는가? "사정을 눈치 챈 사람들은 무시하고 계속 춤을 추는 것이 최선이라고 생각하는 듯하다." 라슨이 내린 결론이다. 그런데도 사고에 대해 보상책임이 있는 기업은 파이프가 터졌다는 건 인정하면서도 걱정할 것 없다고 우리를 설득하려 애쓴다.

일부 트렌드 연구가들은 미국인 중 최소한 4,000만 명이 어플루엔자를 퇴치하는 회복 프로그램에 참여할 마음의 준비가 되어 있다고 말한다. 하지만 어디로 가서 필요한 조언을 듣는단 말인가? 저 밖에는 가짜 의사가 진짜 의사만큼이나 많은 듯하다. 가짜 과학자들(기업에 매수된)은 본심을 철저히 감춘 채 세상을 민주주의로부터 지키기 위해 갖은 노력을 기울인다. 첫 단계는 우리에게 증상을 계속 무시한 채 아무것도 하지 말라고 권하는 것이다. 그들은 자신에 찬 목소리로 말한다. "돌아가서 자라. 사실은 아직 불확실하다. 모든 일이 순조롭다. 과학기술을 믿고 편히 즐겨라."

홍보 속에 감춰진 비밀

우리는 모두 광고가 얼마나 깊숙이 일상에 침투해 있는지 잘 안다. 사실 제품을 사면서 우리는 그 제품의 광고비를 낸다. 연간 최소한 600달러에 이르는 금액이다. 하지만 『유독성 하수오니가 몸에 좋습니다Toxic Sludge is Good for You』의 공동저자 존 스토버가 말한 대로, 마케팅의 다른 차원, 곧 우리의 상업 문화(달리 말하면 우리의 어플루엔자)를 창출하고 영속시키는 홍보 사업의 이면을 제대로 이해하는 사람은 거의 없다. 홍보란 정확히 무엇을 말하는가? 스토버에 따르면, 그것은 은밀한 문화 형성과 여론조작이다. 홍보 전문가들은 우리의 인식을 바꾸어 놓을 뿐만 아니라, 정치적 문화적 영향력을 교묘히 이용해 그런 인식을 주류主流로 끌어들인다. 대중의 관심은 가장 최근의 추문이나 범죄 혹은 재난에 쏠려 있고 언론은 시야가 가려져 있는 사이, 홍보에 의해 조종된 의안들이 의회를 통과하여 표준적인 시행 절차로 채택되는 일은 비일비재하다.

'최고의 홍보는 아무도 알아채지 못하는 것이다'라는 슬로건은 밀실 정치와 사이비 시민운동, 조직적인 검열, 모조模造 뉴스 등의 무기를 휘두르는 이 산업의 불문율이다. 최상의 무기는 거짓 정보라는 탄알을 쏘는 일종의 스턴총(전선이 달린 화살을 쏘아 전기 쇼크로 마비시키는 총, 혹은 최루탄을 발사하는 총)이다. 이 총에 맞으면 특정 견해나 신념을 어떻게 갖게 되었는지는 기억하지 못하면서도 자기도 모르는 사이에 그것을 위해 싸운다. 예를 들어 고객의 청탁을 받은 홍보 기업이 즐겨 구사한 기업 전략 중에 '시민 고문단'을 구성하는 기법이 있다. 이 기법은 사람들에게 자신이 오염되었다고 느끼기보다는 자신도 한몫 끼었다고 느끼게 한다. 시민은 신중하게 선택되어 기업이 마련한 오찬에 참석해 공동체의 현안을 토론한다.

충분히 예상할 수 있는 일이지만 친화는 만족을 낳는다. 한 공동체의 고문단은 새 쓰레기 소각로를 기꺼이 승인하고 청문회에서도 적극적으로 옹호한다. 천금을 준들 그런 도움을 얻을 수 있겠는가.

마찬가지로 고용한 홍보 전문가의 충고에 따라, 많은 기업이 오랫동안 자신을 물고 늘어졌던 환경운동단체에 돈을 대고 후원하고 있다. '적을 내 편으로' 전술은 일거에 몇 가지 성과를 올린다. 이 전술은 기업에 아주 새로운, 녹색으로 씻은 듯한 이미지를 선사하며 환경운동에서 서로의 구분을 흐리게 한다. 기업 쪽의 한 사람은 이렇게 말했다. "우리는 그들을 계속 바쁘게 만듭니다. 고소할 시간이 없도록 말이죠."

스토버는 '사상통제'라고 부르는 전술을 소개한다. 기업은 특정한 책의 홍보를 막기 위해 전문가를 고용한다. 그들은 흔히 내부 정보원을 통해 북투어 계획을 입수하여 그 여행을 무산시키고자 다양한 전술을 활용한다. 예를 들어 육류산업의 비판자 제러미 리프킨의 『육식의 종말Beyond Beef』 북투어는 마치 저자의 홍보 담당자인 것처럼 꾸며 참가자들에게 여행을 취소한다고 거짓 전화를 해서 프로그램이 무산된 적이 있다.

이와는 정반대로 이따금 홍보 회사는 일상에서 자연스럽게 제품을 들추어내도록 고용되기도 한다. 예전에 소니 에릭슨 소속의 카메라 폰 연구원들이 벌인 캠페인이 있다. 이 회사는 아르바이트 직원을 60명이나 고용해서 10개 도시 공공장소에 배치해 길 가던 사람들에게 물었다. "사진 좀 찍어주시겠어요?" 그런 다음 이들은 매우 기능이 다양한 첨단 카메라 폰에 대해 설명을 해준다. 성공이다. 우연한 만남을 가장한 게릴라 마케팅인 것이다.

프록터&갬블(P&G)는 신시내티에 본사를 둔 다국적 기업으로 비누와 샴푸, 칫솔, 기저귀 등을 판매하는데, 이와 비슷한 전략을 사용한다. P&G는 24만 명 넘는 열정적인 10대 지원자들(트레머라 부름)을 모아서 입소문 마케팅 전략을 펼쳤다. 왜 그랬을까? 이런 전략은 지원자들이 다른 사람들보다 먼저 새 상품을 이용한다는 느낌을 주기 때문이다. 트레머는 새 상품에 접근하고 영향을 줄 수 있고 의견을 말하는 데 일조할 수 있다는 것에, 또한 공짜 샘플에 매력을 느낀다.

또 다른 입소문 마케팅을 추구하는 회사는 버즈에이전트로, 개개인이 설득하는 힘이 엄청나다는 것을 입증했다. "우리의 목표는 정직한 입소문을 내는 방식을 찾는 것과 우리 제품에 호의적인 고객들을 제품 전도사로 바꾸는 네트워크를 건설하는 겁니다." 버즈에이전트의 창시자인 데이비드 볼터의 말이다. 입소문자들은 다른 사람들에게 자신이 읽은 것, 식당에서 먹은 것, 자신들이 구입한 전자제품 등에 대해서 말하는 것을 즐기는 사람들이다. 이 회사에는 열성적으로 입소문 마케팅에 참여해 상위에 랭크된 사람만도 6만 명이 넘는다. 일전의 '12주 캠페인'에서는 9만5,000명이 넘은 적도 있다.

그렇다면 이제 누구를 믿어야 할까? 당신의 어머니나 절친한 친구가 상업적 입소문자로 변할지도 모르니.

매수된 전문가들

효과 좋은 홍보 전술 가운데 하나는 '표면 단체'를 세우고 거기에 호감 있고 신뢰 가는 이름을 붙이는 것이다. 예를 들면 미국과학건강협회가 그러한데, 이 단체의 전문가들은 석유화학기업, 패스트푸드의 영양가, 살충제 등을 옹호한다. 표면 단체들의 임무는 제품이나 산업에 대한 "올바른 정보"를 제공하고 "잘못된" 정보를 비난하는 것이다. 샤론 비더는 『글로벌 여론조작Global Spin』에서 이렇게 쓰고 있다.

미국 과학건강협회는 버거킹과 코카콜라, 뉴트라스위트, 몬샌토, 다우, 엑슨 등으로부터 재정 지원을 받는다. 여느 표면 단체들과 마찬가지로 이 단체의 과학자들은 기업의 주장을 거들고자 독립적인 전문가 행세를 한다. 이 단체의 구성원들은 흔히 '합리적인' '지각 있는' '건전한' 같은 말을 써서 자신을 중간파로 보이게 한다. 그들은 환경문제의 위험성은 경시하는 반면 문제를 해결한 비용은 과장해서 말한다.

표면 단체들은 흡연권(전국흡연자연맹), 종업원에게 사고를 입힐 권리(직장건강안전협회, 안전기준 약화를 위해 로비를 벌이는 사용자단체), 건강관리를 소홀히 할수록 더 많은 임금을 줄 권리(건강보험금선택권연합), 연비 낮은 대형자동차를 택할 권리(자동차선택권연합), 이윤을 위해 생태계를 파괴할 권리(현명한 사용운동) 등에 대한 견결한 수호자다. 그들은 자신을 자유기업의 옹호자, 공정과 상식의 요새로 그린다.

'홍보 감시관' 이라는 단체의 지도자인 존 스토버는 생명공학을 연구하다가 내부 문건들과 업계 인사들과의 인터뷰를 통해 처음으로 홍보 산업에 관심을 두었다. "우리는 생명공학 제품 제조업체인 몬샌토와 각종 정부기구 및 전문가 단체 사이의 유착을 강력히 뒷받침하는 증거를 찾아냈습니다. 〈미국의사협회〉 지는 의사들에게 유전자 공학을 위해 깃발을 흔들어 이 새 산업에 바람을 불어넣으라고 촉구했습니다. 미국 농무부, FDA 등의 정부 부처는 새 농산물에 대한 농민과 소비자의 반대를 극복하기 위해 몬샌토와 협력함으로써 나름의 역할을 다했고요. 정부 기관은 감시견이 되어야 하는데도 애완견에 더 가까운 경우가 잦습니다."

캠페인을 가장한 홍보

홍보 전문가들은 우리가 인생을 연기하는 세트장을 만든다. 영화 《트루먼 쇼》의 트루먼처럼 우리는 철석같이 세트가 진짜라고 믿는다. 기업들도 연간 150억에서 200억 달러의 홍보 캠페인을 계약한다. 소비주의 문화를 창출하고 정치적 의제를 매수하며 과학적 견해를 '조작' 하는 캠페인 말이다. 홍보는 '이런' 이웃과 살고픈 사람이 종사할 직업이다. "언론을 공부하는 학생들은 최고 수준의 대학에서도 졸업 이후 언론 쪽보다는 홍보 분야로 진출할 가능성이 더 크다. 학교는 홍보와 언론 두 계층을 마치 한 몸처럼 결합한다." 사실 학생들은 돈이 있는 곳으로 간다.

홍보 산업은 일찍이 1920년대에 담배와 가연휘발유(건강에 미치는 영향을 감출 필요성이 절실한 제품들) 판촉으로 본격화되었다. 마크 도위는 홍보의 선구자 에드워드 버네이스가 1929년에 거행한 쿠데타를 이렇게 설명한다. "겉보기에는 '여성 해방'을 부르짖는 일반적인 행사처럼 보였다. 1929년 뉴욕의 부활절 행진에서 일단의 신인 모델들이 5번가를 행진하며 공공연히 소위 '자유의 횃불'이라는 담배에 불을 붙여 피웠다. 대다수 미국인의 기억으로는 이는 창녀가 아닌 여성이 대놓고 담배를 피운 최초의 사건이었다."

이 장면이 담긴 사진이 세계 유수의 언론에 등장할 건 뻔했다. 담배 산업은 재빨리 20세기를 관통했고, 영광스럽지만 치명적인 행진에 성적 매력을 가미했다. 흡연의 위험에 대한 의학적 증거 등을 폭로한 1954년 위기에 대응해 담배 산업은 홍보 회사 힐 앤 놀턴을 고용하여 '흡연과 거울' 캠페인을 개시함으로써 적에게 정면으로 맞섰다. 이 홍보 회사는 다양한 전술을 구사했는데, 2,500종의 의학전문지를 다 뒤져서 담배가 건강에 미치는 영향을 결론짓기 어렵거나 반대가 되는 결론을 내린 연구 결과들을 찾아 한 권의 책자에 나열하여 20만 명이 넘는 의사, 국회의원, 언론인에게 발송한 것도 그 하나였다. 이후 이 전술은 홍보 산업의 표준기법이 되었다. "진실이 제조되는 세계에서 관리해야 하는 건 위험한 제품이나 사건에 대한 인식이지 위험 그 자체가 아니다." 저자 샤론 비더의 결론이다.

비슷한 전술이 1920년대에 가연휘발유(에틸)의 홍보에도 사용되었다. 에틸의 개발 목적은 자동차 성능을 높임과 동시에 GM과 뒤퐁, 스탠더드 오일의 이윤을 높이는 것이었다. 이 동맹은 연방정부로부터 전례를 깨고 인체에 미치는 영향을 연구하는데, 그것을 사내 연구로 대체해도 좋다는 승인을 받아냄으로써 가연휘발유에 대한 국민의 정당한 우려를 적당히 무마했다. 에틸을 만드는 노동자가 수십 명씩 죽어나가도 사내 연구소의 결론은 '문제없음' 이었다. 1927년 〈내셔널 지오그래픽〉에 실린 한 광고는 '고압 엔진에 에틸을 넣고 달리며 인생의 스릴을 느껴 보라' 고 부추겼다. 겉으로 드러난 메시지는 '다른 사람에게 추월을 허용하지 마라' 였지만, '죽는 한이 있어도' 라는 선동 구호가 숨어 있었다.

오염된 정보

미국에서는 정보 부족이란 없다. 인터넷상에서 거의 어떤 키워드를 찾더라도 사이버 사냥개가 몇 기가바이트에 이르는 별의별 자료를 다 찾아온다. '마돈나(성모마리아)를 묘사한 미술 작품' 을 찾으면 동명의 대중가수 겸 여배우에 관한 다채롭고 불경스럽기 짝이 없는 정보까지 검색될지 모르지만 그것도 정보는 정보 아닌가? 미국인은 매일 평균 상업적 메시지 3,000건을 접하는데, 그것들은 늘 원래 찾는 정보보다 더 큰 소리로 혹은 더욱 매혹적인 목소리로 속삭인다. 정치 성명과 연예 정보 등도 우리의 관심을 차지하려고 우리가 직장에서 처리하는 주당 100만 개의 단어와 더불어 경쟁을 벌인다. 필요한 정보를 얻는 일은 소방 호스에서 물을 한 모금 마시는 것과 같은 일이다.

정보의 홍수보다 훨씬 더 심란한 것이 그 질質이다. 우리는 공적인 결정이나 가족, 시장市場에 대해 결정을 내릴 때 권위 있는 정보에 의존하려고 애쓴다. 우리가 어플루엔자를 떨쳐 버리지 못하는 건 이상한 일이 아니다. 경제가 병에 걸리도록 프로그램된 것이다. 우리에게 우울증을 이기는 방법을 가르치는 건 제약회사이고, 농부에게 살충제를 얼마나 사용할지 일러주는 건 농약회사다. 미디어광에게 좋은 뉴스는 뉴스가 아니다. 그건 TV에는 먹히지 않는다. 우리 사회 전 영역에 걸쳐 정보가 오염되어 있지만, 우리는 그것을 어떻게든 마시지 않을 수 없다. 그것이 우리가 얻을 수 있는 유일한 정보이기 때문이다.

지구온난화 쯤이야

지구온난화에 관한 진실을 도도히 흐르는 강물로 본다면 일반적인 미국인의 인식은 기껏해야 물 한 컵에 불과하다. 지구온난화의 복잡성 때문에 과학자들조차 관련 정보의 3분의 1 이상을 이용하지 못하고 있다. 과학자들도 바다와 바이오매스,★ 대기현상 사이의 관계를 아직 충분히 알지 못한다고 말한다.

물론 이산화탄소 수준이 이미 산업혁명 이후 약 30퍼센트가 증가했다는 사실과 1990년부터 2000년에 이르는 10년이 기록상 가장 따뜻했다는 사실에 대해서는 잘 알고 있다. 이산화탄소와 같은 온실가스가 지구를 과열시킬 수 있다는 사실은 이미 100년 전부터 알고 있었다. 창문을 밀폐한 자동차가 노천 주차장에서 과열되는 것과 마찬가지로 말이다. 그러나 홍보 회사들과 석유, 채광, 자동차 회사의 홍보 · 환경부서는 다른 이야기를 한다. 이상한 정보들을 대량으로 흘려보내 일부러 소용돌이를 일으키는 것이다. 그들의 임무는 고객의 입맛대로 '맞춤형' 정보를 제작하여 회의적인

★ biomass. 생태학 용어로, 일정 영역 내에 존재하는 동물, 식물, 미생물의 유기물량을 의미한다. 생태학에서는 나무의 줄기, 뿌리, 잎 등이 대표적인 바이오매스이며 죽은 유기물인 유기계 폐기물(폐재, 가축의 분뇨 등)은 바이오매스가 아니라고 본다. 하지만 산업계에서는 유기계 폐기물도 바이오매스에 포함시킨다

분위기를 조성하고 대중의 판단을 흐려 고객의 이익을 수호하는 것이다. 일부 과학자의 회의적 견해는 화석연료 산업을 떠받치는 토대가 된다. 이 제3자 전문가들은 그들의 연구기금이 에너지와 화석연료 산업에서 나온다는 사실이 밝혀지면 빛이 바랠 수밖에 없는데도 겉으로는 한사코 객관성을 표방한다. 그들은 지구가 더 워지긴 하지만 자연현상일 수 있다고 주장한다.

최근 〈날씨에게 무슨 일이 일어난 것일까?〉란 다큐멘터리 프로그램에서 한 화석연료 과학자는 지구온난화에 대한 견해를 이렇게 요약했다. "미국인 수백만 명이 선벨트** 지대로 이동하고 있다. 이는 우리가 따뜻한 기후를 좋아한다는 증거다." 문제는 우리가 열대성 질병의 확산, 가뭄, 허리케인, 경제 혼란, 해수면 상승 등도 좋아하느냐는 것이다.

〈지구를 푸르게〉라는 제목의 비디오는 많은 의회 보좌진에게 과학 판타지를 보여준다. 지구녹색협회가 업계의 지원을 받아 제작한 이 프로그램은 극적인 해설로 시작된다. "때는 2085년. 대기 중 이산화탄소 수치가 540ppm으로 배가되었다. 세상은 어떻게 변해 있을까?"

"더 나은 세상, 더 생산적인 세상이 된다. 식물은 지구의 모든 생산력의 토대로…… 지구가 더 따뜻할 때 한층 효과적이고 효율적으로 성장할 것이다." 업계의 지원을 받는 과학자의 답이다(저명한 과학자 2,000명이 지구온난화가 재앙이 될 것이라고 선언하는 성명서에 서명했다는

** Sun Belt. 버지니아에서 캘리포니아 남부에 이르기까지 미국 남부를 동서로 가로지르는 온난 지대

이산화탄소의 폭증

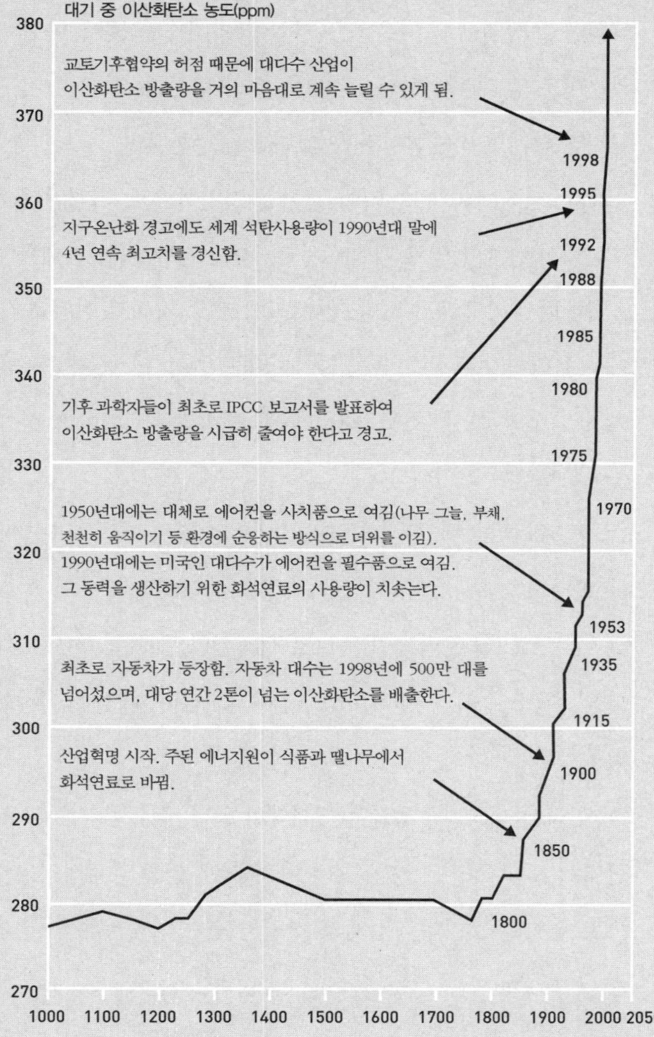

• 자료 출처: 에드 아이레스의 「God's Last Offer」

사실이나 2000년에 나온 한 UN보고서가 2100년까지 기온 상승폭이 최대 섭씨 5.6도에 이를 것이라고 내다보았다는 사실은 알 바 아니다). 일단 이런 사이비 과학이 마련되면, 이제 화석연료 정치가들이 나서서 풍요로운 목화밭과 다산성 감귤나무에 관한 행복한 시나리오를 만들어낼 차례다. 누가 알겠는가? 양치류가 3층 높이로 커지면, 어느 날 공룡들이 다시 나타날지. 멋지지 않을까?

그렇지만 이건 일어날 수 있는 일이 아니다. 최근 호주에서 공연한 가두 연극이 왜 그런지 설명해 준다. 캥거루와 코알라의 얼음 조각상이 녹아내리는 건 역사상 지금이 가장 더운 시기로, 심각한 생태계의 파괴를 가져올 거라는 징조다. 거기다 수많은 과학적인 연구를 했는데도, 이 메시지는 해결될 것처럼 보이지 않는다.

언론 재벌에 놀아나는 뉴스

저널리스트는 정보를 공급함과 동시에 그 흐름을 바꾸기도 한다. 취재원과 관점에 따라 우리는 신문 기사를 읽고도 진실을 더 모를 수 있다(물론 바로 하단의 광고 덕분에 브래지어를 어디에서 세일하는지는 알게 되겠지만). 저널리스트들은 마감에 쫓기는 한편, 논쟁을 일으키고 객관성을 유지하라는 요구에 떠밀린다. 그들은 조작된 과학적 정보를 제시함과 동시에, 도토리에 맞아 깨어나서는 하늘이 무너졌다고 호들갑 떠는 닭처럼 과장된 반대 의견을 동시에 제공한다. 이렇게 해서 그들은 아주 효과적으로 '거인들의 언론 싸움'을 붙인다. (당신은 어느 쪽을 지지하겠는가? 자금 지원을 받는 대학교수인가 호들갑 떠는 닭인가?)

뉴스를 내보낼지 말지를 결정하는 건 타임워너와 바이어콤, 디즈니, GE의 NBC 유니버설, 컴캐스트 등 소수의 언론 재벌이다. 그 CEO들이 무엇이 뉴스 가치가 있고 없는지를 결정하는 것이다(이들은 우리가 신문을 사듯 신문사를 산다). 1980년대만 해도 아직 50개 회사가 미디어업계에서 자기 몫을 차지하고 있었다. 하지만 이 엘리트층은 이제 서로 상대 회사에 투자하는 근친상간으로 대폭 줄었으며, 같은 집단의 대형 광고회사로부터 자양을 공급받고 같은 집단의 대형 통신사로부터 현장취재 기사를 받는다. 놀랍게도 이 회사들은 현재 방송전파의 사유화를 추진하고 있다. 언론을 소수의 수십억대 부자들이 통제한다면 『1984년』에서 조지 오웰의 예언이 맞은 것과 다름 없다. "어떤 뉴스피크★ 단어의 기능은…… 의미를 표현하기는커녕 오히려 의미를 파괴한다."

저널리스트들은 대개 시간이 부족한 사람들이므로, 프로넷★★과 같은 서비스를 통해 홍보 회사가 준비해 놓은 전문가들을 편리하게 인용하거나 인터뷰하고 싶은 유혹을 받는다. 홍보 활동을 하는 그림자 저널리스트들 역시 보도자료와 비디오 뉴스자료, 라디오대본을 수천 건씩 공급한다. 'PR 뉴스와이어' 라는 회사만도 매년 1만5,000명의 개인고객에게 10만 건의 보도 자료를 보낸다. 라디오유에스에이는 5,000개의 라디오방송국에 바로 방송해도 좋을 대본을 공급하며, 미디어링크는 그대로 방송해도 좋을 비디오 보도자료를 매년 5,000건이 넘게 무료로 배포한다.

★ Newspeak. 정부 관리 등이 여론 조작을 위해 일부러 애매하게 말하여 사람을 기만하는 표현법

★★ ProfNet. 미국에서 대학 정보 전문가들 200명이 1992년에 설립. 이를 통해 기자들은 수백 개의 대학에 질문을 보내고 전체 네트워크를 통해 즉시 답변을 받을 수 있다.

〈워싱턴 포스트〉〈뉴욕 타임스〉〈월스트리트 저널〉에서 편집 간부를 지낸 사람들의 증언에 따르면, 그 신문기사들 중 줄잡아 40퍼센트가 '스핀 닥터'***인 홍보 저널리스트가 생산한 것이다. 신문과 잡지, 인터넷에서는 기사를 주어진 길이로 압축해 넣어야 하므로 전후 사정과 복잡성을 돌볼 공간이 거의 없다. TV 뉴스도 마찬가지다. 광고와 현재 네트워크 방송 뉴스의 3분의 1을 차지하는 범죄 보도 사이에서 샌드위치가 되어 있는 셈이다. 1968년, 보도에 삽입된 인터뷰 장면의 길이는 평균 42초였으나 2000년에는 8초가 표준이었다. 우리는 정치적 과정은 모르고 단편적 사건들만 알게 된다. 우리는 전후 사정은 놓친 채 이색적이거나 갈등을 다루는 삽화들만 보게 된다. 매체들은 변화와 개혁에 대한 정보는 생략하고 대신 과속차량 추적 기사나 동물원의 새로 태어난 동물들 기사만 잔뜩 제공한다. 그들의 목표는 우리에게 정보를 알리는 것이 아니라 우리를 계속 붙들어 두는 것이기 때문이다.

저널리스트가 정보의 흐름 가운데서 건더기 몇 개를 건져 독자층에 맞게 다듬고 나면, 호주머니가 불룩한 광고업자가 기사 하나를 깨끗이 지워버리기에 충분한 압력을 편집자에게 가한다. 일부 광고주는 편집자와 뉴스 책임자에게 지침을 전달하고 자사 제품을 우호적으로 조명해 줄 기사를 사전에 통고해 달라고 요청한다. 광고주가 걸어오는 전화는 편집자 앞에 놓인 컴퓨터의 삭제버튼과 같다. 내일 신문 1면에서 혹은 6시 뉴스에서 기사 하나가 날아가는 것이다. 예를 들어, 지구온난화의 진실 같은 건 흡입관으로 빨려

*** spin doctor. 여론 유도에 능숙한 언론 담당자. 특히 정치 선거 등에서 언론보도를 유리하게 이끌려고 채용하는 전문가

들어가 필터에 걸러져서 미국 시민에게 이를 때쯤에는 좀 수상한 대중과학으로 전락하는 것이다.

멈출 줄 모르는 속도

과학자 도넬라 메도스는 우리가 과학적 신호, 즉 '피드백'에 민감하지 않으면 우리 문명이 담벼락에 충돌하는 위험을 무릅써야 한다고 주장한다. 그녀는 "운전자는 브레이크가 제때 작동하지 못할 정도로 빨리 달리고 있다."면서 현재를 미끄러운 고속도로를 질주하는 자동차에 비유하면서 사회 전체가 폭주하고 있으므로 체제의 의사 결정자는 제한 속도를 넘어섰다는 정보를 받지 못하거나, 믿지 않는다고 주장한다. 우리가 처한 딜레마는 한편으로는 불충분한 피드백에서 기인한다. 사실 우리는 그런 경고가 필요하다는 것조차 깨닫지 못한다.

문제의 또 다른 요인은 우리가 움직이는 속도다. 전속력으로 질주하는 우리 경제는 자원을 무한히 공급할 수 있고 지구는 아무리 남용해도 언제까지나 원상회복할 수 있다는 믿음에 기반을 둔다. 자기 직분에 충실한 홍보나 광고 전문가들이 대본으로 작성한 믿음말이다. 그래서 어쨌다는 말인가? 아무런 해도 입히지 않았지 않은가? 꼭 그렇지만은 않다. 불완전한 저질 정보 때문에 우리는 한 가지 명백히 불길한 생각을 간과하는지 모른다. 그 차는 연료 탱크가 바닥나도 계속 경주 속도로 달릴 수 있으리라는 생각.

3부
어플루엔자의 치료

자가 검진 01

비비아 보가 상상한 상황은 일어나지 않았다. 아직은…….

TV를 보고 있는데, 프로그램이 도중에 중단되고 속보가 흘러나온다. 값비싼 차가 몇 대 서 있는 호화 저택 주위에 많은 사람이 모여 있다. 고급스러운 옷을 입은 가족 네 사람이 결연한 의지를 보이며 계단 위에 서 있다. 한 아이는 손에 백기를 들고 있다. 기자가 낮은 목소리로 보도한다. "저는 지금 제리와 자넷 존스의 집에서 생중계하고 있습니다. 우리 모두 오랫동안 동경해 온 가족입니다. 이제는 그럴 필요가 없어졌습니다. 그들이 방금 항복했으니까요. 잠시 그들의 이야기를 들어 보겠습니다." 화면이 바뀌어, 지친 듯한 자넷 존스의 모습이 나타난다. 남편의 손이 그녀의 어깨 위에 올려져 있다. 그녀의 목소리는 잠겨 있었다. "이건 무의미한 짓이에요. 가족끼리 서로 얼굴도 보지 못한 채 개처럼 일하고 있어요. 늘 아이들을 걱정하면서요. 빚이 어찌나 많은지 몇 년을 갚아도 다 갚지 못할 겁니다. 우리는 포기합니다. 그러니 제발, 우리처럼 살려고 하지 마세요." 군중 가운데서 기자가 외친다. "그럼, 이제 어떻게 하실 건가요?" "규모를 줄여서 더 나은 삶을 살기 위해 노력할 거예요." 자넷이 대답한다. 기자는 이렇게 말한다. "들은 대로입니다. 존스 가족이 항복했습니다. 잠시 광고를 시청하겠습니다."

현실에서 존스 가족은 아직 완전히 항복하지는 않았다. 하지만 수많은 미국인이 삶을 단순화하는 방법을 찾고 싶어한다. 3부에서는 그 방법 가운데 몇 가지를 배우고, 사람들이 어떻게 함께 모여 어플루엔자의 마수에서 벗어나 지속가능한 사회를 이루고자 힘을 합쳤는지 볼 것이다. 우선 '어플루엔자 자가 검진'부터 시작하길 권한다. 당신이 실제로 어플루엔자에 걸렸는지, 걸렸다면 얼마나 중한 상태인지 판단하는 수단으로 유용한 방법이라고 생각한다.

어플루엔자 자가 검진 테스트

예	아니오	
□	□	1. 뭔가 소비할 것(제품, 식품, 미디어)이 없으면 따분하다.
□	□	2. 소유한 물건이나 휴가를 내세워 친구들의 관심을 끈다.
□	□	3. 쇼핑을 치료제로 이용한다.
□	□	4. 가끔 딱히 살 것도 없는데 구경삼아 쇼핑몰에 간다.
□	□	5. 동네 철물점을 두고 대형 체인점에서 집수리 용품을 산다.
□	□	6. 쇼핑 관광을 간 적이 있다.
□	□	7. 대체로 사람보다 물건을 더 많이 생각한다.
□	□	8. 공과금 낼 때, 소비한 자원의 양을 생각해 본 적이 없다.
□	□	9. 노동시간 감소와 봉급 인상 중 선택해야 한다면 돈이다.
□	□	10. 개인적으로 일주일에 큰 쓰레기통 하나 이상을 채운다.
□	□	11. 가족에게 사들인 물건의 가격을 속인 적이 있다.
□	□	12. 금전관계로 가족과 자주 다툰다.
□	□	13. 자원봉사활동 시간이 한 주에 다섯 시간 미만이다.
□	□	14. 자신의 정원이나 집을 늘 주위 사람들과 비교한다.
□	□	15. 가족 1명의 사적 공간이 46.5제곱미터(14평)를 넘는다.
□	□	16. 일상적으로 노름을 하거나 복권을 산다.
□	□	17. 투자액을 하루 한 번 이상 조회한다.

예 아니오

□ □ 18. 신용카드 가운데 사용한도가 다 찬 것이 있다.

□ □ 19. 빚 걱정으로 두통이나 소화불량 등 신체 증상이 나타난다.

□ □ 20. 매주 쇼핑시간이 가족과 함께 보내는 시간보다 많다.

□ □ 21. 자주 직업을 바꾼다.

□ □ 22. 외모를 더 아름답게 하려고 성형수술을 받은 적이 있다.

□ □ 23. 사고 싶은 물건을 화제로 올리는 경우가 많다.

□ □ 24. 가끔 패스트푸드를 사는 것을 부끄럽게 생각한다.

□ □ 25. 목적지에 더 빨리 가려고 차선을 이리저리 바꿀 때가 있다.

□ □ 26. 도로 위에서 다툰 적이 있다.

□ □ 27. 늘 바쁜 것처럼 느낀다.

□ □ 28. 재활용할 수 있는 물건을 그냥 버리는 일이 잦다.

□ □ 29. 하루 중 실외에서 보내는 시간이 한 시간 미만이다.

□ □ 30. 거주하는 지역에 자생하는 야생화를 3종 이상 알지 못한다.

□ □ 31. 스포츠용품이 아직 쓸 만한데도 최신 스타일로 바꾼다.

□ □ 32. 가족마다 TV가 따로 있다.

□ □ 33. 제품을 살 때, 실용성보다 가격을 중요시한다.

□ □ 34. 신용카드 사용 중 한도초과로 거절당한 적이 있다.

□ □ 35. 한 주에 다섯 개 이상 우편주문 카탈로그를 받는다.

□ □ 36. 마트에 갈 때 시장바구니를 가져간 적이 거의 없다.

□ □ 37. 승용차의 연비를 따지지 않는다.

□ □ 38. 최신형 차를 살 때 위신도 선택 조건이 된다.

□ □ 39. 유효한 신용카드를 다섯 장 이상 가지고 있다.

□ □ 40. 봉급이 오르면 돈을 어디에 쓸 지부터 생각한다.

□ □ 41. 물보다 음료수를 더 많이 마신다.

□ □ 42. 작년보다 올해 더 많이 일했다.

□ □ 43. 금전적 목표를 달성하지 못할 수도 있다고 생각한다.

□ □ 44. 하루 일과가 끝나면 소진된 느낌이 든다.

예 아니오

□ □ 45. 신용카드 청구서를 근근이 지급한다.

□ □ 46. 쇼핑할 때, 열망이 수반되는 짜릿한 희열을 느낀다.

□ □ 47. 때때로 개인지출이 지나쳐 등록금과 차량유지비, 관리비 등을 감당할 수 없다.

□ □ 48. 집에 들여놓을 수 있는 것보다 많은 물건을 소유하고 있다.

□ □ 49. TV 시청 시간이 하루 두 시간을 넘는다.

□ □ 50. 거의 매일 고기를 먹는다.

채점하기

'예' 하나에 2점.

답하기가 애매하거나 양쪽이 비등한 경우는 1점.

0~25 어플루엔자의 심각한 증세는 없다. 다만 늘 경계하라.

26~50 이미 감염되었다. 이 책을 열심히 읽고 면역 체계를 강화하라.

51~75 체온이 급격히 오르고 있다. 아스피린을 복용하고 이후의 장을 꼼꼼히 읽어라.

76~100 최악이다! 즉시 적절한 조처를 하라(병을 옮길 수도 있다)!

아무것도 안하고 쉬기 02

당신은 살자고 일하는가, 죽자고 일하는가?

• 조 도밍게이즈

당신은 '어플루엔자 자가 검진'을 하면서 몇 가지 증상이 있다는 것을 알았을 것이다. 어쩌면 증상이 꽤 많아서 의자에 깊숙이 앉아 이마의 땀을 닦고 몇 차례 기침을 하고 큰소리로 재채기하고, 체온계를 찾으려고 여기저기 뒤지고 다니다가 "이제 어떻게 해야지?" 하고 자문할지도 모른다.

심한 독감에 걸렸을 때 의사가 하는 말을 기억하는가? "집에 가서 아스피린 드시고 푹 주무세요. 내일 아침 전화하시고요." 어플루엔자 환자도 침대에서 쉬어야 한다. 우리는 그것을 조금 다르게 정의하지만 요점은 똑같다. 하던 일을 멈추라. 당장 멈추라. 물러서라. 문제를 살펴라. 휴식을 취하라.

벼랑 끝에서야 되돌아보는 삶

때때로 우리는 벼랑 끝에 이르러서야 해결책을 찾는다. 프레드 브라운은 대기업의 인사 담당 이사로 한때 위만 보고 달렸다. 연봉이 10만 달러였다. 밖에서 보면 좋은 직장과 큰 집, 화려한 가족 등 무엇 하나 부족한 것이 없어 보였다. 하지만 프레드는 스스로 황금 수갑을 찬 죄수 같은 느낌이었다. 그는 일에 쫓겨 아내와 두 딸과 보낼 시간이 나지 않았다. 결국 결혼생활은 파탄이 났다. 업무에서는 스트레스를 많이 받았다. 종업원에게 해고 사실을 알리는 게 그의 임무였기 때문이다. 그러다가 충격적인 전화를 받았다. 그의 자리가 사라진 것이었다. 그는 그때 일을 회상하며 이렇게 말했다. "전화를 받는 건 전화를 거는 것과는 다른 경험이더군요."

그는 내키지 않았지만 단순한 생활을 하지 않을 수 없었다. 그를 가장 힘들게 한 건 수입의 상실이 아니었다. 소중한 것을 놓친 뒤에 겪은 안정감의 상실이었다. 처음에는 같은 분야에서 일자리를 찾아보았지만 그러려면 다른 지역으로 옮겨야 했다. 그는 갑자기 길을 멈추고 자신의 인생을 곱씹어 보아야 했으며, 생각하면 할수록 일에서 행복을 얻을 수 없다는 자각이 뚜렷해졌다. "결국 어느 날은 벼랑 끝에서 발을 떼고 미지의 세계로 뛰어드는 것 외에는 다른 수가 없다는 것을 깨닫기에 이르렀습니다."

직업과 생활방식이 놀랍도록 바뀌었다. 다시 공부를 시작하여 마사지 치료사가 되었다. 그는 현재 연간 2만 달러 정도밖에 벌지 못하고 전에 살던 큰 집과는 비교도 안 되는 작은 아파트에 산다. 하지만 지금이 훨씬 더 행복하다고 말한다. 수입이 80퍼센트나 줄었음에도 그는 조금이나마 저축을 하고 있고, 다섯 배나 벌던 당시 진 빚까지 갚고 있다. 더욱 중요한 사실이 있다! 그는 현재 자유 시간을 더 많이 누리고, 딸들과의 관계도 회복했다. 하는 일도 내적인 만족을 주었다. "지내고 보니 단순한 삶이 더 행복한 것 같아요. 마음먹기에 달렸어요." 프레드는 미소를 지으며 말한다. "해고당한 게 오히려 고마워요. 내가 하고 싶은 일을 하고 있으니까요. 바른생활이라 부르는 것입니다. 내 바른생활을 찾은 느낌입니다."

죽을 때 어떤 사람이기를

때로는 우리의 삶을 재검토할 수밖에 없게 하는 충격적인 일이 일어나기도 한다. 이것은 직장을 잃은 것보다 훨씬 더 파괴적이기도 하다. 이비 맥도널드의 경우가 그렇다. 활기차고 쾌활한 여인인 이비는 일찍이 야심 찬 계획을 세웠다. 그녀는 이렇게 회상한다. "내 목표는 이 나라에서 가장 어린 나이에 병원 관리자가 되는 것이었습니다." 1980년에 성공의 문턱에 도달했다. 승진과 승급을 거듭했고 씀씀이가 헤퍼졌다. 그녀는 승진할 때마다 새집을 샀고 차도 더 큰 것으로 바꾸었다. "입만 열면 나보다 못한 사람들을 돕고 싶다고 말했지만 신발이 70켤레, 블라우스가 100벌이었습니다. 필요한 것보다 훨씬 많이 소유했던 겁니다."

그때 재앙이 닥쳤다. 몸의 증상이 심상치 않자 이비는 의사를 찾아갔다. 검진 결과, 의사는 무시무시한 판결을 내렸다. 그녀가 죽을병에 걸렸다는 것. 그 병에 걸려 살아남은 사람은 아직 없다고 했다. 목숨이 몇 달밖에 남지 않았다. 놀란 가슴으로 집으로 돌아가니 누군가가 침입해서 거의 모든 재산을 훔쳐갔다. 보험도 들어놓은 것이 없었다. 갑자기 병들고 가진 것 없는 처지에 몰린 이비는 인생의 의미를 묻는 말들에 맞닥뜨렸다.

"죽을 때 어떤 사람이기를 바랐던가?" 그녀는 자문했다. "나는 물질적으로 가장 부유한 사람으로 죽기를 바라지는 않았음을 깨달았습니다. 내가 원한 인생은 사랑과 봉사를 이해하고 온전함과 완전함을 느끼는 그런 삶이었지요." 기적처럼 병의 증상이 완화되어 이비는 원기를 회복했다. 의사들은 병이 언제든 재발할 수 있다고 경고했지만.

그녀는 이제 이렇게 말한다. "건강을 회복하는 중에 내 삶을 통일적으로 조정할 필요성을 느꼈습니다. 성숙한 인간이 될 필요가 있었고, 돈의 지출에 대해 가치와 목적에 맞게 조정하는 것도 필요했어요." 그녀에게 깊은 감명을 준 부부를 만난 건 그때였다. 그날 이래 20년 동안 그녀는 시간을 대부분 그들과 함께 일하고 있다.

도밍게이즈와 로빈의 새로운 삶

조 도밍게이즈는 전직 증권 중개인이고 비키 로빈은 전직 여배우다. 검약과 단순한 생활을 신봉한 두 사람은 사람들에게 빚에서 헤어나고 돈을 저축하며 세계를 구하기 위해 노력하라고 가르쳤다. 존(이 책의 공동저자)은 1997년 도밍게이즈가 죽기 반년 전에 그를 알게 되어 그와 인터뷰를 했다. 도밍게이즈는 당시 오랫동안 암과 싸우느라 몸이 많이 피폐해져 있었다. 하지만 아직도 열정과 도덕적 용기, 통쾌한 유머 감각은 고스란히 간직하고 있었다.

한번은 도밍게이즈가 증권시장 투자분석가로 있을 때 사고방식이 완전히 바뀌었다는 이야기를 해주었다. "월스트리트에 있으면서 부자들이 반드시 더 행복하지는 않다는 것, 그들도 내가 자란 게토(할렘가)의 이웃들 못지않게 많은 문제를 안고 있다는 것을 알았지요. 돈으로 행복을 살 수는 없다는 생각이 들더군요. 아주 단순한 발견이었어요." 사실 정말 단순한 발견이었지만 어플루엔자의 시대에는 대단히 드문 발견이기도 했다.

도밍게이즈는 검소하게 살려고 노력했다. 삶이 훨씬 더 즐거워졌으며 꽤 많은 돈을 저축하여 31세의 나이에 은퇴하여 나머지 생은 이자로 살았다(그래 보아야 아주 소박한 생활이었다. 세상을 떠날 당시 그는 연 8,000달러로 살고 있었다). 그는 이렇게 회상했다. "수많은 사람이 내게 '어떻게 그렇게 살 수 있었느냐?', '어떻게 돈을 불렸기에 우리처럼 계약노예가 되지 않았느냐?' 하고 물었습니다."

그래서 그는 새로 확보한 시간을 이용하여 사람들에게 지출을 대폭 삭감하는 방법을 가르치기 시작했다. 그는 곧 인생의 동반자 비키 로빈을 만났다. 로빈은 이렇게 말한다. "나는 물건을 수리하는 기술을 배워야 한다고 생각했어요. 삶을 능동적으로 살면서 내 기술과 능력을 개발하고 발명하는 일에 매료되었습니다. 그저 돈을 더 벌어 문제를 일으킬 곳에 허비하기는 싫었어요."

도밍게이즈와 로빈은 함께 시애틀로 이주하여 가정집을 돌며 워크숍 개최를 시작으로 수천 명의 주문을 받아 테이프 강좌를 제작하는 단계로 나아갔다. 도밍게이즈가 그때 일을 들려준다. "그때 한 출판사가 책을 한 권 내자더군요. 그 뒤의 일이야 다 아시는 바고요." 이렇게 해서 나온 책 『돈이냐 삶이냐Your Money or Your Life』는 1992년에 출간되어 지금까지 100만 부가 넘게 팔리는 베스트셀러가 되었다. 도밍게이즈와 로빈이 받은 팬레터를 보면 『돈이냐 삶이냐』가 얼마나 많은 사람의 삶을 바꾸어 놓았는지 알 수 있다.

도밍게이즈는 『돈이냐 삶이냐』를 시중에 넘쳐나는 성공 안내서들과는 다르다고 말한다. "이 책은 주식으로 한 몫 잡는 방법을 다룬 책이 아닙니다. 현금 없이 부동산을 사는 방법을 안내하는 책도 아니에요. 정반대지요. 기존의 봉급을 현명하게 다루어 더욱 깊이 빚더미 속으로 끌려 들어가지 않고, 오히려 저축을 늘리게 해주는 책입니다. 할아버지 세대는 다 알고 계셨지만 우리는 잊었거나 잊도록 교육받은 방법들이죠."

검약생활에 이르는 초기 4단계

『돈이냐 삶이냐』는 9단계로 된 새로운 검약생활 프로그램을 제공한다. 금전 문제에서 풀려나 다시 현실 세계에 굳게 설 방법을 일러주는 것이다. 9단계를 모두 마치면 고소득자들은 10여 년 내에 금전적 독립을 실제로 이룰 수 있다는 것을 알게 된다. 그렇게 되면 지금보다 의미 있는 일을 할 수 있는 시간을 확보할 것이다. 저소득자들도 지출을 대폭 삭감할 수 있는 방법을 알려준다. "사실 이 프로그램은 저소득층에게 가장 유용합니다." 도밍게이즈는 존에게 이렇게 말했다. "그들이야말로 정말로 한 푼이라도 아껴야 할 사람들이죠." 많은 사람이 처음 몇 단계만 실천하고도 큰 차이를 경험했다. 그들은 평균적으로 지출을 약 25퍼센트나 줄였다.

1. 과거와 화해하기

이제까지 번 돈을 계산해 보고, 지금 보유한 액수를 계산해 보라. 현재의 순가치 말이다. 이제껏 탕진한 총액에 충격을 받을지 모른다. 우리는 그것을 어플루엔자의 대가라 불러도 좋을 것이다.

2. 생명 에너지 추적하기

한 달 총노동시간에 출퇴근 시간 등 근무 관련 활동에 들어가는 시간을 더한 다음, 월급에서 근무 관련 활동에 들어간 돈(출퇴근 비용, 출근용 의류 구입비 등)을 뺌으로써 시간당 실제소득을 산출하라. 노동시간은 당신의 가장 중요한 생명에너지의 소모이다. 그 대가로 무엇을 얻었고, 그것을 어디에 사용하고 있는가?

3. 한 달 동안 모든 수입과 지출을 표로 만들기

그런 다음, 자신의 삶 속에 들어오거나 빠져나간 모든 돈을 낱낱이 추적하라.

4. 소비한 생명 에너지에 대해 진정한 만족을 얻었는지 자문하기

도밍게이즈와 로빈은 '충족곡선'을 그려 보라고 권한다. 곡선은 필수 항목에 지출하면 상승하다가, 중요하지 않은 사치품들에 지출하면 하강한다. 곡선의 꼭짓점은 '충분'이라는 점으로, 여기서부터는 지출을 중단하고 저축을 시작해야 한다.

이런 실천 사항을 따르는 건 문제를 살피기 위해 일상적인 활동을 멈추는 걸 의미한다. 독감에 걸리면 침실로 가라. 낭떠러지 끝에서 걷고 있다면 물러서라. 어플루엔자에 걸렸거든 움직임을 멈추고 문제를 따져 보라.

조 도밍게이즈와 비키 로빈은 책에서 벌어들인 돈을 모두 좋은 일에 썼다. 지금도 로빈은 지독히도 알뜰한 삶을 살고 있지만 그녀보고 가난하다고 하는 사람은 아무도 없다. 돈은 저주가 아니라 축복일 수 있다고 그녀는 주장한다. 하지만 그건 어디까지나 세계를 더 나은 곳으로 만드는 데 사용할 때의 이야기다.

하향이동자

물론 '돈이냐 삶이냐' 식 생활이 누워 쉴 유일한 침대는 아니다. 사람들은 속도를 줄이고 물러나서 문제를 성찰할 유용한 방법들을 찾아냈다. 그들은 더 적은 수입으로 더 나은 생활을 하기 위한 나름의 조처를 했다. 〈US 뉴스 & 월드리포트〉의 기자 에이미 솔츠먼은 이런 사람들을 '하향이동자'라 부른다. 1995년의 한 조사에서 그들 중 86퍼센트가 그전보다 더 행복하다고 응답했다. 더 나빠졌다고 응답한 사람은 9퍼센트에 불과했다. 하향이동을 결심한 사람들은 스트레스에 덜 시달리면서 더 단순하게 사는 데 필요한 정보를 수많은 잡지와 책에서 찾을 수 있는데, 우리 책의 참고문헌 목록에도 몇 권 소개해 두었다.

소모임에 참여하기 03

스터디그룹들은 소식지와 잡지, 인터넷 사이트 등 여러 매체를 개발하고 있으며,
이런 노력이 단순성의 문화와 생태적 삶의 문화를 창출한다.

● 듀안 엘진, 『자발적 단순화Voluntary Simplicity』의 저자

잠시 어린 시절을 되돌아보라. 독감에 걸려 누워 있으면 엄마가 부드러운 표정으로 들어오신다. 위로의 말과 함께 약을 준다. 열에는 아스피린, 기침에는 약용 박하 드롭스다. 그리고 기운을 북돋아 주는 닭고기 수프도 잊지 않으셨다. 그러나 무엇보다 중요한 건 엄마가 곁에 있어 고통을 혼자 감내하지 않아도 된다는 것이다.

어플루엔자에 걸렸을 때도 마찬가지다. 이 병을 이기려면 우리가 전장에서 혼자 싸우는 것이 아니라는 것을 알 필요가 있다. 그 병과 싸우는 다른 사람들의 지원이 필요하다. 오늘날은 어떤 중독증에나 환자들을 지원하는 단체가 있는데, 중독성 바이러스 어플루엔자를 정복하는 데는 그런 지원이 더욱 절실하다. 소비를 멈추게 하려는 사회적 압력이 없고 오히려 한사코 소비를 조장하는 압

★ Alcoholics Anonymous. 자신을 알코올 중독자로 인정하는 사람들이 동병상련의 정으로 모인 집단이다. 이미 술을 끊는 데 성공한 회원들을 동일시함으로써 자신도 술을 끊게 되는 일종의 집단치료과정

력만 드세지 않은가. 하지만 어플루엔자에도 AA★같은 단체가 있다. 다시 말해 자발적 단순화 캠페인이다.

자발적 단순화

"17년간 트렌드를 좇으면서 자발적 단순화만큼 세계적 관심을 불러일으킨 쟁점은 본 적이 없습니다." 1996년에 만난 트렌드연구소의 제럴드 셀렌티는 이렇게 말했다. 그는 미국 베이비붐 세대의 5퍼센트가 강력한 형태의 자발적 단순화를 실천하고 있다고 추산하고 그 수가 2000년까지 15퍼센트에 이를 것으로 내다보았다. 그는 이렇게 덧붙였다. "그들은 어플루엔자의 치료법을 찾고 있어요. 스트레스에서 벗어난 그들은 이렇게 말합니다. '나는 이 생활이 훨씬 좋다. 전에는 어떻게 살았는지 모르겠다' 고요."

2000년대에 들어 자발적 단순화는 새로운 호황 때문에 약간 타격을 입었다. 그러나 수백만의 미국인이 여전히 더 단순하고, 더 환경친화적인 삶에 끌리고 있다. 자발적 단순화 캠페인은 살아 있고 건재하며, 셀렌티의 예상만큼 빠르게는 아니지만 계속해서 성장하고 있다.

스터디그룹

시애틀의 50대 교사 앤드루스는 아이같이 천진한 호기심과 개그맨도 부러워할 만한 유머 감각을 갖춘 사람이다. 그녀는 1989년 시민대학 기획자로 성인교육 강좌를 진행하던 중에 듀안 엘진의 『자발적 단순화Voluntary Simplicity』라는 책을 읽었다. "책을 읽고는 정말 흥분했어요. 아무도 그런 생활에 대해 말해주지 않았거든요."

그녀는 직접 이 주제로 강좌를 개설했다. "하지만 등록한 사람이 단 네 사람뿐이어서 강좌를 취소해야 했습니다. 우리는 여러 가지 이유로 3년 뒤에 다시 강좌를 개설했는데, 무려 175명이 등록했습니다." 그녀는 이렇게 말하며 웃었다.

뒷날 참석자들은 앤드루스에게 자발적 단순화 워크숍이 삶을 바꾸어 놓았다고 말했다. 이런 말은 쉽게 들을 수 있는 말이 아니었다. "그래서 나는 정규직을 그만두고 이 워크숍을 운영하는 일에 매진하게 되었습니다."

그녀는 스웨덴 사람들에게서 한 가지 아이디어를 얻었다. 스웨덴에는 이웃이나 친구들이 스터디그룹을 조직하고 회원의 집을 돌며 모임을 여는 사람들이 있었다. 앤드루스는 같은 방식으로 단순한 생활을 지망하는 사람들의 모임을 조직하기 시작했다. 토론은 짧은 독서목록으로 시작했지만 참석자들은 대부분 각자의 사적인 경험에 초점을 맞추어 이야기했다. '그곳에 참석한 이유, 시간이 없다, 일을 너무 많이 한다, 낙이 없다, 더는 웃지도 않는다' 등에 관한 이야기였다.

앤드루스가 1992년에 조직한 모임 가운데 일부는 지금까지 계속되고 있다. 참석자들은 서로 정보를 주고받고, 연장 함께 쓰기 등 공동체 의식을 높여주는 활동을 위해 네트워크를 구성한다. 그들은 돈을 많이 벌고자 하는 욕구를 줄여주는 상부상조의 방법들을 찾아내고 서로의 집을 돌며 자주 만나 실천에 필요한 요령, 사례, 묘안을 교환한다. 모임에서는 단 한 사람도 빠짐없이 발언을 하게 되어 있으며, 모래시계를 돌려서 한 사람의 발언 시간을 제한함으로써 누구든 대화를 독점하지 못하게 한다.

대화는 흔히 사적인 주제에서 정치적인 주제로 옮겨간다. "사람들은 돈과 자원의 낭비를 중지하고 살기 좋은 공동체를 건설하려면 어떤 제도적 변화가 필요한지에 대해 말합니다." 앤드루스의 말이다. 그들은 열린 공간, 아이들을 위한 공원, 대중교통 개선, 도서관 개관 시간의 연장, 좀더 효율적인 지방 정부 등에 대해 말한다. "자발적 단순은 개인의 변화에서 그치는 운동이 아닙니다. 스터디그룹이 세계를 구할 수 있어요." 앤드루스는 두 눈을 빛내며 이렇게 덧붙인다.

주도적인 교회의 소모임

1992년 이후, 시실 앤드루스는 자발적 단순화 스터디그룹을 수백 개 조직했다. 그녀가 공동의장으로 있는 전국 단위조직 '단순한 삶의 씨앗'은 더욱 많은 모임을 조직했다. 그녀의 책 『단순한 생활을 위한 소모임Circle of Simplicity』은 누구라도 그런 모임을 꾸릴 방법을 제시한다. 앤드루스는 참석자들이 자발적 단순을 희생으로 보지 않는 것이 무엇보다 중요하다며 다음과 같이 주장한다.

"내가 아는 어떤 사람은 우리의 활동을 '자기박탈 운동'이라고 부르지만 난 그렇게 생각지 않아요. 공허함을 채우는 방법은 자기 것을 버리는 것이 아니에요. 우리 활동은 부정적인 것을 긍정적인 것으로 바꾸어 우리에게 진정 필요한 공동체와 창의성, 삶의 열정, 자연과의 유대 등을 찾게 합니다. 우리는 이런 것을 찾기 위해 서로 협력합니다. 우리는 광고가 만들어 내는 가짜 욕구 대신 진정한 필요를 충족시키는 방법을 배웁니다. 성취감은 높이고 환경 위해危害는 줄이며 사는 법을 배우는 거죠."

앤드루스는 자신을 좋은 의미의 파괴분자로 본다. "자발적 단순에서 두드러진 점은 그것이 아주 유익하다는 것입니다. '멋지지 않아요? 그 사람들은 지출을 줄인데요. 더 단순하게 살려고요.' 사람들은 이렇게 생각하면서 이 운동이 얼마나 급진적인지 알지 못합니다. 하지만 이 운동은 사회 변화의 트로이 목마입니다. 사람들을 아주 다르게 살게 하고 있으니까요."

시실 앤드루스와 함께 시작된 자발적 단순화 토론 모임은 미국 전역에서 여러 가지 형태로 운영되고 있다. 이런 모임을 특별히 환영하는 곳은 교회다.

연합 감리교회는 〈어플루엔자 치유Curing Affluenza〉라는 6부작 비디오 영상물을 제작했다. 진보적인 복음주의 신학자로 클린턴 대통령의 영적 조언자인 토니 캠폴로가 주인공이다. 교회는 그 비디오를 소비 문제에 토론을 활성화하기 위해 이용했다.

『단순한 생활, 애정이 넘치는 삶Simpler Living, Compassionate Life』이라는 책으로 토론을 하는 모임도 많다. 이 책은 시애틀 소재의 '지구 사목'이라는 단체의 간부인 마이클 셔트가 훌륭한 에세이들을 모아 엮은 책이다. 교회는 자발적 단순화를 교육하는 12주 강좌에 이 책을 사용한다. 주별 토론주제는 신성한 시간, 돈이냐 삶이냐, 얼마나 많아야 충분한가, 일상의 음식 선택, 단순화의 정치학, 신학, 역사, 공동체의 확대 등이다.

하향이동한 조이 부부

쉰세 살이 될 때까지 딕 로이는 지극히 전통적인 의미에서 늘 선두주자로 살았다. 오리건 주립대학에서는 과대표, 해군에서는 장교,

마지막으로 법률회사에서는 포틀랜드가 내려다보이는 32층에 사무실을 둔 연봉 높은 기업 변호사였다. 그런 그가 열성적인 환경운동가요 검약 생활의 신봉자인 진과 결혼했다.

로이 부부는 고소득자인데도 단순한 삶을 산다. 그러다 보니 종종 구식 옷과 중고자전거 때문에 친구들에게 놀림을 받기도 한다. 부부는 휴가 때면 도보여행을 한다. 한번은 아이들을 데리고 디즈니랜드에 갔는데, 버스를 타고 가서는 정류장에서 모텔로 향하는 캘리포니아 애너하임 거리를 줄곧 짐을 진 채 도보로 걸어갔다.

진은 소비를 줄이기 위해 온갖 방법을 동원한다. 건조기 대신 빨랫줄 사용하기, 스팸메일이 오면 중단될 때까지 반송하기, 종이 아껴 쓰기, 식품은 포장이 안 된 것으로 사되 용기를 가져가기. 결국 매립지로 갈 가족의 쓰레기가 연간 보통 크기의 쓰레기통 하나로 줄어드니, 이웃들은 그저 놀라울 뿐이었다. 그녀는 이런 행위는 희생이 아니라고 말한다. "사람들에게 기쁨을 느낄 때가 언제냐고 물으면 대개 자연과의 일상적인 접촉, 창의적인 일을 하거나 다른 사람과 교류할 때라고 대답합니다. 우리가 단순하게 살려고 하는 일들도 바로 그런 것이거든요."

진은 현재 포틀랜드의 재활용 프로그램에서 지도적인 역할을 맡아서, 사람들에게 에너지와 물을 절약하고 자원을 효율적으로 사용하는 방법을 가르치려고 집집마다 찾아다니며 그룹 워크숍을 지도하고 있다.

한편 딕은 가족과 시간을 더 많이 보내려고 법률회사에서 가장 적은 시간만 일한다. 법조계에서 이단자 낙인을 자초하는 태도지만, 유능한 변호사인데다가 동료와도 사이가 좋았으므로 그들은 딕의 파계를 눈감아 주었다. 그러나 그는 결국 회사법에 진력이 났다. 아이들도 다 자랐으므로 그는 자신의 가치, 특히 환경에 대한 관심을 좀더 직접적으로 표현할 일을 하고 싶었다. 1993년, 딕 로이는 법률회사를 사직하고 그동안 저축해 둔 돈으로 생활하면서 지구를 구하는 일에 전념하고 있다.

지구연구소

딕 로이는 포틀랜드에 노스웨스트 지구연구소를 설립했다. 기존 단체들 내에 토론 그룹을 운영함으로써 단순한 생활과 환경 의식을 진작하는 기구다. 딕 로이는 회사 인맥을 활용하여 포틀랜드의 여러 대기업에서도 워크숍, '자발적 단순' '심층생태학'★ '지속가능한 삶을 위한 선택' '장소 의식의 발견' 등을 진행한다. 회사 측은 관심 있는 사원들에게 참여를 장려하는데, 그들은 점심시간에 10여 명씩 모둠을 지어 회합을 하고 체계적인 대화를 나눈다. 딕은 대화의 내용이 개인적 · 사회적 · 정치적 실천으로 이어지기를 바란다.

설립 7년 만에 노스웨스트 지구연구소는 놀라운 성공의 궤적을 되돌아볼 수 있었다.

- 북서부의 태평양 연안 전역에 걸쳐 민간 기업(나이키, 휼렛패커드 등의 거대기업을 포함해서), 정부기관, 학교, 비영리단체 등에서 600개 이상의 토론 강좌가 진행된다.

★ 생태 운동의 한 부류로, 식물, 동물, 인간의 가치가 모두 평등하다는 믿음

- 북서부 여러 교회에서는 토론 모임이 70개가 넘는다.
- 북서부 외에도 37개 주에 제휴강좌가 개설되고 자매 지구연구소도 설립되었다.
- 연구소의 각종 강좌에 참여한 사람이 2만5,000명이 넘는다.

현재 각 지구연구소에는 직원이 계속 늘고 있지만, 딕과 진은 여전히 상근 자원봉사자로 일한다. 이 연구소들은 매년 조직가를 위한 훈련 프로그램을 진행하는데, 늘 유머와 음악과 재미있는 놀이가 풍성하다.

점진적 단순화

이 장에 소개한 학습 프로그램은 아스피린과 닭고기 수프로 시작한다. 생활을 단순화하기(원한다면 어플루엔자 치료라고 해도 좋다)는 다른 사람들의 지원과 격려가 있을 때 더 쉽다는 전제가 깔려 있다.

1970년대 말, 듀안 엘진은 스탠퍼드연구소의 의뢰를 받아 더 단순하고 덜 소비적인 생활을 선택한 사람들에 대한 연구를 수행한 바 있다. 그가 알아낸 바로는 그 사람들은 먹이사슬에서 아래쪽, 즉 채식을 하는 경향이 있고, 간소하고 실용적인 옷을 입으며, 더 오래 자고, 연료 효율이 높은 차를 사며, 내적 생활을 함양한다. 곧 자신의 행동이 미치는 영향을 충분히 고려하여 의식적으로 신중하고 계획적으로 생활한다.

엘진은 이 연구 성과를 기초로 『자발적 단순』이라는 책을 냈다. 그러나 시기가 좀 좋지 않았다. 책은 1981년에 나왔는데, 로널드 레이건이 과잉 소비를 고취하고 트렌드 연구자들의 시야에 여피족이 잡히기 시작하던 시절이었다. 엘진은 지난 수년간의 미국 역사에서 두드러졌던 풍요라는 골칫거리와 우리의 관심을 진정한 생태위기에서 돌려 샴푸에 집중시키는 상업적인 대중매체의 힘이 지금 당장 파멸이 닥칠 것 같은 심적 태도를 조성했다고 생각한다.

하지만 그는 이제 1970년대에 단순성을 강조할 때는 보지 못했던 희망의 징표를 본다. 급속히 확산하는 스터디그룹 운동과 어플루엔자 치료법을 구하는 사람들을 서로 이어주는 헤아릴 수 없이 많은 수단이 그것이다. 쏟아져 나오는 새 잡지(더러 기회주의적인 것들도 있지만), 리스트 서브★, 채팅 모임, 라디오 프로그램, 활용 팁과 영감으로 가득한 새 책도 있다. 그의 주장을 따르면, 전체 인구의 10퍼센트가 생활을 바꾸고 있다. "그들은 오랫동안 혼자라고 생각하다가 이제 서로 찾기 시작했습니다."

제대로 된 변화가 오려면 한 세대는 걸린다고 생각하는 그는 그 전에 우리가 생태적 장벽에 부딪힐 것을 염려한다. "단순한 삶을 선택하고 선도하는 사람들은 비교적 부유합니다. 물질적으로 풍요로운 생활을 맛본 사람들이 그 공허함을 깨닫고 이제 다른 생활을 찾고 있습니다." 그런 의미에서 이 운동을 엘리트주의라고 생각하는 사람들도 있다. 하지만 "그런 사람들이 소비를 절제하기 시작해야만 현재 충분히 갖지 못한 사람들도 더 쉬워집니다."

엘진은 아놀드 토인비가 말한 '점진적 단순화 법칙'을 즐겨 말한다. "이 위대한 영국인 역사가는 22개 문명이 성하고 쇠하는 과정

★ list serve. 인터넷에서 리스트를 관리하는 데몬 프로그램. 특정한 주제에 관심이 있는 사용자가 리스트에 등록하면 그 리스트에 보낸 메일이나 뉴스 등은 자동으로 리스트에 등록된 사람에게 전달되는 시스템

을 연구해 인간 문명의 성장에 자신이 아는 모든 것을 이 한 가지 법칙으로 요약했어요. 한 문명의 성장 척도는 에너지와 관심을 물질적 측면에서 정신적·심미적·문화적·예술적 측면으로 돌릴 수 있는 능력이라는 겁니다."

자연과 호흡하기 04

바쁘면서 동시에 무엇에 매혹되기는 어렵다.
매혹은 우리로 하여금 하던 일을 멈추고 눈앞에 있는 것에 사로잡히게 한다.
우리가 무엇을 하는 것이 아니라 무엇이 우리에게 행해진다…….
고요한 숲 한가운데서 포효하며 빛나는 폭포를 만나면 우리는 깊이 매료된다.

• 토머스 모어, 『다시 일상에 매혹되기』

어플루엔자 시대에 미국 문화는 더욱 편리한 생활을 찾아서 집 안으로 들어갔다. "우리는 이제 더위 때문에 고생하지 않아도 돼요." 자넷은 에어컨 설치기사가 집 안에 들어서는 것을 반기며 이렇게 말한다. 그 바로 뒤에는 채소밭이었던 곳을 대신할 노간주나무와 빈카꽃나무, 장식용 작은 분수대 등을 실은 트럭이 들어온다. 자넷은 새로 깐 켄터키산 잔디 위를 사뿐사뿐 가로질러 가다가 돌아보며 덧붙인다. "이제 요리도 많이 하지 않을 텐데, 뭐 하려고 채소밭이 필요하겠어요?"

1990년대의 '발길을 멈추고 장미 향기를 맡아 보라'는 격언은 '잠에서 깨어 커피 향을 맡아 보라.'는 냉소적인 표현으로 전락했다. 이제 우리는 자연에 할애할 시간이 없다. 장미 같은 건 간단히 무시해 버리는 방법을 깨쳤다. 그런 꽃은 화가에게나 맡겨 둬!

자연의 보복

여기 4장에서는 돈만 충분히 벌면 자연에 대해 아무것도 알 필요 없거나 자연과 접촉할 필요가 없다는 믿음에 도전한다. 이런 신념은 모르는 사이에 널리 퍼져 있다. 반대로 우리는 자연과 유대가 강하면 강할수록 필요한 돈은 적어진다고 주장한다. 어플루엔자를 떨쳐내기로 목표를 세웠다면 자연치료법이 해결책이 될 것이다.

지금 내가 먹는 것들이 어디에서 오는 것일까

2003년의 한 설문조사에서 미국인의 34퍼센트가 쇼핑을 가장 좋아하는 활동으로 꼽았다. '자연 속에서 지내는 것'이라고 응답한 사람은 17퍼센트에 불과했다. 라스베이거스는 이 나라에서 가장 볼만한 드라이브 장소로 꼽혔다. 실내 운동과 옥외 운동 중 어느 것을 더 좋아하느냐는 질문에 어느 4학년 학생은 이렇게 대답했다. "실내 운동이요. 전기 콘센트가 실내에 있잖아요?" 또 한 아이는 막대기로 죽은 딱정벌레를 찔러보며 친구에게 이 벌레는 건전지가 다 된 게 틀림없다고 했다. 식수원을 찾는 현장학습에서 뉴욕 시내 중학교 학생들은 캐츠킬 산지의 서늘한 어둠과 한없이 깊은 정적에 무서워 벌벌 떨었다.

최근 데이브가 자기네 뒤뜰에 채소를 심는 것을 돕던 한 여대생은 이렇게 털어놓았다. "나는 감자가 나무에서 열리는 줄 알았어요. 내가 먹는 것들이 어디서 나오는지 더 공부해야 할 것 같아요." 자연 연구가들은 우리에게 뒤뜰과 동네 공터에 더 자주 나가봄으로써 현실 세계를 재인식할 것을 촉구한다. 이것은 우리 마음 뒤편에서 서성이는 '우리는 정확히 어디에 있는가?' 라는 질문에 답하

생물지역 퀴즈

1. 마시는 물이 빗물에서 수도꼭지까지 오는 과정을 말해 보라.
2. 집 주위 토양의 상태를 설명하라.
3. 자기 고장에 이전부터 내려오는 문화와 기초적인 생업은 무엇인가?
4. 자기 고장의 토산 식용식물 이름 다섯 가지를 말하고 그것들이 나는 계절을 말해 보라.
5. 자기 집에서 나온 쓰레기는 어디로 가는가?
6. 고장의 텃새 다섯 종과 철새들을 열거하라.
7. 고장에서 어떤 동물 종이 멸종 위기에 처해 있는가?
8. 고장의 봄철 야생화로 늘 맨 먼저 피는 종들은 어떤 것들이 있는가?
9. 내가 사는 지역에서 어떤 암석과 무기물을 볼 수 있는가?
10. 내가 사는 지역에서 가장 큰 미개발지는 어디인가?

『심층 생태학Deep Ecology』

는 데 도움이 될 것이다. 당신은 자기 고장에 사는 중요한 종들과 거기서 벌어지는 자연현상을 몇 가지라도 알 수 있는가?

산소조차도 사는 세상

전에는 자연에서 얼마든지 얻을 수 있었던 것들이 차례로 하나씩 상품이 되어 시장에 나오고 있다. 가정이나 실내로 배달되는 생수를 생각해 보라. 인간과 자연의 접촉은 이제 계약관계가 되었다. 산소조차 파는 세상이다. 많은 교육가와 사상가는 우리가 자연에서 멀어진 데서 오는 '경험의 절멸'에 대해 우려한다. 물에 말끔히 씻어 식탁에 올린 파슬리처럼 동네 공원은 생물학적으로 특색이 없는 경우가 많고, 더러는 우범지대로 변한 곳도 있다. 자연에 대해 아는 것이라곤 TV에서 보여주는 이미지밖에 없다. 그러나 TV는 다차원적이고 감각적이며 상호 작용하는 현실을 전달하지 못한다. TV는 시각적 영역만, 그것도 렌즈 하나를 통해서만 보여준다. 실제 현장에서 자연의 냄새를 맡고 자연을 만지며 산들바람을 느끼는 것이 아니다. 게다가 TV의 자연은 흔히 연출된 자연이어서 조화만큼이나 기만적이다.

아프리카에서 촬영한 전형적인 자연 다큐멘터리는 위엄 있는 사자가 영양과 자칼, 가젤을 무자비하게 사냥하는 모습을 클로즈업해 보여준다. 하지만 이는 시간상으로 불연속적인 수백 컷의 필름을 짜깁기한 작품이다. 실제로 사자는 집고양이처럼 게을러서, 더러 하루 22시간이나 잠을 자는 때도 있다. 그런데도 암수 사자의 짝짓기 장면 다음에는 으레 2~3분의 임신 기간을 거쳐 새끼들이 아장거리며 마음껏 장난치는 장면이 이어지고 시도 때도 없는 약탈이 반복된다.

『정보 실종시대The Age of Missing Information』에서, 빌 맥키번은 업스테이트 뉴욕(메트로 지역을 지나 북부 지역)에서 하루 동안 도보 여행을 하며 얻은 정보와 같은 날 케이블 TV 100군데에서 내보낸 정보를 비교했다. 그는 몇 달에 걸쳐 녹화한 프로그램을 빠짐없이 보고, 상업주의가 횡행하는 황폐한 생활을 목격했다. "우리는 정보시대에 살고 있다고, 정보 혁명이 일어났다고 생각한다…… 그러나 인간이 늘 알고 있던, 우리가 누구이며 어디에서 살고 있는지에 대한 생생한 지식은 이제 우리 손이 미치지 못하는 곳에 있는 듯하다." 100시간 동안 방송 프로들을 보아도 자신의 삶을 풍부하게 해줄 내용은 거의 없었다.

반면 하루 간의 도보 여행에서는 별의별 일들이 다 일어났다. 독수리 일곱 마리가 머리 위를 선회하는데, 어찌나 가깝던지 그 깃털을 헤아릴 수 있을 정도였다. "참을 수 없는 어떤 느낌, 에로틱한 느낌이었다. 주시당하고 있다는 느낌이라니……. 내가 작고 나약하다고 느끼는 순간, 나는 사냥감이 된 듯했다." 하지만 독수리와 소금쟁이, 개똥지빠귀를 만난 사건은 스필버그 영화의 소재가 되지 못할 것임을 그는 잘 알고 있었다. "나는 뿔에 받히거나 쫓기지도 않았고, 으르렁거리는 위협도 받지 않았다. 진정용 다트를 써먹을 기회도 없었다. 진기한 짝짓기 의식을 치르며 거대한 공기주머니를 부풀리는 짐승은 하나도 없었으니까." 이와 같은 현실 세계 체험은 TV와는 달리 수동적이 아니라 능동적으로 살아 있다는 느낌이 들었다.

생태공포증

맥키번을 비롯한 많은 사람이 지적하듯 지상에 존재하는 생명체의 근원과 습성, 욕구와 조화를 이루지 못한다면 우리는 생물학적 균형 감각을 잃는다. 심리학자 첼리스 글렌디닝은 우리가 영원히 소유할 유일한 집에서 멀어짐으로써 우리는 집 없는 사람들이 되었다고 했다.

진화론적 의미에서 우리는 생존을 지탱하는 버팀목을 잃을 위험을 자초하고 있다(예를 들어 유익한 생태분해자가 없다면 우리는 모두 공룡들의 시체 더미에 무릎까지 빠졌을 것이다). 우리는 무엇이 옳은지 아는 방법도 잃어 가고 있다. 생태학자 알도 레오폴드는 무엇이든 생명공동체 고유의 원상태와 안정성, 아름다움을 보전하는 것이라면 옳은 것이고 그렇지 않다면 그르다고 믿었다. 하지만 현실은 어떤가. 우리의 일상 활동과 표준적인 실행 절차는 대부분 레오폴드의 규칙을 완전히 무시한다. 우리는 생명체에 대한 것도, 또 그것이 무엇을 필요로 하는지도 알지 못한다.

교육가 데이비드 소벨은 우리가 자연에서 이탈하는 성향을 '생태공포증' 이라고 부른다. 이는 장미 향기를 맡지도 못하고 심지어는 알아보지도 못하는 증상이다. "생태공포증은 원유 누출과 강우림 파괴, 고래잡이, 라임병에 대한 두려움이다. 사실 밖에 있는 것 자체에 대한 두려움인 것이다." 미생물과 번개, 거미, 먼지에 대한 두려움. 소벨은 생태공포증에 대한 첫 번째 대처법으로 자연과의 직접적인 접촉을 강조한다. "젖은 스니커즈 운동화나 진흙투성이 옷은 물의 순환을 이해하는 전제 조건이다." 그의 저서 『생태공포증을 넘어Beyond Ecophobia』에서 소벨은 '시간병' 을 이기고 자연스러운 속도를 회복하는 비결을 설명한다.

나는 여섯 살 난 아들 엘리와 녀석의 친구 줄리안을 데리고 카누를 타러 갔다. 애슈얼롯 강을 3킬로미터가량 저어갈 계획이었다. 어른들이 저으면 한 시간 거리였다. 하지만 우리는 네다섯 시간 동안 빈둥거렸다. 우리는 상류의 골프장에서 날아온 골프공들을 그물로 건졌다. 강의 깊은 곳과 얕은 곳에서 물고기와 벌레들을 보았다. 지류 어귀에 멈추어서 오랫동안 미로처럼 얽힌 습지성 시내들을 탐험했다. 비버의 흔적을 좇다가 발을 적시지 않고 습지를 건너려고 쓰러진 통나무 위로 평형 걷기를 하기도 했다. 우리는 봄꽃들을 보았고, 뱀을 찾아다녔고, 길을 잃기도 했다. 꼬불꼬불한 길에서 아이들 속도로 돌아다니는 것이 얼마나 근사하던지!

야생 체험

20년 전 어느 여름밤, 데이브 가족은 칼날처럼 밤을 가르는 섬뜩하고 날카로운 소리에 갑작스레 잠을 깼다. 가족 네 명이 침대에서 벌떡 일어났는데 시골의 작은 계곡에 있는 모든 오두막에 불이 켜졌다. 새벽 네 시에 데이브의 아이들은 다리를 부들부들 떨며 일어서서 어둠 속을 응시했다. 방금 앞뜰에서 한바탕 싸운 야생 사자들을 볼 수 있을 거란 기대를 걸고 말이다. 이 원초적 경험을 겪으며 인류가 진화 과정 내내 느꼈을 두려움과 경이로움을 그들 역시 느낄 수 있었다. 모두가 그 밤 내내 잠을 설쳤지만 그들에게 그 경험은 행운이었다.

12년이 흘러 콜로라도의 상그리 더 크리스토 산지를 굽어보는 바위 턱에서 데이브의 아들 콜린이 동물 뼈를 발견했다. 바위 턱에 있는 영양의 뼈를 살펴보면서 콜린이 상상의 나래를 펼쳤다. "사자가 영양을 여기까지 끌고 올라와서 먹어치운 게 틀림없어." 콜린은 뼈를 시내 박물관에 전시하거나 탐구용으로 쓰고 싶었다.

하지만 데이브는 생각이 달랐다. 그는 영양의 유해에 손을 뻗어 목에서 두개골을 떼어냈다. 이번 도보 여행의 기념물로 삼을 생각이었다. 하지만 척추골이 부러지며 나는 소리는 이제까지 들어 본 중에 가장 갑작스럽고 귀에 거슬리는 소리였다. 오래 전 사자들이 앞뜰에서 싸우던 소리가 그만했을까? 데이브는 놀라서 두개골을 제자리에 내려놓았다. 콜린도 그의 이런 행동을 이해했다. 두 사람은 그날 오후 자연을 소유하려는 후천적 성향과 그냥 자연을 있는 그대로 받아들이는 문제를 두고 몇 시간 동안 토론을 벌였다.

TV 속 자연의 속도와 파노라마에 길든 어른들은 일반적으로 대사건이나 엄청난 광경을 찾는다. 하지만 아이들은 자연의 세세한 부분에 마음을 빼앗긴다. "어디 갔니?" 부모가 묻는다. "밖에요." "무얼 했는데?" "별거 아니에요." 아이는 이렇게 대답하지만, 그의 머릿속에는 대답과는 다른 생생한 이미지들이 들어 있다. 선홍색 단풍잎에 반쯤 덮인 완전무결한 울새의 알껍데기 같은 것 말이다.

자연의 마법

야생 체험 안내자 로버트 그린웨이는 수년 동안 야생 지대에서 보냈다. 그는 자기 내면이 능동적으로 움직일 수 있도록 했고, 다른 사람들에게서도 내부의 특성을 끌어내려고 노력했다. 이것은 성과를 얻었다. 1,000명이 넘는 야생 지대 탐험자들(남녀노소를 불문하고)

은 자연이 정말로 마술을 펼치고 있음을 직접 목격했다.

- 90퍼센트가 생동감과 행복감, 활력을 느꼈다고 했다.
- 77퍼센트가 야생에서 돌아와 인생의 중요한 변화를 느꼈다(인간관계, 직장 생활, 가정사, 생활방식에서).
- 남성 60퍼센트와 여성 20퍼센트가 여행의 주된 목표가 두려움을 극복하고 자신의 능력을 시험하며 한계를 넓히는 것이라고 밝혔다.
- 90퍼센트가 니코틴, 초콜릿, 청량음료 등의 중독에서 벗어났다.
- 여성 57퍼센트와 남성 27퍼센트가 여행의 주된 목표가 자연으로 '귀향' 하는 것이라고 밝혔다.
- 76퍼센트가 야생지대에서 72시간을 보내고 나자 꿈이 자연친화적으로 바뀌었다.

비록 자연과 멀어지긴 했지만 우리는 자연이 이롭다는 것을 직관적으로 안다. 환자들은 아름답고 푸른 경관을 보고 지낼 때 더 빨리 회복한다. 메릴랜드 주 웨이스테이션에서 우울증 증세가 있는 주민들을 자연목과 벽돌로 지은 볕 잘 드는 집에 살게 했더니 자살률이 극적으로 떨어졌다. 창문과 채광창을 통해 공급되는 자연광과 식물의 모습이 그들의 마음을 진정시키고 기운을 북돋운 듯하다.

그린웨이는 우리에게 감각을 되찾으라고 촉구한다. 말 그대로 자연의 냄새와 촉감과 맛을 느낌으로써 우리는 머릿속 잡동사니들을 청소하기 시작한다. 그린웨이는 이렇게 말한다. "야생 여행에서 사람들이 바쁘고 도시적인 꿈 대신 자연의 꿈을 꾸기까지는 대략

나흘 정도 걸린다. 이러한 회복 유형으로 보아, 우리의 문화는 4일 정도의 깊이밖에 없는 것 같다." 반대로 존 맥피는 지상에서 생명이 살아온 역사를 '깊은 시간'이라 불렀다. 예를 들어 6,500만 년 전(깊은 시간으로 측정하면 어제 일에 불과하지만)에 양치류와 조류, 원생동물이 없었더라면 우리는 그렇게까지 석유에 사로잡히지 않았을 것이다.

자연과 더불어 살기

우리가 코와 피부, 허파로 자연을 직접 체험하면 사업 계획과 스케줄에서 오는 압박감이 우습게 느껴진다. 자신을 크고 높게 여기는 의식은 더 큰 무언가에 녹아들기 시작한다. 우리는 생물권生物圈 클럽의 정식 회원인 것을 알고 기쁨을 느낀다. 마침내 우리 자신을 단순히 인간-봉급-주택-자동차로 인식하는 태도에서 벗어나 우리가 누구이며 어디에 있는지 이해한다. 우리가 실제로는 인간-토양-곡물-과일-미생물-나무-산소-초식동물-물고기-갯벌이라는 것을 안다. 이 고리에 연결할 대상이야 무한히 많다. 우리는 이때부터 폐기할 자동차처럼 자연을 갈기갈기 찢는 논리와 윤리에 대해 이의를 제기하기 시작한다.

몇 년 전, 래너 포터는 원래의 감각을 회복하기 시작했다. 그녀가 가꾸는 텃밭은 단순히 식물이 자라는 밭이 아니다. 그곳은 그녀 자신의 생물학적 연장선이며 생활방식이다. 그녀는 이렇게 말한다. "나는 거의 1년 내내 이 밭에서 나는 것들로 아주 잘 먹고 있어요. 거기서 나는 유기농산물은 내게 더 많은 작물을 재배하고 더 많은 에너지를 얻을 수 있게 합니다. 내 지출을 절반으로 줄여주는 건강

순환이죠. 식료품비가 낮아지고 의료비가 낮아지고, 운동에 돈을 들일 필요가 없어졌어요. 교통비도 줄어들었어요. 이제는 즐길 것을 찾아서 그렇게 많이 이동할 필요가 없기 때문입니다."

그 에덴동산에서 가장 좋은 게 무엇이냐는 질문에 그녀는 이렇게 대답한다. "나는 이 텃밭이 내 머리에 미치는 영향이 좋아요. 건강한 작물에 물을 주거나 씨앗을 뿌리거나 고랑을 팔 때면 아무 생각도 하지 않습니다. 컴퓨터 프로그래머로 과로하던 이전의 생활과는 근본적으로 다른 변화입니다. 사람들은 내게 작물을 좀더 효율적으로 재배하라고 말하지요. 타이머가 장착된 관개시설을 갖추고 화학 비료와 살충제를 쓰면 거기 들이는 시간을 줄일 수 있다는 것입니다. 하지만 그런 재배 방식은 일하는 사람과 정원을 분리시키지요. 중요한 건 식물과 더 많은 시간을 보내고, 세상의 변덕스런 취향에 나 자신을 맞추는 데 들이는 시간을 줄이는 것인데 말이에요."

래너처럼 많은 미국인이 자연의 복잡성과 지나치게 단순화한 과학 사이의 차이를 알아채고 있다. 즙이 많고 맛 좋은 복숭아와 기운 없는 땅에서 난 물컹물컹한 복숭아가 어떻게 다른지를 안다. 갑자기 자연법칙의 주파수에 동조되면 사람들은 우리 문명의 관행 중 많은 것이 반생산적이라는 것을 알게 된다. 그런 관행은 생물학적 실제에 뿌리를 두고 있지 않기 때문이다. 땅을 묵히는 것이 구약의 한 가르침이듯이, 지구온난화를 막기 위해 태양에서 오는 소득을 완전히 이용하는 것이 생태시대의 가르침이 되어야 한다. 하지만 자신이 연관되어 있다고 느끼지 않는 한, 우리는 뒤뜰과 생물지역과 지구를 보호할 것 같지 않다.

자연은 저기 바깥에 있는 게 아니라 어디에나 있다. 당신 집 뜰의 울타리에 쓸 통나무가 얼마나 잘 길러졌는지 가려내는 것이 자연이다. 즉석요리용 케이크 가루의 재료가 생물학적으로 인간의 영양에 적합한지 아닌지 아는 것이 자연이다. 가게 앞에 멈추어 이웃에게 그가 심는 다년생 화초의 종류를 물어보는 것, 그것도 자연이다.

돈 한 푼 들이지 않는 행복

수생 생물학자로 위스콘신대학 교수인 캐빈 드윗의 에덴동산은 집 뒤뜰 바로 너머의 습지다. 습지를 아주 잘 알아 그는 울음소리만으로도 그곳에 사는 새들을 분별할 정도다. 드윗은 습지에 무릎까지 담그고 서서 다양한 순환과 생명 현상을 관찰한다. "부들의 꽃자루가 습지에 떨어지면 그것은 다시 토양으로 전환됩니다. 그렇게 형성된 토양은 거위와 큰 왜가리들이 먹고 사는 온갖 유기체들을 기릅니다." 그는 신이 나서 말한다. "정말로 내 흥미를 자극하는 건 이런 것들이에요. 외경과 경이로움을 느끼게 해주거든요. 요즘 우리가 대부분 놓치는 것들이죠." 드윗은 잠자리가 부들 꽃자루에서 자태를 뽐내는 모습을 보고는 이렇게 덧붙인다. "이 수생 생태계는 1만1,000년 전에 형성되었습니다. 밀레니엄이 열한 번 지나는 동안, 인간의 간섭 없이도 이 모든 일을 하고 있었던 것이죠. 인간이 방해하지 않고, 조용히 서서 귀를 열고 지켜보기만 한다면 온갖 현상이 펼쳐집니다. 온종일 그렇게 지내도 아쉬움이 남습니다. 이곳에는 배울 것이 대단히 많거든요. 그러고도 피곤하지가 않습니다. 체험에서 활력을 얻으니까요." 드윗이 습지 둑을 걸어 올라가자 장화에서 물이 흘러내린다. "우리가 사는 소비사회의 경험에 비추어,

아마 가장 기이한 일은 집에 돌아갔을 때도 지갑의 부피가 그대로라는 점일 것입니다. 돈 한 푼 들이지 않고 이 모든 기쁨과 교훈을 얻고 평화를 이해한 것입니다."

05 생활방식 바꾸기

당신의 행동이 상황을 바꾸기에 너무 미약하다고 생각한다면
당신은 잠자리에서 한 번도 모기에게 시달려 본 적 없는 사람이다.

• 무명씨

북아메리카를 역사상 가장 부유하고 가장 번영된 사회로 만든
그 능력을 이용할 수 있다면 우리 환경은 단 한 세대 만에 회복할 수 있다.

• 앨런 더닝

우리에게는 더 큰 아가리와 더 큰 소화관을 자랑하는 기술이 아니라
주어진 자원을 더 효율적으로 소화하는 기술이 필요하다.

• 허먼 데일리

만약 50가지 악한 것이 지구를 구할 수 있다면 어떨까? 근사하지 않을까? 예를 들어 미국인이 가장 즐기는 '탐욕'을 백신으로 삼아, 우리의 소비 잔치를 의도적으로 몇십 년 더 연장한다면 어떨까? 그렇다면 환경보호론자조차 피켓을 거두고 그 유쾌한 놀이에 동참할 것이다. 그들은 지구를 구하기 위해 모든 것을 소비할 수 있을 것이다. 담배가 폐활량을 증가시키고 암을 예방한다면, SUV 자동차가 도시의 대기를 여과하여 정화한다면, 호화로운 해변 바캉스가 산호초와 같은 서식지의 건강을 증진한다면 얼마나 좋을

까? 문제는 현실은 그렇지 않다는 것이다.

그럼, 만약 50가지 단순한 것이 지구를 구할 수 있다면 어떨까? 생활방식의 근본적인 변화 없이도 개인이 할 수 있는 선택과 실천 말이다. 각자가 늘 장바구니를 차에 넣고 다니고, 나무 한 그루 더 심고, 절전형 형광램프를 끼우는 행동이 모여 나빠지는 지구의 건강을 되살릴 수 있을지 모른다. 이렇게만 된다면 멋지겠지만 지구상의 그 어떤 것도 그리 단순하지는 않다. 우리의 경제와 그것이 만들어 내는 물건은 대부분 지구를 구할 목적으로 설계된 것이 아니라 돈을 벌려고 설계된 것이다.

우리는 스스로 반성하고 개인적으로 여러 가지 단순한 생활을 실천할 수는 있겠지만, 그렇다 하더라도 여전히 잘못 설계된 양심 없는 경제 속에서 헤어나지는 못할 것이다. 홍수 속에서 물살을 거슬러 열심히 노를 젓는 격일 테니까. 예를 들어 우리는 알루미늄 캔을 함부로 버리지 않고 몇 자루나 모으지만 그것을 재활용하려면 차로 30킬로미터를 가야 한다. 돈을 더 들여 무독성 페인트와 세제를 구입하지만 유독성 접착제로 지은 집에서 사용할 수밖에 없다. 우리는 면과 같은 천연섬유를 산다 해도 전통적 방식으로 재배하는 면화가 농약에 절어 있다는 사실은 모른다(미국에서 사용하는 농약의 약 3분의 1이 면화에 살포한다).

작가이자 기업 미래학자인 폴 호컨이 지적하듯이, 우리가 만드는 쓰레기의 90퍼센트는 상품과 서비스로 이용되기도 전에, 원료를 추출하거나 상품을 제조하는 과정에서 지스러기와 광물찌꺼기 더미와 현장 폐기물의 형태로 쌓인다. 제품이 되는 원료 중에서도 80퍼센트는 한 번 쓰고 버린다. 어느 면에서 이는 딜레마 상황이다.

세계를 구하기 위해 강력한 개인적 실천이 필요하지만, 그것이 효과적인 실천이 되려면 세계를 재설계해야 한다(거대한 과제지만 충분히 달성할 수 있는 과제다. 우리는 지난 100년 사이에 세계를 완전히 재설계하지 않았는가).

호컨은 이제까지 보았던 것보다 더 큰 그림을 보아야 한다고 생각한다. "우리는 지난 세기 내내 더 많은 자원을 이용해서, 더 적은 수의 사람이 더 많은 것을 생산하게 하려고 뼈 빠지게 일했습니다. 지금은 사람은 더 많고 자원은 더 적은 시대인데도 그렇게 하고 있어요." 호컨은 자원이 분자나 전자, 광자보다 몇 배는 더 생산적인 경제, 자연자본(호수, 나무, 초지)이 꼭 필요한 생명 유지체계로 평가되는 경제, 사람들이 자신의 뇌와 마음과 손을 다시 일터로 가져오는 경제를 꿈꾼다.

작은 실천, 큰 효율

우리는 간단한 환경적 조치를 경제 · 정치 구조 속에 설계해 넣음으로써 숨 쉬는 것처럼 자연스럽게 할 수 있다. 절수형 샤워기, 절전형 형광램프, 고효율 창문과 냉장고 등 효율적인 제품들로 대체함으로써 우리는 지난 10년 동안 이미 수백만 톤에 이르는 오염과 환경 손실을 막았으며 돈도 수십억 달러나 절약했다. 드럼 세탁기 등 신제품들은 더 영리하고 좀더 효율적으로 설계되었기 때문에 더 적은 자원을 이용해 더 높은 성능을 발휘할 수 있다. 일반적인 가족은 현재 빨래에 들어가는 전력, 물, 세제에 연 200달러를 지출한다. 최첨단 모델을 쓰면 세탁비가 연간 약 75달러가 절감될 것이다.

에너지 스타(에너지 절약 소비자 제품의 사용을 장려하는 미 정부의 국제 프로그램)와 같은 등급 심사 체제에서 높은 점수를 받은 기구들을 사면 연료비를 낮출 뿐 아니라 지구온난화의 위험을 줄이고, 공급이 불안정한 석유 자원에 대한 의존도도 줄이고, 우리의 죄의식도 줄일 수 있다.

미국 에너지고효율경제협의회 하워드 겔러는 그런 단순하고 개인적인 실천이 그 자체로 지구를 구할 것이라고 믿지는 않는다. 우리 앞에 놓인 문제는 극히 복잡하다는 말이다. 우리는 지구 친화적인 경제적 인센티브와 녹색제품 증서를 늘리고 효율 등급제와 제품 규격을 강화해야 한다. 물론 이 모든 건 지구 구하기를 목표로 설계한 것이어야 한다.

겔러는 냉장고를 예를 들어 설명한다. "냉장고가 수명이 다하면 교체를 해야겠다고 여기죠. 그리고 대개는 제품에 대한 엄정한 평가를 수록한 '소비자 평' 같은 건 읽지도 않고 바로 백화점으로 가서 사람이 들어갈 정도의 내부 공간이 넉넉한 놈으로 한 대 사죠."

그래서 로비스트와 입법자들, 공학자들, 경영자들이 효율이 높은 냉장고 생산에 관한 법안을 이미 마련한 상태다. 겔러의 설명으로는 먼저 각 주 차원에서 진보적인 법들이 통과되었지만 주마다 요구 사항이 조금씩 달랐다. 혼란을 줄이고 같은 제품에 여러 모델을 만드는 문제를 해결하고자 연방 차원의 표준화된 법이 마련되었다. 덕분에 1970년대 제품보다 에너지를 3분의 2나 덜 사용하지만 용량은 더 크고 외관과 성능이 뛰어난 모델들이 생산되었다. 설계에 따라 저비용 고효율이 달성된 것이다. 1990년에 발효된 가전제품 규격은 이미 31개 지역 발전소들이 생산한 것보다 많은 에너지를 절약했다. 맥주를 차게 하고 남은 음식을 상하지 않게 하려고 우리는 어떤 것도 줄이거나 심사숙고할 필요가 없고 그린피스의 행동대원이 되지 않아도 되었다. 우리는 그저 환경친화적인 법률의 열매만 따 먹으면 되는 것이다. 이것이 바로 단순성이다.

"어플루엔자가 뭔가를 사라고 충동질한다면 최신형 냉장고나 드럼 방식의 세탁기를 사면 어떨까요? 삶의 질을 높이고 환경적으로도 가치가 있는 것들 말이에요." 겔러의 말이다.

시간예약 자동온도 조절장치나 저에너지 창문 등의 고효율 제품들을 이용함으로써 생활에서 얻는 절약 효과는 주식이나 채권 투자에서 얻는 수익에 못지않다. 또 이런 저축은 시황을 보며 마음 졸일 필요도 없으니 말이다. 금전적 절약은 지구 사랑의 여러 가지 숨은 혜택 가운데 하나에 불과하다.

마음에서 일어나는 변화야말로 개인 차원에서 가장 중요한 실천이다. 우리는 개인으로서 얼마나 많이 혹은 얼마나 적게 소비하는가도 중요하지만, 사는 물건이 얼마나 잘 생산되었는지도 중요하다는 걸 깨닫는 중이다. 소비의 양만이 아니라 설계와 선택의 질도 중요하다.

초고효율 경제가 되면 우리는 돈을 절약할 수 있다. 청소하거나, 건강을 회복하거나, 새로운 원료를 캐거나, 우리가 싫어하는 일(그 보상으로 사치스런 휴가를 요구하는)을 하느라고 추가 지출을 하지 않아도 되기 때문이다. 효율화는 특히 소득 중 상대적으로 많은 몫을 공과금으로 지출하는 저소득층들에게 유익하다. 자연의 작용원리를 알고 제품을 그것에 맞게 설계함으로써 지구에 편승하는 법을 익히면 우리는 모두 승자가 될 수 있다.

소비자들이 고려할 우선순위

이야기를 바꾸어 어마어마한 규모의 환경문제로 돌아가 보자. 이 문제는 부주의한 소비자 선택은 물론 현명한 소비자 선택을 통해서도 해결하기엔 역부족인 문제다. 하지만 『효과적인 친환경적 선택을 위한 소비자 가이드』의 공저자 마이클 브라우어와 워런 리언이 도울 준비가 되었다. 그들의 임무는 우리의 선택에 우선순위를 부여함으로써 정신적 혼란과 죄의식을 몰아내는 것이다. 두 사람은 할 일을 있는 대로 늘어놓지 말고 한정된 돈으로 최대의 효과를 얻으려면 가장 심각한 문제부터 해결하라고 권한다. 그들의 계산으로는 스테이크 전문점에 가면서 SUV를 끌고 가는 것도 최악의 행동 가운데 하나다. 자동차와 육식은 어플루엔자가 지구를 덮치는 데 사용하는 기본적인 통로이기 때문이다.

브라우어와 리언은 여러 단체나 전문가들이 지난 10년 동안 벌여온 분석을 통해서 소비의 가장 중요한 해악으로 대기오염과 지구온난화, 서식지 변화, 수질오염을 꼽았다. 설계와 생산단계의 중요한 결함이 환경에 심각한 타격을 주기도 한다. 도시와 지하철을 설계하는 방식, 하수를 정화하는 방식, 농사짓는 방식, 에너지를 생산하는 방식, 기업들이 화학제품과 컴퓨터, 자동차 등을 설계하고 생산하는 방식 등에서 그런 결함을 볼 수 있다. 소비자 선택이 생산체제에 직접적으로 영향을 미치지는 않더라도 신중하고 현명한 선택은 지구의 회복 속도를 높일 수 있다. 소비자 선택은 숨어 있는 그러나 중요한 반대급부다. 예를 들어 우리가 유기농산물을 살 때, 우리는 토양 침식과 곤충에 대한 위해를 예방할 수 있는 농사 기술(돌려짓기 등)도 사는 것이다. 연료 효율이 높은 자동차를 사면, 우리 스스로 쾌적한 기후와 맑은 공기를 선전하는 굴러다니는 광고판이 되는 셈이다.

또 고기 소비를 줄이면 우리가 대지와 물, 공기, 대기에 가하는 위해를 줄일 수 있다. "같은 양의 영양을 함유한 곡물에 비해 고기는 대지 사용면적은 20배(목축을 해야 하니까), 일반 수질오염량은 17배(가축 배설물로), 유독성 수질오염은 5배(사료용 곡물과 가축에 사용하는 화공약품 탓에), 온실가스 방출량은 3배(에너지 사용량이 더 많으니까)에 이른다."

우리가 소비하는 고기의 양은 개척시대의 잔재인가, 아니면 그저 시각 효과에 기인한 습관일 뿐인가? 어쩌면 우리는 보기 예쁘라고 접시를 채우는지도 모른다. 1970년 이후 저녁 식탁에 놓인

소비자들이 고려할 우선순위

1. 차를 탈 필요성이 적은 위치에 거주하라.
2. 두 번째나 세 번째 차를 살 때는 한 번 더 생각하라.
3. 연료효율이 높고 오염물질 배출량이 적은 차를 선택하라.
4. 자동차 이동거리를 줄이기 위해 구체적인 목표를 설정하라.
5. 가능하면 걷거나 자전거를 타거나 대중교통을 이용하라.
6. 육식을 줄이라.
7. 공인된 유기농산물을 사라.
8. 살 집은 신중하게 선택하라.
9. 난방과 온수의 환경비용을 줄이라.
10. 조명기구와 가전제품은 에너지 효율이 높은 것으로 선택하라.
11. 재생 가능 에너지를 공급하는 전력 업체를 선택하라.

접시 미학은 많이 변했다. 더불어 고기 소비도 늘었다. 하지만 이제 곰곰이 생각해볼 때가 되었다. 식탁 접시에 과일과 곡물, 채소로 가득 채워도 고기를 놓았을 때와 똑같이 먹음직스럽고 훨씬 더 다채롭게 보이지 않을까? 그렇다면 고기 섭취량을 주당 2,270그램에서 450그램으로 줄이면 동시에 심장병과 뇌졸중 발병률도 같은 배수로 줄일 수 있다.

브라우어와 리언은 낭비를 줄이고 효율성을 높이는 소비자의 노력을 찬양하면서도 우리에게 자신을 너무 닦달하지는 말라고 권한다. "예를 들어 일회용 컵을 사용하지 않으려고 노력하다 보니 일부에서는 다른 걱정이 늘었다. 교회 신도들은 플라스틱 컵을 사용하지 않으려고 도자기 커피잔과 식기 세척기를 들여놓으려 했다. 그들이 1주에 사용하는 컵의 수가 40개 정도에 불과하다는 것을 안 우리는 차라리 그 돈으로 방풍이 허술한 교회 건물의 난방 공사에 쓰라고 권했다."

행위자가 비교적 소수임에도 미치는 영향이 큰 경우도 있다. 모터보트 타기, 비포장도로를 달리는 산악 오토바이나 스노모빌을 즐기는 행동이다. 예를 들어 제트 스키를 한 시간 타면 차로 워싱턴에서 플로리다 주 올랜도까지 갈 때와 맞먹는 스모그가 발생한다. 제트 스키의 엔진에는 배기가스 제어 장치가 없기 때문이다(이 작은 엔진이야말로 최우선적인 재설계 대상이다). 휘발유 연료를 쓰는 잔디 깎는 기계의 엔진도 많은 사람의 낮잠을 방해함은 물론 동네에 심한 오염 물질을 뿜어댄다. 더구나 잔디밭 주인들의 1만 제곱미터당 농약 사용량은 농민의 10배나 된다. 사용 안내문은 읽기가 귀찮고, 사용량은 많을수록 좋은 게 아니냐고 생각하기 때문이다.

요즘엔 정원을 활용하는 사람들이 늘어나 화초와 관목을 이용한 조경이 유행이다. 유기농에 대한 관심이 계속 늘어 잔디밭을 아예 없애고 텃밭을 만드는 게 인기다. 그렇게 되면 우리는 1주에 몇 시간씩 잔디를 깎는 대신 방울토마토를 한 사발씩 따게 될 것이다.

환경문제를 유발하는 주요 요인은 주위를 터럭 하나 없이 깨끗하고 깔끔하게 유지하려는 집착이다. 우리의 잔디밭이 오점 하나 없이 푸를수록 우리 시냇물은 썩어간다. 잔디에서 흘러나오는 온갖 비료와 농약 때문이다. 우리의 집이 깨끗하면 할수록 우리의 환경은 독성이 높아진다. 지나치게 윤내고, 살균하고, 탈취할 때 빠져나온 화공약품들 때문이다.

지구를 구하기 위한 소박한 실천을 할 수 있는 한 많이 하자. 해악을 줄이고 설계의 개선을 자극하고 돈을 절약할 수 있다. 어떤 의미에서 우리는 과소비를 정보와 자각으로 대체하고 있다. 이는 손쉬운 길이다. 많은 변화를 요구하지 않기 때문이다. 하지만 이 방법을 실천할 때 우리는 늦어도 다음다음 주까지는 해결해야 할 몇 가지 다른 세목이 있음을 잊지 말자. 경제와 그 경제가 만들어내는 제품 가운데 많은 것을 재설계하고 미국인의 마음가짐을 재생 처리하는 것 말이다.

어플루엔자 퇴치를 위한 녹색 설계

잘 설계된 토스터는 하루를 유쾌하게 해준다. 빵이 황금빛이 도는 갈색이 되어 나오는 건 물론이고 그 기구의 스타일 자체가 썩 마음에 들기 때문이다. 토스터가 수리할 수 있게 설계된 것이라면 좋은 일이고, 또 다른 토스터로 재생해 이용할 수 있다면 그 역시 좋은 일이다. 요즘엔 환경에 미치는 영향을 최소한으로 줄이도록 설계한 지능형 제품을 출시하고 있다. 서유럽에서는 현재 여러 나라가 수명이 다한 제품을 거둬들이고 있다. 언젠가는 당신이 쓰던 토스터도 재생 처리를 위해 원래 만들었던 공장으로 '회유回遊' 하는 날이 올 것이다.

다른 소비재에는 어떤 녹색 설계의 특성이 필요할까? 하이브리드 자동차는 효율성과 낮은 오염 위험, 저렴한 유지비가 특징이다. 수년 전, 에너지 절감의 스승 에이모리 로빈스가 구상한 차세대 자동차는 현재 포드와 GM, 혼다, 도요타 등의 자동차 회사에서 시제품을 제작하고 있다. 로키마운틴 연구소의 로빈스 동료는 최근 디

어플루엔자 퇴치를 위한 설계

- 중독성과 오염 위험이 없는 것.
- 재생 가능한 에너지와 자원을 사용하기.
- 사회적으로 공평하고 누구나 쉽게 구할 수 있는 것.
- 신축적이고 가역적인 것.
- 내구성이 좋고 수리해 쓸 수 있는 것.
- 다양하고 독특한 것.
- 능률적이고 정확한 것.
- 이해하기 쉬운 것.
- 생태계의 부담을 줄여 주는 것.
- 유지비가 저렴한 것.
- 생명에 민감하고, 생물학적 적합성이 뛰어난 것.
- 문화에 민감하고, 인간 친화적인 것.

트로이트 연례 자동차 전람회에 참석했는데, 전람회에는 1리터에 4.2킬로미터를 가는 포드의 익스커션과 1리터에 25.2킬로미터를 가는 프리우스와 34킬로미터를 가는 GM의 프리셉트가 공룡들 옆에 전시되어 있었다.

지능형 자동차의 설계자들은 공기 저항과 기계적 마찰, 타이어 저항, 무게를 줄임으로써 새로운 종류의 자동차 엔진이 활동할 무대를 세웠다. 궁극적으로는 수소 연료를 사용하고 수증기를 방출하는 연소와 오염이 없는 연료 전지가 나오는 것이다. 우리는 곧 설계의 힘으로 세계의 대기 오염이 극적으로 개선되는 것을 볼 수 있을지 모른다. 물론 제아무리 하이퍼카라 해도 하이퍼 사회의 차량 정체까지 없앨 수는 없겠지만 말이다.

항공우주과학과 컴퓨터공학의 결과물인 뉴밀레니엄 풍력발전기는 이전의 발전기보다 훨씬 더 우아하게 서비스를 전달할 수 있다는 걸 보여준 또 한 가지 훌륭한 사례다. 석탄이나 원자력을 사용하는 발전소보다 훨씬 깨끗하고 건설 기간도 짧은 최신 기술의 결집체 풍력 농장은 이미 수백만 가구가 쓰기에 충분한 전력을 공급하고 있다. 1994년과 1998년 사이에 풍력발전 산업은 40퍼센트나 성장했다. 미국 풍력협회에 따르면, 풍력이 세계 에너지의 10퍼센트를 담당한다면 일자리가 200만 개 가까이 생긴다. 미국의 전력 소비자 4명 중 1명은 이제 바람과 같은 재생 가능한 자원에서 생산되는 '녹색 전력'을 쓸 수 있다.

미국 에너지고효율경제협의회의 하워드 겔러는 이렇게 역설한다. "효율성이 가장 중요하다. 우리가 낭비하는 게 많을수록 바람과 바이오매스, 태양 등에서 동력을 공급받는 경제로 이행하는 것

이 더욱 어려워진다. 효율적인 제품과 공정이 확보되면 그러한 이행은 비교적 쉽다. 역사적으로 보아 목재에서 석탄으로, 그리고 석탄에서 석유로 넘어오는 이행은 몇십 년밖에 걸리지 않았다."

해악은 적으면서 더 큰 가치를 제공하는 '지능형 제품'의 잠재력은 거의 무한하다. 지금까지 업계는 설계에서 단위 비용이나 제조의 용이성 등과 같은 목표를 추구했다. "고도 기술사회에서 발만큼이나 오래가는 신발을 만들지 못할 이유가 없습니다." 노스웨스트 환경 감시단의 앨런 더닝은 이렇게 말한다. "우리는 재생 불가능한 석유화학제품에 토대를 둔 탄화수소 경제로부터 식물 자원에 기반을 둔 탄수화물 경제로 이행할 수 있습니다." 지역 자립 연구소의 데이비드 모리스의 말이다.

신문 잉크나 치약과 같이 일상적으로 사용하는 제품들도 부작용 없이 용도에 정확히 들어맞는 방향으로 계속 재설계되었다. 톰스

오 메인사의 톰 채펠은 이런 의문을 품었다. "치약에는 왜 합성 연마제와 색소, 인공 향료, 방부제, 접합제, 플루오르화물, 게다가 오래전부터 발암물질로 의심받는 사카린까지 없는 것 없이 다 들어있단 말인가?" 채펠의 혁신적인 탄산수소나트륨 치약은 수백만의 소비자들을 만족하게 했고 이에 자극을 받은 콜게이트와 프록터&갬블 등의 회사들도 비슷한 제품을 출시하기에 이르렀다.

지구의 주인은 바로 나

사람들은 어떤 때에 좀더 환경친화적으로 태도를 바꾸는가? 행동주의 심리학자들은 가장 효과적으로 변화를 일으키는 자극제는 환경친화적인 행동이 큰 혜택을 주며 별로 불편함이 없다는 인식을 주어야 한다고 강조한다. 사람들에게 지구온난화와 수질오염 등에 관한 기본적 사실을 알려주며 그들의 실천이 미션임파서블식 노력 없이도 효과를 낸다는 걸 이해시켜야 한다는 것이다.

생태심리학자 터랜스 오코너는 환경에 대한 책임감은 실은 자기 이익에 대한 관심이 승화한 것으로 생각한다. 그는 이렇게 묻는다. "지구가 내 행성이 아니면 누구의 것인가? 내가 원인이요 내가 치료법이다. 이런 자각에서 행동할 때, 나는 죄의식이 아니라 자기애에서 행동하는 것이다. 나는 나에 대한 부정을 뚫고 나가 인류가 전례가 없는 위기에 직면해 있음을 안다. 나는 의무나 이상에 따라 행동하지 않는다. 당장 내 집 타는 냄새가 나니까 행동하는 것이다."

공동체 생활하기 06

시장은 우리의 고독한 자아를 추켜세우지만,
공동체에 대한 갈망은 채워주지 않는다.
시장은 사회적 목표가 아니라 개인주의적 목표들을 조장하며,
'우리는 필요하다'가 아니라 '나는 원한다'고 말하도록 부추긴다.

● 벤저민 바버, 『우리를 위한 장소』

당신이 남의 장례식에 가지 않으면,
남들도 당신의 장례식에 오지 않을 것이다.

● 베라, 요가 수행자

오래 앓은 끝에 다시 세상에 나오는 것보다 더 기분 좋은 일이 있을까? 가라, 줄곧 TV에 들러붙어 있던 시간이여. 오라, 활력이여!

문제는 활력을 생산적인 곳에 돌리는 것이다. 모한다스 간디는 인생에는 속도를 높이는 것보다 중요한 것이 있다고 했는데 인생에는 탐욕을 키우는 것보다 더 중요한 것이 있다고 덧붙이고 싶다. 100만 달러짜리 광고가 선전하는 것과는 정반대로 인생에는 '나'보다 중요한 것이 있다. 광고는 호화로운 차를 사라고(몇 번이고 되풀이해서!) 부추기며, 무인지경의 원시적인 시골길이 페르시아 카펫처럼 무한히 펼쳐지는 장면을 보여준다. 신화 속 안개 덮인 도로에서

세련된 옷을 입고 진주처럼 빛나는 미소를 머금은 여인들이 차를 몰고 달린다. 고속주행은 필수, 젖은 노면은 저주를 받아라! 광고에서 중요한 건 오로지 '나', 개인적인 영광이라는 환상을 부추기는 것이다.

벤저민 바버는 그런 길이 우리를 원하는 곳에 데려다 줄 수 있으리라는 생각에 회의적이다. 『우리를 위한 장소A Place for Us』에서 바버는 이윤에 기반을 둔 경제에 불만을 품는 이유를 이렇게 설명한다. "시장은 완전고용과 환경보전, 공중보건, 사회안전망, 교육 · 문화적 다양성, 진정한 경쟁을 떠받치기도 하지만 침식하기도 한다."

그는 침대에서 벌떡 일어나 모두 함께 큰 정부와 대기업 사이에 존재하는 수동적 불평분자, 탐욕스러운 소비자, 고립된 희생자가 아닌, 시민이 자유롭게 호흡하고 민주적으로 행동하는 제3지대에 다시 힘을 불어넣자고 촉구한다. 미국 역사 속에 소중히 간직된 제3지대는 시민 생활이 활발히 전개되는 공간이다. 사랑의 집짓기운동, 교회들의 자선사업, 휴일 축제와 골목 파티, 시위와 저항운동, 학부모 교사협회(PTA)나 적십자와 같은 자원봉사 활동, 동네 파수꾼, 공동체 채소밭, 활발한 토론 그룹들…… 이 모든 활동이 우리에게 참여를 요구하는 하나의 확대 가족임을 상기한다.

바버의 불만은 거대 정부가 시민 생활에 힘을 불어넣지 못한다는 혹은 거부한다는 점이다. 영화제작자 마이클 무어는 전국의 투표 불참자들에게 보내는 공개 이메일에서 이를 익살스럽게 찬양했다. "훌륭하다! 1996년, 여러분은 미국 대통령 선거 역사상 최저 투표율 기록을 세우는 데 이바지했다. 2000년의 예비선거 기간에는 근 80퍼센트가 거실의 소파에서 연좌 농성을 벌였다."

고대 그리스에서 바보라는 의미의 '이디어트idiot'는 곧 공적 생활에 참여하지 않는 사람을 뜻했다. 1960년대에 이르러 정치가 기업에서 돈을 대는 미디어 쇼가 된 이후, 우리는 가끔 우리 모두 '이디어트'가 아닐까 하는 생각을 하지 않을 수 없다.

지역 수준에서도 마찬가지다. 목소리가 들릴만한 거리에 정치가들이 있으니 그들에게 직접 책임을 물을 수 있음에도 우리는 그렇게 하지 않는다. 거실 농성은 시의회의 각종 회의, 공원의 무료 연주회, 청문회가 열리고 있을 때도 계속된다. 특히 〈CSI 마이애미〉와 시간이 겹치는 경우에는 더욱 그렇다(그런 사람이 바로 이디어트가 아닌가? 아니면 비디오트vidiot?)

바버는 시민권은 투표하고 배심원을 맡는 것보다 훨씬 더 중요한 의미가 있다고 주장한다. 시민적 에너지를 직장과 보건산업, 신기술의 공적인 평가(이 세 가지 모두 우리가 새로운 방향으로 나아가는 데 절실하다)에 끌어들일 때 그 잠재력은 무한하다. 그는 심지어 쇼핑몰에 공적인 회합 공간을 설치하도록 의무화해야 한다고까지 주장한다. 그런데 어떻게 쇼핑몰을 동네 건강센터나 시민 발언대, 보육센터, 공공미술관을 위한 공간을 만들도록 설계할 수 있을까?

민중의 힘

'민중의 힘'으로 무엇을 성취할 수 있을까? 사회 이론가 진 엘슈타인은 이렇게 믿는다. "시민 사회, 가족, 동네, 공동체, 그리고 종교 및 시민 단체들 연계망의 본질적 과제는 …… 개인의 능력과 품성을 함양하고, 사회적 신뢰의 기반을 제공하며 어린이들을 시민으로 길러 내는 것이다." 어플루엔자는 종종 이런 고결한 목표에 장애가 된다. 시간에 굶주린 생활과 몸에 밴 자기도취가 우리의 참여를 가로막기 때문이다. 설령 자기 바깥의 세계를 보고 싶어 하더라도 우리는 너무 바빠서 어디서부터 시작해야 할지조차 모른다. 그렇지 않으면 또 너무 지쳐 있다. 게다가 우리는 시간과 돈, 에너지를 쏟아부었는데도 상황을 악화시키는 쪽으로 이바지한 사실에 죄의식을 느낀다! 하지만 고통스러운 자각은 회복으로 가는 첫걸음이다.

책임감 부여하기

인간은 예부터 부족이나 씨족이 공유한 지혜에서 가르침을 얻는 사회적 종이다. 모닥불 주위에 모이는 것을 '시민 활동'이라고 이름 붙이지는 않았지만 실제로는 다를 바 없다. 이런 활동은 가치와 목표를 형성하고 표현하는 데 중요한 역할을 했다. 지금도 마찬가지다. 물론 모닥불은 이제 거실의 인공 난로로 바뀌어 있긴 하지만 말이다.

포틀랜드의 주민으로 노스웨스트 지구연구소의 공동 설립자인 진과 딕 로이(3부 제3장 참조)는 흔히 주민의 집에서 토론 그룹을 조직한다. 참여자들을 상업적 메시지에서 격리시키고 스스로 생각하는 태도를 고취하는 게 목표다.

로이는 이런 예를 들었다. "로즈메리 코델로라는 여성은 성공한 변호사입니다. 우리 토론강좌를 이수하고서 그녀는 생활을 근본적으로 바꾸었습니다. 그동안의 호사를 벗어던지고 저소득 시민을 위한 녹색 주택단지를 건설하기 위해 포틀랜드에 노스웨스트 지속가능공동체라는 비영리 기구를 설립한 겁니다. 그녀는 지금처럼 행복했던 적이 없다고 말합니다."

로이의 동네에도 변화가 일었다. "우리는 지속적으로 만나는 동네 토론그룹을 조직했습니다. 우리 활동의 초점은 동네 계곡이었어요. 우리는 주민 주소록을 작성하고, 매주 금요일 밤 모임을 시작했습니다. 인근의 한 농민과 계약을 맺고 배달되는 농산물을 나누는 중앙집배소를 설치하고, 계곡을 청소하여 원래대로 돌리려고 동네 작업조도 구성했습니다. 도움이 필요할 때는 서로 집안일을 돕습니다."

이는 흥미로운 생각이다. 필요할 때 도움을 받는다는 것 말이다. "나는 우리의 사업을 '목적의식을 가진 모임' 이라고 부릅니다. 이 나라 사람들이 모두 우리의 토론강좌를 이수하기만 한다면, 우리는 하룻밤 사이에 문화 자체를 바꿀 수 있다고 진심으로 믿고 있어요."

로이의 믿음은 태도 변화가 어떻게, 왜 일어나는지를 조사한 한 연구와 정확히 들어맞는다. 약속과 신뢰, 의지가 핵심요소다. 30년 전에 한 연구를 보면, 연구자가 일광욕을 하는 것처럼 꾸미고 역시 일광욕을 즐기는 다른 사람 가까이에 자리를 폈다. 연구자는 잠시 후 자리와 라디오를 그대로 둔 채 해변으로 내려갔다. 그때 낯선 사람이 나타나 라디오를 훔쳤다. 이런 식으로 20차례를 계속했지만 그중 옆 사람이 도둑을 쫓은 경우는 4회뿐이었다. 반면, 연구자가 처음부터 옆 사람에게 물건을 지켜달라고 부탁했을 때는 도둑을 쫓은 경우가 20회 중 19회나 되었다. 우리는 다른 사람과 약속했을 때 행동하는 것이다.

또 다른 연구에서는 서면 약속이 구두 약속보다 구속력이 훨씬 더 강하다는 것이 증명되었다. 이번엔 방법을 달리하여 가정집을 돌며 신문재활용을 촉구했다. 연구자들은 한 집단에는 재활용의 중요성을 역설하는 팸플릿을 돌렸다. 두 번째 집단에는 구두 약속을 받았고 세 번째 집단에는 설득을 해서 서면 약속을 받아냈다. 구두 약속을 한 가정의 재활용 실천율이 팸플릿만 받은 가정보다 높았지만, 1년 후 후속 연구에서는 서면 약속을 한 가정만이 그때까지 재활용을 실천하고 있는 것으로 나타났다.

공동체에서 해답을 찾다

약 11년 전 데이브는 무척 새로운 동네를 건설하려는 모임에 회원으로 가입했다. 그들은 덴마크에서 수입된 개념인 '공동체 마을' 방식을 택해 이를 콜로라도 주의 한 장소에 적용했다. 덴버 서쪽에서 경관이 좋은 4만 제곱미터 면적의 토지를 찾아내 건축가와 개발업체의 도움을 받아 27가구의 가정집과 작업장, 채소밭, 과수원, 공동생활관 등을 주문했다(공동생활관은 일주일에 두세 차례의 공동 식사와 회의, 파티, 심야 영성수련 등에 이용되었다).

공동체 마을은 이름을 하모니 마을이라 정하고 배치를 강조했다. 조밀도를 높이고 되도록 공유 공간을 많이 확보했다. 하모니 사람들은 2~4블록 안에 집들을 밀집해 지음으로써 토지는 물론 에너지도 절약했다. 열을 이웃집 벽에서 빌릴 수 있기 때문이다. 그리고 차는 마을 한 귀퉁이의 차고와 주차 공간에 두도록 함으로써 정신 위생도 도모했다. 덕분에 동네 한가운데서도 안뜰에 있는 것과 같은 평온함을 느낄 수 있다. 설계는 마을의 안전에도 도움이 되었다. 공동 구역에서는 늘 활발한 움직임이 있고, 사람들은 식사 준비를 하거나 설거지를 할 때도 언제나 공터를 내다볼 수 있었다.

마을 사람들은 이웃이 될 사람들에게도 투자했다. 사람들은 여섯 집 건너에 누가 사는지 궁금해 할 필요도 없이 이주가 시작되기 전부터 모두가 서로 잘 알고 있었다. 기초 공사가 시작되기 2년 전부터 정기적으로 서로 만나 왔기 때문이다. 공동체의 물리적인 실체가 건설되는 동안 사회적 토대도 함께 구축하고 있었던 셈이다. 그들은 필요에 따라 시민이 되었다. 일단 마을이 형성되니 공적 업무가 필요했다. 각자가 한 팀에서 일하며 한 달에 한 번은 대규모 집회를 열어 마을 일을 처리하고, 집단적으로 보수나 건설 공사를 벌이거나 큰 파티를 열어 춤을 추었다.

이웃들은 다양한 사람들로, 나이만 보아도 한 살배기에서 83세 노인까지 다양했다. 거의 모두가 마을 소식지, 공동 안건에 대한 공개토론회, 창작 모임, 자기 고백 시간 등에서 낯을 익힌 사람들이었다. 지니 매키는 '회복적 정의'를 널리 보급한 성직자였다. 이는 가해자와 피해자 사이에 1대1로 대화하는 자리를 마련해 줌으로써 진정한 치유를 추구하는 교정 기법이다.

리치 그레인지는 통신 사업을 하는 사업가로 많은 이웃에게 현지 일자리를 제공한다. 그의 회사는 사회운동에 참여하며 자원봉사 활동을 하는 직원에게 유급휴가를 허락한다. 뮤지션인 에디 게일은 시민단체 '메사를 구하려는 사람들'을 돕는 공동체 활동가이기도 하다. 최근 그녀는 한 양로원에서 노래를 불렀다. 그곳 간호사의 말로는, 한 노부인은 그 노래를 부르며 숨을 거두었다고 한다.

버지니아 모랜은 책임 있는 투자 전문가다. 그녀의 전문 지식은 베트남 전쟁 당시 기업의 개입을 연구하면서 얻은 것이다. "전쟁이 계속되는 게 그들에게 이익이 되었죠." 그녀는 처음 연구를 시작하던 때를 회상하며 이렇게 말한다. "나는 투자를 하는 사람들이 자신의 가치관에 부합하도록 돕는 방법을 찾기로 했습니다. 샌프란시스코에 가게 되었는데, 거기서 사회 책임투자 포럼(SIF)★의 초기 회합에 몇 번 참석했습니다. 데스몬드 투투 주교가 미국에 와서 투자자들에게 남아프리카의 인종차별에 대한 재정적 지원을 철회하라고 요청했을 때, 우리는 여러 분야 사람들을 만나 주교의 대의에 동참하도록 설득했죠. 특히 교회는 설득하기가 쉬웠어요. 5년 뒤, 남아프리카의 경제가 비틀거리기 시작했는데 거기에는 우리의 노력도 한몫했습니다."

모랜은 개인적으로 코스타리카의 다양한 경재수硬材樹 플랜테이션과 스스로 '자조自助 금융'이라 부르는 미소微小 기업에 소액대출 펀드에 투자하고 있다. "사회적 책임 뮤추얼펀드 네 개가 낸 1996년부터 99년까지의 총수익이 S&P 500 지수에 낀 기업들을 95퍼센트나 앞섰어요." 그녀는 신이 나서 자신이 관여하는 펀드들이 얼마나 좋은 성과를 내는지 설명한다. "그 한 가지 이유는 많은 낭비와 벌금을 부르는 위법 행위나 오염이 사전에 걸러진다는 점이에요. 투자자는 환경보호국의 소환장을 받거나 노동 문제를 일으키는 기업들은 상대할 필요가 없어요. 팻록★★과 같은 시시하고 단명한 제품들에 돈을 대지 않아도 되고요. 지금과 같이 수익(그중 많은

★ Social Investment Forum. 1996년에 발족한 미국의 비영리 기구. 사회적으로 해가 되는 기업이나 환경을 파괴하는 기업에는 투자를 하지 않는 펀드의 성장을 촉진하는 개인과 비영리기관들의 연합체

★★ Pet Rock. 게리 달이 돌을 애완용이라 하여 하나에 1.5달러에 팔았다. 그는 먹이를 줄 필요가 없고 하루 두 번 물을 주고 한 달에 한 번 언덕에서 굴리는 운동만 시켜주면 되는 애완용 돌이라고 선전함

부분은 하이테크 기업들에서 올리는데요)을 내면, 계속해서 더 많은 사람이 자신의 정치적 · 윤리적 신념이 일치하는 곳에 투자하게 될 것입니다."

지금까지 소개한 사람들은 하모니 마을 주민의 극히 일부에 지나지 않는다. 다른 사람들 역시 '가치' 라는 말의 전통적 의미를 널리 펴는 여러 가지 활동에 관여하고 있다. 그들의 생활방식은 돈의 중요성을 낮춘다. 은퇴하기에 충분한 돈을 저축하라? 이건 맞다. 이들에게 이웃에게 뒤처지지 않기 위해 새 차를 살 필요는 전혀 없다. 바로 그 이웃이 '골동품' 딱지를 붙일 만큼 오래된 사브를 잘 관리하여 몰고 있기 때문이다.

하모니 마을의 설립 취지는 이렇다. "생태적으로 책임 있는 하나의 공동체 환경 안에 인간 자원을 공유하는 다양한 개인들이 협력하는 이웃을 건설한다." 그 소박한 목적을 이루기 위해 마을 사람들은 재활용을 실천하고, 퇴비를 만들고, 공동체 채소밭을 경작하며 도시 순환 도로의 마지막 구간을 놓고 싸우는 등 지역 현안들에 개입했다(성과도 거두었다!). 다른 사람들과 마찬가지로 하모니 주민들도 이 나라의 무책임한 경제의 피해자였다. 최근 그들은 재활용 회사 직원들의 부정을 밝혀냈다. 애써 꼼꼼하게 분류한 물건들을 그들이 매립용 쓰레기들에 섞어 버린 것이다.

마을 사람들은 공동체가 지원하는 농사에 더 혁신적인 활동을 실험했다. 마을 채소밭은 아직 조성 중이었으므로 주민들은 그 고장의 농부와 농산물 수급 계약을 맺었다. 농부의 아내가 매주 화요일에 농산물을 30~40단 정도 가져왔는데 이 덕분에 농부는 파종기에 얼마나 심을지 알 수 있었다.

또 다른 구상을 적극적으로 검토하는 데 효과적이고 능률적인 자동차공유협동조합이 그것이다. 자동차는 생애의 대부분(평균 95 퍼센트)을 주차된 채 자리나 차지하고 있다. 사람들을 원하는 장소에 태워 나르는 원래 목적을 수행하지 않고 말이다. 일부 주민은 재택근무자와 은퇴자의 비율이 높고, 대중교통이 발달한 이 시대에 왜 그렇게 많은 차가 나돌아다녀야 하는지 의문을 품었다. 차를 함께 타면 주차 공간과 도로를 줄이고 자동차 보험료로 나가는 지출도 줄일 수 있을 것이 아닌가.

마을에는 이미 비공식적인 자동차 대여망이 조직되어 있는데 아주 유용한 보조 교통수단이다. "수리 맡긴 차를 찾아와야 할 때는 동네에서 가까이 있는 사람을 아무나 찾기만 하면 됩니다." 마을의 대여 관리자 로라 허레라의 말이다. 어느 일요일 새벽 4시 20분, 데이브는 이웃 사람의 다급한 전화를 받았다. 휴가를 떠나려고 공항에 나갔는데 신분증명서의 유효기간이 만료되었다는 것이다. "우리 집에 가서 내 직장 신분증명서를 찾아서 47분 내에 공항으로 좀 갖다 줄 수 있겠습니까?" 그가 애타게 물었다. 도로가 막히지 않았으므로 데이브는 36분 만에 도착할 수 있었다.

주민들은 이 마을을 유토피아라고 생각하지 않으며 힘겹게 시민생활을 배우고 있다. 더러 좌절을 안기기도 하지만 흥미롭고 의욕적인 사업이다. 공동체 마을은 생기 있고 우애 있는 이웃을 만드는 여러 방식 가운데 한 가지일 뿐이며, 반드시 건물을 새로 지을 필요도 없다★. 개발업자와 시 지도자들, 참여적인 시민이 사회적 기회를 최대한으로 활용하고 낭비(자원, 시간, 돈 등)를 최소화하는 동네 하나를 성공적으로 만들어 낼 때, 어플루엔자는 그때마다 타격을 입는다.

책임지는 부자

줄곧 살펴보았듯이 많은 미국인의 경제 가치관이 바뀌고 있다. 하마터면 너무 늦을 뻔했지만. 그런데 또 다른 변화의 징후가 아주 뜻밖의 방향에서 나타났다. 바로 부유하고 유명한 사람들이다. '한 방 가득한 백만장자들'이라 하면 닫힌 문 뒤에서 이루어지는 정략적이고 공격적인 거래가 연상될지 모른다. 하지만 그것이 '책임지는 부자'★★로 알려진 단체의 회합이라면, 그 백만장자들은 돈을 나누어 줄 궁리를 하는 것이다.

400명이 넘는 그 단체의 회원들은 이미 최근의 자본이득 감세조처로 얻은 이윤 수백만 달러를 재분배했다. 그들은 또 상위 1~2퍼센트만 내는 부동산세를 폐지하려는 최근의 움직임에 반대했다. 단체의 발기인 중 한 사람인 마이크 래펌은 이렇게 말한다. "최상층 사람들은 호화 지구에 사는데 최하층 사람들은 감옥에 갇혀 있거나 궁핍하게 산다. 이런 상황은 장기적으로는 사회에 이익이 되지 않는다." 책임지는 부자 회원 중에는 가수 샤와 여배우 크리스틴 라티도 있었다.

또 다른 회원인 소프트웨어 백만장자 미셸 맥거이는 이렇게 말한다. "내가 주식 가격 오르는 것을 쳐다보는 일로 돈을 벌 때 다른

★ 예를 들어 보울더의 노매드(Nomad) 공동체는 공동 공간으로 기존의 극장을 쓰고 있고, 오리건 주 포틀랜드의 온고잉(On Going) 공동체는 한 동네의 낡은 집들을 싸게 사들여서 재활용했다

★★ Responsible Wealth. 번영의 혜택이 골고루 돌아갈 수 있도록 노력하는 기업가, 투자가, 부자들의 모임

사람은 몸을 움직여 노동을 했다. 그런데 왜 내 세율이 더 낮아야 하는가? 그런 조치는 경제적으로는 내게 이득이 될지 모르지만 건강한 사회를 건설하는 데는 도움이 되지 않는다."

이들은 어떤 사람들일까? 왜 그 조치를 냉큼 받아들이고 돈을 더욱 많이 긁어모아 다시 인수 합병에 골몰하지 않을까? 그들은 이미 더 갖는 것이 무의미한 지점에 도달한 것이 아닐까? 만족은 공동선을 위해 행동할 때만 얻을 수 있다. 어떤 의미에서 그들은 돈을 재투자하고 있다. 이윤만을 위해서가 아니라 사람을 위해서.

상업광고의 본질 파악하기 07

수년 동안 물리적 환경의 오염과 싸워 온 사람들이 갑자기
우리가 먼저 해결해야 할 더 큰 문제가 있다는 것을 깨달았다.
그것은 우리의 정신에서 오염된 영역을 정화하는 일이다.

• 칼레 라슨, 〈애드버스터스〉

옛말에 예방만한 치료는 없다고 했다. 가을마다 독감 예방접종을 하려고 얌전히 줄을 설 때 우리는 그 의미를 진지하게 받아들이는 것이다. 만약 바이러스가 들어온 기미를 느끼면 우리는 얼른 비타민C 정제를 먹는다. 물론 어플루엔자의 해악을 예방하거나 누그러뜨릴 수 있는 진짜 주사나 약은 없다(예외는 있다. 쇼핑에 실제로 중독된 쇼핑 강박증 환자의 경우, 정신과 의사들은 더러 강박 충동 억제제와 항우울제를 처방하여 좋은 치료 효과를 거두기도 한다). 하지만 은유적 의미로 어플루엔자에 대한 저항력을 높여주는 일부 강력한 항바이러스제들은 주변에서 찾을 수 있으며 우리에게 미치는 해악을 막는데 똑같이 효과적이다.

애드버스터

캐나다 브리티시컬럼비아의 밴쿠버는 어플루엔자 백신 연구의 본부라 해도 무방할 것이다. 이곳은 『컬쳐 잼Culture Jam』의 저자 칼레 라슨의 본거지다. 그는 과소비와 관련하여 언젠가 인플루엔자 연구에 지대한 공헌을 한 요나스 소크★가 받는 것과 같은 존경을 받을지 모른다. 라슨은 애드버스터스미디어협회의 설립자이며 널리 읽히는 계간지 〈애드버스터스〉의 발행인이다. 이 잡지는 소비주의에 대한 학문적 비판과 흔히 진짜 광고들을 조롱하는 반광고인 '비상업 광고'의 혼합물이다. 예를 들어 캘빈클라인의 '옵세션' 광고를 패러디한 작품에서는 자기네 속옷을 응시하는 남성들을 보여주는 한편, 압솔루트 보드카를 조롱하는 또 다른 패러디 작품에서는 한쪽이 녹아내린 보드카 병을 보여주며 '절대적 발기불능'이라는 자막과 함께 '음주는 욕구를 증가시키나 능력은 떨어뜨린다'는 셰익스피어의 경구를 덧붙인다.

또 다른 작품에선 실제 제품은 조롱하지 않고 잘생긴 젊은 사업가를 등장시킨다. 그는 자신을 불합리한 윤리적 요구로 내 삶을 복잡하게 만들지 않는 종교를 원해 마몬신께 귀의하려는 많은 사람 가운데 하나라고 소개한다. 이는 명백히 '너희는 하느님과 마몬을 아울러 섬길 수 없다'고 한 그리스도의 선언을 이용한 말장난이다. 마몬 반광고는 이렇게 선언한다. "우리는 영적 경기장의 가장 큰 선수는 아니지만 가장 빠르게 성장하는 선수다." 이는 어플루엔자 시대에 진정한 영성이 쇠퇴하고 있음을 지적하는 미묘하나 강력한 각성제다.

〈애드버스터스〉의 가장 성공적인 패러디는 금연 광고다. 말보로

★ 미국의 의학자. 1946년 미시간대학의 전염병학 교수로 재직 중 인플루엔자 병원체를 연구하여 백신을 만들었다.

맨을 닮은 카우보이 둘이서 석양을 향해 나란히 말을 달리는 장면에 이런 자막이 뜬다. "내 폐가 그립네, 밥." 금연운동가들이 아동에게 담배를 팔려고 만들었다고 비판하는 조 카멜Joe Camel을 풍자한 반광고 연작도 있다. 조 카멜은 조 케모Joe Chemo★★로 바뀌었다. 암에 걸려 생명 유지장치를 한 침대에서 누운 채 죽어가는 낙타가 주인공이다. 이미 죽어 관에 누운 모습을 보여주는 광고도 있다.

비상업성 광고

반광고들은 백신처럼 작용한다. 바이러스를 이용해 바이러스에 대한 저항력을 키우는 것이다. "우리는 〈애드버스터스〉 발행 초기부터 세브론 광고나 캘빈클라인 광고와 비슷한 광고를 내보내되 몇 초 동안이라도 그 광고가 실은 정반대의 메시지를 전하고 있다는 사실을 들추어냈습니다. 사람들이 이제까지 보고 들어 온 것에 대해 다시 생각해 보는 진실의 순간을 만들어냈습니다." 라슨의 말이다.

세계 제2차대전 때 에스토니아에서 태어난 라슨은 어린 시절을 난민촌에서 보냈다. "그 시절이 물질적으로 힘들었다고 기억하지만, 우리 가족이 매우 단란했고 이웃들과도 사이좋게 지내던 때를 생각하면 늘 기분이 좋아진다." 라슨은 독일에서 호주와 일본 등지로 옮겨 다니며 10년 동안 마케팅 일을 했다. 그러던 중에 갑자기 마음이 바뀌어 밴쿠버로 이주하여 다큐멘터리를 찍었다. 1989년에는 최초의 TV용 '비상업 광고'를 제작했다. 자연경관의 빼어난 아름다움을 한껏 자랑하는 브리티시컬럼비아 관광위원회의 광고

★★ 케모는 chemicals(화학제품)을 가리키는 조어

를 패러디한 작품이다. 라슨의 눈속임 광고는 목재 회사들이 브리티시컬럼비아의 원시림들을 밀어젖히면서 그 아름다움이 어떤 꼴을 당하고 있는지를 보여주는 내용이었다. 아주 당연한 일이었지만 TV 방송국은 라슨이 광고료를 내겠다고 하는데도 방송을 거절했다.

라슨은 자신의 반상업주의 메시지를 퍼뜨리는 차선책으로 〈애드버스터스〉 잡지를 창간했다. 하지만 그의 진짜 목표는 여전히 비상업 광고를 '우리 소비문화의 사령부'라 부르는 상업 TV에 등장시키는 것이었다. 라슨과 그의 동료는 수십 건의 TV용 비상업 광고를 제작했다. 그중 한 작품에서는 모형 자동차로 만든 금속 공룡이 땅에 쓰러질 때 '자동차 시대의 종말'이라고 소리치는 음성을 들려준다. 다른 작품들은 'TV 안 보는 주간'을 선전하고, 거식증과 폭식증을 조장한다고 '뷰티' 산업을 꾸짖으며, 황소가 도자기 가게를 꿰뚫고 달리는 장면을 통해 국민총생산은 경제의 건강을 재는 척도가 될 수 없다고 비판한다.

비상업 광고 중 많은 것이 실제로 광고 산업에 종사하는 사람들이 제작했다. 라슨은 이렇게 설명한다. "그들은 양심의 가책을 느끼기 때문에 은밀히 와서 TV를 이용해 세계를 더 나은 곳으로 바꾸려는 우리 일을 거들어 줍니다."

비상업광고를 받아주지 않는 TV 방송국

하지만 라슨은 메시지를 TV에 내보내려는 노력이 사실상 아무런 성과를 거두지 못하고 있음을 인정한다. "북아메리카의 모든 메이저 방송사들이 우리의 TV 비상업 광고를 거의 다 거절했습니다."

그러면서 그는 CNN의 한 간부와 면담했던 일을 설명한다. 라슨이 CNN 패션쇼 시간에 미용 산업을 비판하는 광고를 내보낼 시간을 사려고 할 때의 일이었다. 그 간부는 라슨에게 이렇게 말했다. "나는 선생의 캠페인이 좋아요. 우리 사회에 아주 중요한 사실을 말하는 것 같아서요. TV가 이런 광고를 방송해야겠지요. 하지만 공식적으로 내가 지금 말할 수 있는 건, 그 광고를 내보내는 일은 절대 없을 것이라는 겁니다. 바로 다음날 레블론과 메이블린, 캘빈클라인이 우리 목을 조르려고 달려들 테니까요. 우리 명줄이 그들에게 달렸으니 어쩝니까."

라슨은 물러나지 않고 법정에서 방송 거절의 부당성을 따졌다. 하지만 법원은 매번 그의 광고가 정치성이 다분하고 방송사들이 방영해야 하는 정치광고는 선거기간 후보들의 광고뿐이라고 결정했다. 언론의 자유와 수정헌법 제1조의 보호라는 것도 고작 그 정도다. "우리에게는 소비 메시지만 받아들이는 닫힌 가게가 아니라 사상의 자유로운 시장이 필요합니다. 이것은 의사 전달의 자유를 위한 투쟁입니다. 이 정보화 시대에 대단히 중요한 인권 투쟁이에요." 라슨은 노기 어린 목소리로 말한다.

아무것도 사지 않는 날

CNN은 결국 라슨의 비상업 광고 하나를 방송하는 데 동의했다. 북아메리카 지도에서 불쑥 나오는 돼지를 보여주는 내용이었다. 먼저 짧은 해설이 나온다. "북미 주민은 평균적으로 멕시코인의 5배, 중국인의 10배, 인도인의 30배를 소비합니다. 우리는 세계에서 가장 왕성한 소비자입니다." 이때 돼지가 크게 트림을 한다. 해설자가 다시 말을 이으며 '아무것도 사지 않는 날' 이라는 연례행사를 홍보한다. 미국에서 크리스마스 쇼핑시즌이 시작되는 추수감사절 다음 금요일에 이날을 지키자는 것이다.

1992년 밴쿠버에서 시작된 '아무것도 사지 않는 날' 은 현재 최소한 20개국에서 지키고 있다. 참여자들은 그날은 아무것도 사지 않는다. 신용카드를 절단하고 다른 사람들의 동참을 촉구하는 시위를 벌인다. 밴쿠버에서는 바로 전날 젊은 애드버스터들이 경찰들을 뒤에 세운 채 무리를 지어 시가지를 뛰어다니며 가게 창문에 떼기 어려운 선전 포스터를 붙인다.

"아무것도 사지 않는 날은 폭발적인 반응을 일으켰습니다." 라슨의 설명이다. "검약, 이 행성에서 가볍게 사는 것, 자발적 단순을 국제적으로 찬양하는 행사가 되어 가고 있습니다." 라슨은 아무것도 사지 않는 날의 정신이 어플루엔자를 다스리는 효과적인 백신으로 널리 보급될 것으로 믿고 있다. 북아메리카식 생활방식은 전혀 지속가능한 삶이 아니기 때문이다. "과소비는 모든 환경문제의 원천입니다." 그는 이렇게 말하고는 또 다른 비상업 광고를 만들기 시작했다.

신용카드 콘돔

TV방송 〈어플루엔자〉 프로듀서들이 프로그램에 라슨의 비상업 광고를 몇 건 집어넣자 시청자들은 그것을 보게 되었다. 많은 사람이 바로 자신이 광고의 주인공이라는 것을 깨달았다. 하지만 존과 동료 프로듀서들이 직접 비상업 광고 하나를 제작해 후속 프로그램인 〈어플루엔자 탈피〉에 삽입하려 하자 그것을 삭제하라는 요구가 들어왔다. 그렇지 않으면 그 프로그램을 황금 시간대에 방영할 수 없다는 것이었다.

'차세대가 주는 메시지' 라는 그 광고는 신용카드 콘돔이라는 어플루엔자 예방 장치를 홍보하는 내용이었다. 겉면에 경고문이 인쇄된 작은 신용카드 봉투가 나온다. 경고문의 내용은 이러했다. "사기 전에 한 번 더 생각해야죠. 꼭 필요한가? 다른 사람에게 빌릴 수 있는 건 아닌가? 다시 쓰거나 재활용할 수 있는 재질인가? 물건값을 벌려면 얼마나 많은 시간을 일해야 하나?" 나이 든 여인이 젊은 여자에게 콘돔을 이용해서 '안전한 쇼핑생활' 을 즐기라고 권한다. 그러고는 아메리칸 익스프레스 카드의 광고를 흉내 내어 미소를 지으며 이렇게 말한다. "명심해. 외출할 때는 꼭 챙겨야 한다."

PBS 방송국은 〈어플루엔자 탈피〉에 이 광고를 넣는 것을 거절했다. 프로그램 기획자들은 지역 방송사들에 신용카드 콘돔 부분을 사전에 알려주어야 하기 때문이라고 설명했다. 그들은 보수적인 농촌 지역의 50개가 넘는 PBS 계열 방송사들이 현지 시장에서는 콘돔이 금기이기 때문에 그 광고를 방영하지 않을 것이라고 했다. PBS는 시청자들을 잘 알고 있었다. 하지만 우리는 신용카드 콘돔(이름이야 무엇이든 상관없다)은 사람들로 하여금 물건을 사기 전에 다시 한번 생각하게 할 수 있는 멋진 발상이라고 생각한다.

돈의 주인이 되라

어플루엔자를 정말로 효과적으로 다스리려면 백신 접종과 비타민 프로그램을 어릴 때부터 시작해야 한다. 효과적인 예방 프로그램들이 이미 나와 있는데, 그중 캘리포니아 주 샌디에이고에서 사용하는 프로그램이 가장 효과가 뛰어나다. 샌디에이고에서는 유치원부터 고등학교까지 각 학교에서 '돈의 주인' 이라는 프로그램을 운영한다.

소비자 신용컨설팅서비스(CCCS)의 상담원들이 학교에 나가 학생들에게 돈을 저축하는 방법과 현명하게 쓰는 방법을 가르친다. 강사가 학생들에게 자신이 입은 멋진 옷을 가리키며 얼마 주고 샀을지 알아맞혀 보라고 말한다. 학생들의 추정액은 실제 가격의 약 5배다. 그가 그렇게 싸게 사는 비결은 중고품점이나 위탁 판매점에서 중고 양복을 사는 것이었다. 아이들은 당연히 깊은 인상을 받는다. "이제 멋지게 보이기 위해 구태여 많은 돈을 들일 필요가 없다는 것을 알겠지요?"

샌디에이고 CCCS의 대표인 아이린 웰스는 이 단체의 자원봉사자들이 샌디에이고에서 파산이 급증하는 사태에 매우 놀라고 있다고 설명했다. 학생들을 대상으로 '돈의 주인' 프로그램을 기획한 가브리엘라 로페즈는 본인 명의의 신용카드를 사용하는 고등학생이 학기마다 크게 늘고 그중 많은 아이가 빚에 시달리는 것을 알고 놀랐다.

이제 샌디에이고 학생들은 돈을 현명하게 관리하는 법을 다 익혀야만 졸업할 수 있다. 혼자서 아이를 키우는 타냐 오로즈코는 10대인 딸 어니타가 그 프로그램을 이수한 것을 기쁘게 생각한다. 어니타는 이제 긴축 예산을 짜서 어떻게든 저축을 하려는 엄마의 노력을 더 잘 이해할 수 있다. 몇 년 전에 타냐는 빚 때문에 CCCS의 도움을 받아야 할 처지에 빠졌었다. 이제 그녀와 어니타는 모든 지출을 꼼꼼히 기록한다.

CCCS 상담원들은 프로그램을 유치원에까지 가져가서 네다섯 살짜리 아이들에게 돼지저금통에 돈을 저축하고, 쓸 때는 꼼꼼히 따져 보는 방법을 설명하는 프리젠테이션을 실시했다. 부모들은 조무래기 녀석들이 이제 엄마 아빠에게 돈을 아껴야 한다고 말한다고 전했다. 제라도 파벨라가 웃으면서 설명한다. "어떤 아이들은 부모가 물건을 살 때마다 이게 정말 필요하냐고 묻는다더군요." 그런 아이들은 몸속에는 어플루엔자 백신이 충분히 투여된 것이다.

미디어 일깨우기

전국의 많은 학교에서 교사들은 학생들에게 대중매체가 어떻게 그들을 조종하는지를 가르친다. 학생들이 어플루엔자 바이러스를 옮기는 상업 광고들로부터 자신을 보호할 수 있게 돕자는 것이다. 이런 교육을 '미디어 일깨우기'라 부르는데, 어플루엔자 시대에는 어쩌면 문자를 깨치는 것만큼이나 중요할지 모른다. 학생들은 TV 광고를 분석하여 그 광고가 물건을 사도록 설득하고자 사용하는 심리학적 기법들을 찾아낸다. 그들은 각각의 광고가 보여주는 제품이 어떤 욕구를 채워 줄 것인지를 분석한 다음, 같은 욕구를 해결하기 위해 더 낫고 싼 방도가 없는지를 따져본다. 시간이 갈수록 점점 더 많은 학교에서 미디어 깨치기 강좌를 채택하고 있다.

대체로 광고 분석과 비디오제작 워크숍을 결합하는 프로그램의 효과가 크다. 학생들이 직접 TV를 효율적으로 이용하는 방법을 익히도록 하기 때문이다. 맬러리 그레이엄은 시애틀의 고등학교에서 비디오 제작과 미디어 깨치기를 가르친다.

그레이엄은 학생들에게 인기가 좋은 비디오 제작 수업과 소비의 폐해에 대한 이해를 결합해 미디어 깨치기를 가르친다. "광고업자들이 프로그램을 이수한 학생들을 조종하는 건 어려울 거라고 생각해요." 그레이엄의 말이다.

프로그램을 이수한 많은 학생이 10대 아이들을 현혹하는 제품과 브랜드를 만드는 공장의 저임금, 열악한 노동 조건에 대해서도 배운다. 그들은 아동 노동과 착취적인 공장을 비난하는 시위를 벌이고, 다국적기업을 위해 걸어 다니는 광고판이 되기를 거부한다.

"오늘의 10대와 아동들은 내일의 혁명가가 될 것입니다." 트렌드 연구가 제럴드 셀렌티는 이렇게 말한다. "그 아이들은 대단히 반물질주의적인 성인으로 자랄 겁니다." 물론 백신 접종을 받았을 때의 이야기다.

노동시간 조절하기 08

이 나라는 구조 자체가 자발적 단순에 반하도록 짜여 있다.

• 마이클 제이컵슨, 『마케팅 광기』의 공저자

앞에서 우리는 몇 장에 걸쳐 자발적으로 개인과 공동체, 직장 차원에서 어플루엔자 바이러스를 퇴치하려는 전략을 살펴보았다. 모두 요긴한 전략들이며 수많은 사람을 이 병으로부터 보호해 줄 것이다. 하지만 더러 돌림병이 분리라는 형태의 정치적 조치를 요구하는 경우도 있다. 우리는 어플루엔자가 바로 그 지경에 이르렀다고 생각한다.

토머스 네일러 박사는 이런 분리가 현재 자신의 거주지 버몬트 주에서 시작되기를 희망한다. 그는 '제2의 버몬트 공화국'이라 불리는 캠페인을 주도하고 있는데, 이것은 삶의 고유한 질을 보호하고자 미국으로부터 버몬트가 분리되어야 한다는 주장이다. 버몬트에는 다른 주보다는 어플루엔자 바이러스가 덜한 편이다. 월마트한테도 점령당하지 않았고, 대규모 상점도 몇 개 되지 않을뿐더러 볼품없는 소규모 가게들이 버몬트의 아름다움을 훼손하지도 않았다. 버몬트의 마을은 아직 살기 좋은 곳이다. 사람들은 계속해서 대중 포럼에 참여하고, 의료보험을 보장받고 있다. 버몬트 사람들은 그 지역 제품을 쇼핑하고 위생 식품을 사들인다. 양질의 삶을 꿈꾸고 버몬트로 이사 온 토머스와 같은 사람은 건전한 생활을 어플루엔자에 잠식당하지 않으려고 노력하고 있다.

그렇다고 우리가 모두 버몬트에서 살 수는 없는 노릇이다. 그래서 우리는 이 나라 모든 곳에 퍼진 어플루엔자 문제를 해결해야만 한다.

25년 동안 줄기차게 욕을 해댔는데도 결국 정부가 무슨 바람직한 일을 할 수 있을까 하는 깊은 회의만 남았다. 그래도 우리는 정부가 어플루엔자에 비우호적인 사회, 더 긍정적으로 말해 단순성에 우호적인 사회를 창출하는 데 중요한 역할을 할 수 있다고 믿는다. 사회적 질병은 명백히 개인적 실천만으로는 치유할 수 없다.

어플루엔자의 증상이 다양하고 상호 연관되었듯이, 그것을 분리시키려는 공적인 노력도 그래야 한다. 은총알만 있다고 늑대 인간을 잡을 수 있는 건 아니다. 거기에는 지방에서 연방까지 정부 차원에서 몇 가지 핵심적 실천 영역을 중심으로 한 종합적인 전략이 필요하다. 이와 같은 실천 영역은 다음과 같다.

- 노동시간 단축
- 조세와 소득 체계의 재구성
- 제품의 전체 순환 과정에 대한 책임을 포함한 기업 개혁
- 지속가능한 인프라에 대한 투자
- 정부보조금 수급 대상의 조정
- 아동보호의 새로운 개념
- 금융개혁
- 경제 성장에 대한 인식의 전환

노동시간 조절하기

우선 어플루엔자의 확산을 억제하고 싶다면 우리는 반세기 동안 노동조합의 최대 현안이었다가 갑자기 관심에서 멀어진 사회적 과제를 되살려야 한다. 앞서 2부 제1장에서 우리는 세계 2차대전 이후 경제학자 줄리엣 쇼어가 말한 '주목할 만한 선택'을 할 기회가 있었다고 주장했다. 생산성이 두 배 이상 높아졌으므로 마음만 먹으면 노동시간을 반으로 줄이고도 50년대에 생각한 '풍요'를 누릴 수 있었을 것이다. 우리는 생산성 증가분 중 중요한 몫을 여가로 취할 수도 있었다. 하지만 우리는 그렇게 하지 않았다. 대신 더 많은 열매를 만들고 소비하는 데 투입했다.

아직도 우리의 표준은 1938년에 입법화된 48시간 노동이다. 우리는 법으로 다른 표준을 설정할 수 있고 그렇게 해야 한다. 그렇다고 꼭 1930년대에(최근에는 펜실베이니아 출신 민주당 하원의원 루시언 블랙웰이 작성한 1993년 법안에서) 제안된 하루 6시간 일주일 30시간 노동이나 일주일에 4일 주 32시간 노동처럼 획일적인 표준일 필요는 없다. 물론 미국의 많은 노동자에게는 어느 안이든 꿈같은 이야기일 테지만 말이다.

어쨌든 더욱 중요한 건 연간 노동시간(현재 약 2,000시간으로 일벌레라는 일본인마저 앞질렀다)을 규제하는 것이다. 2,000시간은 하루 8시간씩 250일 일한 것과 같다. 거기에 주휴(週休) 104일과 국경일 9일을 더하면 363일이 되니까 휴가 기간은 단 2일만이 남는다. 이것이 대략 미국인이 처해 있는 현실이다.

하루 평균 노동시간을 6시간으로 한다면 우리는 서유럽의 기준에 가까운 연간 약 1,500시간만 일하면 된다. 그러면 여가가 500시간, 곧 12.5주 늘어난다. 여기서 한 가지 제안을 하겠다. 연간 기준 노동시간을 1,500시간으로 정하고 일주일 노동시간은 최대 40시간을 넘지 않도록 규정하자. 그러고는 노동자들에게 편리한 방식으로 1,500시간을 채우도록 하는 것이다.

탄력적인 노동시간

잘 알려지진 않았으나 중요한 책인 앤더스 헤이든의 『일자리 나누기와 지구 절약Sharing the Work, Sparing the Planet』에서는 국제적 차원에서 노동시간을 줄이기 위한 훌륭한 구상들을 찾아볼 수 있다.

이 시나리오 중에 어느 것이라도 노사가 자율적으로 합의할 수 있지만, 노동시간 단축 법안에는 연간 최대 1,500시간을 초과하는 노동시간을 요구하는 사용자에 대한 엄격한 처벌을 명시해야 한다.

몇 건의 조사에서는 미국 전체 노동자의 절반이 노동시간을 줄이고 임금 삭감을 감내할 뜻이 있는 것으로 밝혀졌다. 하지만 반드시 1대1 비율로 삭감해야 하는 건 아니다. 노동시간이 줄면 노동자들의 노동생산성이 높아진다. 그러므로 W.K. 켈로그가 이미 1930년대에 알고 있었듯이, 주 30시간 노동은 최소한 35시간의 가치가 있다. 실제로 인디애나폴리스에서 경영 컨설턴트로 일하는 론 힐리는 그 지역 일부 기업을 설득해 자신이 '30~40 지급' 이라 부르는 방식을 채택하게 했다. 그들은 유망한 종업원들에게 주 30시간 노동에 대해 통상 40시간치 봉급을 지불했다. 대개 종업원들은 생산성이 늘었고, 실험은 성공적이었다.

자기 시간 돌려받기 캠페인

어플루엔자와 싸우려면 소득을 여가와 바꾸는 걸 두려워해서는 안 된다. 법정노동시간을 연간 1,500시간으로 줄인 뒤에도 생산성이 올라갈 경우, 봉급을 더 받는 대신 노동시간을 더 줄일 수 있는 권리를 법으로 보장하고, 생산성이 늘지 않은 경우에도 임금을 덜 받고 노동시간을 더 줄일 수 있도록 해야 한다.

단기 과제로는 다른 산업국가처럼 노동자의 시간을 지켜주는 법을 즉시 만들어야 한다. 이 책의 공동저자 존이 중책을 맡은 '단순화 포럼' 은 '자기 시간 돌려받기' (www.ti-meday.org)라는 전국단위 운동을 개시했다. '단순화 포럼' 은 '엄마들도 같은 권리를 갖자' (www.mothersoughttohaveeualrights.org)와 '살기 위해서 일하자' (www.worktolive.into/index.cfm) 등을 포함해서 다른 활동에도 참여하고 있다. 이 단체는 다음 6가지 입법조항을 제안한다.

- 출생 유급휴가를 보장하라. 미국인의 40퍼센트만이 1993년에 제정한 가족 및 의료 휴가법률에 의해 12주 무급휴가를 이용한다.
- 모든 노동자가 유급으로 적어도 일주일 병가를 쓸 수 있도록 보장하라. 많은 미국인 노동자가 아파도 일을 해 생산성을 떨어뜨리거나 다른 동료에게 지장을 주고 있다.
- 모든 노동자의 연차유급휴가를 적어도 3주간 보장하라. 여성 노동자 28퍼센트와 연봉 4만 달러 미만의 여성 37퍼센트가 전혀 유급휴가를 가지 못하는 것으로 밝혀졌다.
- 노동자에게 강제로 할당된 초과근무를 제한하라. 노동자에게 초과근무를 수락하거나 거절할 권리를 부여하라. 수많은 노동자가 가족의 얼굴을 거의 못 보는 실정이다.
- 선거 날은 휴일로 정하라. 시민의 정치 참여를 보장하라.
- 파트타임을 선택할 수 있도록 하라. 시간당 급여와 일당을 정하라.

세상에 뒤처지는 여성들

대통령선거가 한창일 때 휴가를 늘리자는 제안이 나왔을 때 조지 부시 대통령 후보 진영의 어느 간부는 이렇게 대답했다. "거 참 좋군요. 당장 필요한 걸요." 하지만 후보자 중 이를 실제로 수락한 사람은 랠프 네이더만뿐이었다.

2004년 7월, PBS 방송국 빌 모이어 피디의 〈나우Now〉에 출연한 여론조사 전문가이자 전략가 프랭크 룬츠는 부동표 대다수가 어린 자녀를 둔 여성이라는 점을 지적했다. 시간이 부족한 엄마들은 부동표의 제1순위가 된다는 것이다. "그들에게 시간은 다른 어떤 것보다도 중요합니다." 룬츠가 말했다.

조지 부시 대통령은 연설에서 이 문제에 대해서 그저 립서비스만 했을 뿐 실질적인 해결책은 내놓지 않았다. 민주당 후보인 존 케리도 전혀 이 문제를 언급하지 않았다. "닥치고 초과근무나 하라" 이것이 미국을 선도하는 두 정당 정치가들의 메시지인 듯하다.

가족과 개인의 시간을 보호하는 미국의 공공 정책은 다른 나라에 크게 못 미친다. 하버드대학 공중보건 팀이 최근에 168개국을 대상으로 실시한 조사를 보면 미국은 가족을 위한 충분한 작업환경을 보장하는 공공 정책에서는 중하위권 국가와 마찬가지이고 고소득국가와 비교도 안 되게 뒤처져 있다.

- 168개국 중 163개국이 출생과 관련된 유급휴가를 산모에게 보장하고 있고, 이 중 45개국이 아버지에게도 같은 휴가를 제공하고 있다. 미국은 그 어느 것도 보장하지 않는다.
- 139개국이 유급병가를 보장한다. 미국은 그렇지 않다.
- 96개국이 연차유급휴가를 보장한다. 미국은 그렇지 않다.
- 84개국이 주당 노동시간을 법으로 정했다. 미국은 그렇지 않다.
- 37개국이 자녀가 아플 때 부모의 유급휴가를 보장한다. 미국은 그렇지 않다.

'자기 시간 돌려받기' 캠페인은 다음을 추구한다.

미국은 더 잘할 수 있다. 전 세계에서 가장 부유한 나라인 미국이 일과 삶의 균형에서 다른 나라보다 한참 뒤처질만한 불가피한 이유는 없다. 이제 미국은 우리가 초과근무와 스트레스, 신경쇠약 등에서 벗어날 수 있도록 다른 산업국가와 보조를 맞추어야 한다. 이렇게 스트레스에서 벗어난다면 미국인은 더 행복해지고, 더 건강해지며 보건의료시스템에 대한 압력도 낮아질 것이므로 우리 모두의 비용도 줄어들 것이다. 그렇게 되면 생산성은 더욱 늘어날 것이다. 일의 효용성은 휴식을 취하거나 휴가를 갔다 온 후에 좋아진다는 연구 결과가 있다. 건강한 일터는 일과 관련된 스트레스로 1년에 3,000억 달러나 되는 비용을 줄여주어 미국 경제를 위해서도 바람직할 것이다.

일자리 나누기

노동시간을 단축함으로써 일자리를 나눈다는 계획을 지금 당장 시행해야 하는 이유는 또 한 가지가 있다. 현재의 호경기는 영원히 지속하지 않을 것이라는 점이다. 지금(2000년 11월)도 나스닥 지수가 떨어지고 있고 닷컴기업들은 매일 사라지고 있으며 그 와중에 해고가 급증하고 있다. 본격적인 경기 후퇴를 만난다면 우리는 일자리를 잃은 사람들에게 그저 "잘 가! 안 됐군." 하고 말할 것인가? 좋은 방법을 찾아야 한다. 기업이 생산량을 20퍼센트 감축할 처지여서 노동자의 5분의 1을 해고할 계획이라고 가정하자. 그러는 대신 모든 종업원의 노동시간을 하루 줄이면 어떨까?

모든 노동자가 더 적은 수입으로 사는 법을 익혀야 하는 건 분명하지만 아무도 늑대 먹이로 던져지지는 않을 것이다. 그리고 모두 곧 쉬는 시간을 아주 좋아하게 될 것이다. 한편, 만약 우리가 그런 계획을 실행하지 않아 수백만이 갑자기 실업자 신세가 된다면 범죄, 가족 붕괴, 자살, 우울증 등 그 외의 모든 부정적인 사회적 지표가 급격히 악화할 건 의심할 여지가 없다. 기억해 두시라. 우리는 분명히 이렇게 주장했다.

단계적 은퇴

돈과 시간을 바꾸는 방법은 또 있다. 많은 교수가 넉 달에서 1년까지 '안식휴가'를 받는데, 대개 이 기간에는 봉급을 적게 받는다. 약간의 감봉을 감내할 용의가 있는 노동자들에게 7년에서 10년에 한 번씩 이런 휴가를 주는 제도는 어떤가? 우리는 모두 이따금 재충전이 필요하다.

아니면 단계적 은퇴 제도는 어떤가? 대개 은퇴를 맞아 갑자기 48시간 노동에서 무노동으로 바뀌면 자존 의식에 타격을 입는다. 이에 대한 대책으로 우리는 점진적으로 은퇴할 수 있도록 해주는 연금과 복지제도를 설계할 수 있다. 50세에 연간 노동시간에서 300시간(약 8주)을 줄인다. 다음으로 55세에 다시 300시간을 더 줄인다. 60세에 300시간을 더 줄인다. 65세에 또 300시간을 줄인다. 이제 연간 노동시간은 800시간으로 줄었다(현재의 연평균 노동시간을 그대로 유지한다고 가정할 때). 이때 유급 노동을 중지하거나 힘이 닿을 때까지 800시간 노동을 계속하는 건 당사자의 선택에 맡긴다.

이런 제도가 있다면 우리는 여가를 음미하는 법을 배우고 자원봉사를 더 많이 하여 최종적인 은퇴 시기가 닥치기 전에 마음의 준비를 할 수 있다. 그렇게 되면 젊은 노동자들은 일자리를 찾을 기회가 많아지고 나이 든 노동자들은 직장에 더 오래 머물면서 정신적 스승 역할을 할 수 있을 것이다. 그렇게 되면 은퇴를 앞둔 사람들도 일을 계속하면서 한편으로는 조화로운 삶에 필요한 시간을 얻을 수 있다.

이 계획의 변형이 한 가지 있는데, 그 역시 나름의 장점이 있다. 노동자들에게 인생에서 꼭 필요한 시기에 단계적 은퇴로 줄어들 시간을 미리 당겨 사용할 수 있게 허용하는 것이다. 예를 들어 아이들을 키우는 데 더 많은 시간이 필요할 경우가 그런 시기다. 일부 유럽 국가에서는 일정한 시간을 생애 총유급 노동시간으로 설정하고 시간 안배에는 상당한 신축성을 부여하는 것을 궁극적 목표로 추진하고 있다.

세금부과

어느 면에서 2000년의 미국 대통령 선거는 세금을 둘러싼 싸움이었다. 고어와 케리는 미국인의 세금을 깎아주고자 했고, 부시는 그보다 더 많이 깎아주려 했다. 그런데 어떤 세금을 어떻게 깎을 것인지에 대한 논의는 빠져 있었다.

하지만 일부 유럽 국가에서 이미 도입을 추진 중인 조세제도는 어플루엔자를 억제하는 데 상당한 도움이 될 수 있다. 변화를 향한 첫걸음은 누진 소비세라는 개념이었다. 경제학자 로버트 프랭크가 그의 책 『사치 열기Luxury Fever』에서 제안한 이 세금은 개인소득세를 대체한다. 사람들에게 소득세를 물리는 대신 소비액에 대해 20퍼센트(연간 소비가 4만 달러 미만인 경우)부터 70퍼센트(연간 소비가 50만 달러 이상인 경우)까지 점증하는 비율로 세금을 부과하는 것이다. 이 제안의 기본 취지는 '사치 열기'가 가장 심각한 사람들에게 가장 고율의 세금을 부과하여 소비보다 절약을 장려한다는 것이다.

이와 동시에 우리는 저소득층 사람들이 일을 하지 않고도 몇 가지 기본적인 욕구를 충족할 수 있도록 해야 한다. 가족 임금 혹은 생활 임금을 보장해야 한다는 가톨릭의 오래된 주장은 역소득세(negative income tax 저소득자에게 정부가 지급하는 보조금)나 세액 공제로 실현할 수 있다. 모든 시민에게 충분하지는 않지만 빈곤선 이상의 생활수준은 보장하기 때문이다.

똑같이 유망한 제도가 이른바 '환경세'다. 이 제도는 소득과 같은 긍정적 요소에서 거두는 세금을 오염이나 재생 불가능한 자원의 낭비와 같은 부정적 요소에서 거두는 것으로 대체하려고 한다. 주안점은 우리의 구매에 수반하는 진정한 비용을 시장에 반영하자는 것이다. 예를 들어 연비 낮은 대형차를 굴리려면 세금을 훨씬 더 내고 음악 교습이나 영화 관람권에 대해서는 정상 수준에서 낸다.

거기에 탄소세까지 더해지면 화석연료를 태우려는 의욕이 떨어질 것이다. 또 오염세는 수질과 대기의 오염을 억제할 것이다. 제품을 생산할 때 수반되는 오염 정화비용을 세금으로서 제품 가격에 포함하는 방식이다. 그렇게 하면 유기농산물의 가격이 농약범벅 농산물만큼 싸질 수 있다. 자원 소모세는 재생 불가능한 자원의 가격을 높여 내구성이 좋은 제품의 상대 가격을 낮출 것이다.

이런 환경세 제도는 복잡하긴 하지만 장기적으로는 환경적으로나 사회적으로 해로운 소비를 억제하는 한편 유익한 대안을 장려하는 데 효과를 발휘할 것이다. 현재는 사실 세금을 부과해야 할 곳에 장려금을 주는 경우가 더 흔하다. 광업(연 26억 달러의 보조금)과 같은 채취 산업, 비행기나 자동차 여행 등이 그 예다. 우리는 그 방향을 정반대로 바꾸어야 하고 바꿀 수 있다. 석유와 기업농 대신 풍력이나 태양 에너지 혹은 유기농법을 사용하는 가족농과 같은 청정 기술과 활동에 보조금을 주는 것이다.

요람에서 무덤까지

소비의 해악을 줄이는 또 한 가지 방법은 기업이 자사 제품의 생애 주기 전반에 대해 전면적인 책임을 지도록 하는 것이다. 이는 유럽에서는 널리 수용한 개념이다. 발상은 단순하며, 이는 폴 호컨과 로빈스의 책 『자연 자본주의Natural Capitalism』에 잘 설명되어 있다. 요컨대 기업들이 제품을 파는 것이 아니라 임대하고 나서 제품의 내용 연한이 다했을 때는 그 제품을 회수해서 재사용하거나 재순환하여 소중한 자원을 절약하는 것이다.

이 '요람에서 무덤까지' 식 개념은 이미 업계로부터도 상당한 지지를 얻고 있다. 예를 들어 산업용 카펫을 제작하는 인터페이스사의 CEO 레이 앤더슨의 주도로 '내추럴 스텝'★ 운동에 참여한 기업들은 자사 제품의 전 생애 주기에 책임을 지는 것에 동의했다. 기업들이 이와 같은 전면적 책임을 수용하면, 그들은 제품에 서비스 비용을 반영해야 할 것이다.

분해세

네덜란드에서는 자동차를 살 때 구매자가 분해세를 낸다. 자동차의 생명이 다하면 소유자는 자동차를 분해 공장에 넘기고, 공장에서는 면밀히 검토하여 아직 사용할 수 있는 부품을 모두 회수한다. 그런 다음 금속 외피만 분쇄하여 재순환 처리한다(미국에서는 전선, 플라스틱 부품 등 모든 것을 한꺼번에 분쇄하므로 그냥 쓰레기로 버려지는 비율이 높

★ Natural Step. 각국의 정부와 기업들에게 지속 가능성을 핵심사업 전략으로 수용하도록 장려하는 단체

다). 값싸고 첨단 기술하고는 거리가 먼 네덜란드의 분해 공장들은 많은 노동자를 고용하고 어떤 차든 받아들인다. 분해세는 네덜란드의 국가적 환경정책인 '녹색 계획'의 일환이며 곧 다른 소비재에도 확대 적용할 것이다.

기업의 아동학대

소비자 운동가 랠프 네이더는 최근 아이들을 표적으로 한 마케팅이 급증하는 현상을 '기업의 아동학대'라고 부른다. 판촉 전문가들은 고의적으로 아이들이 모이는 곳이면 어디에나 어플루엔자 바이러스를 살포함으로써 감염시키려는 것 같다. 이제 우리 아이들을 지켜야 할 때다. 최소한 우리는 소비주의가 학교까지 침투하는 것만은 막을 수 있다. 우선 채널 원★★부터 손봐야 한다. 채널 원에 대한 싸움은 좌 · 우파를 단결시킬 것이므로(랠프 네이더와 필리스 슐래플리 두 사람 모두 의회에서 채널 원에 반대하는 증언을 했다), 이데올로기로 갈수록 골이 깊어지고 있는 국민 사이에 가교를 놓을 여지까지 제공한다.

둘째로 우리는 아이들을 표적으로 하는 TV광고를 제한할 수 있다. 이미 스웨덴과 캐나다의 퀘벡 주와 같은 곳에서는 그런 광고를 금하고 있다. 부모라면 누구나 TV광고가 자녀를 조종하지 못하게 하고 싶은 마음이 간절할 것이다. 모든 광고에 중과세한다면 아메리카 주식회사에 어플루엔자의 확산이 심각한 문제라는 강한 메시

★★ Channel One. 미디어 재벌 프리미디어의 청소년 대상 TV 방송으로, 자사의 12분짜리 뉴스를 방송하기로 약속하는 학교에 TV, VTR, 케이블 방송 등 교육용 기자재를 제공한다. 뉴스에는 청소년 대상 광고가 2분 포함되어 있다.

지가 전달될 것이다.

돼지 끌어내기

여기서 일일이 소개할 수는 없지만 법적으로 어플루엔자를 억제할 방법은 그 외에도 수십 가지가 있다. 그러나 어플루엔자로부터 가장 많은 이익을 보는 사람들이 우리 정치 체제를 막후에서 좌우하는 한 어느 것도 성과를 거두지 못할 것이다. 엄청난 선거비용(2000년의 뉴저지 상원의원 선거에서만도 1억 달러가 들어갔다)은 후보들을 자금줄에 얽매이게 하는데, 돈을 대는 사람은 가졌으면서도 더 갖고 싶어 하는 사람들이다.

따라서 최초의 항어플루엔자 입법은 금융개혁 캠페인이 되어야 한다. 정치활동위원회(정치헌금을 하기 위해 설립하는 조직)들을 정치에서 격리시키고 후보들에게 정책을 제시할 수 있도록 대중매체 이용 시간을 공평하게 부여하는 것이다. 하지만 그렇게 하더라도 교묘하지만 무의미한 30초짜리 상업 광고는 허용해서는 안 된다. 텍사스 주의 전임 농무국장 짐 하이타워는 이렇게 잘라 말한다. "시내에서 돼지들을 끌어내지 않는 한 물은 깨끗해지지 않는다."

최대다수의 최대행복

현재 우리가 진행하는 캠페인이 영국에서도 벌어지고 있다. 노동당 경제학자와 정치적 신조가 다른 평범한 시민 사이에서 '참살이 정책' 붐이 일고 있다. 이 바탕에는 18세기 철학자 제레미 벤담의 철학이 있다. 그는 정부의 목표는 '최대 다수의 최대 행복'을 추구하는 것이라고 주장했다. 그의 철학은 리처드 리야드의 『행복

Happiness』과 맨들링 번팅의 『자발적 노예Willing slaves: How to overwork Culture Is Ruling Our Lives』에 잘 나타나 있다.

검약생활로 경제가 파탄난다면

우리가 작고 연료 효율이 높은 차를 사서 운행 시간도 줄이고 더 오래 탄다면 어떻게 될까? 장거리 여행을 줄인다면? 생활을 단순화하여 돈을 덜 쓰고 물건을 덜 사고 일을 덜 하고 여가는 더 많이 누린다면? 정부가 검약을 보상하고 낭비를 처벌하며 노동시간을 줄이는 법을 제정하고 광고에 대해 세금을 부과한다면? 기업들에 자사 제품의 진정한 비용을 부담하게 한다면? 그렇게 되면 우리 경제는 어떻게 될까? 일부 경제학자가 말하듯이 붕괴하는 건 아닐까?

솔직히 말하자면 우리도 정확히 알 수 없다. 주요 산업국가 중에 그런 여행을 시작한 나라는 아직 한 나라도 없기 때문이다. 하지만 그 길이 갈 만한 이유는 많다. 처음에는 울퉁불퉁하여 수고스럽겠지만 나중에는 더 순탄한 여행이 될 것이다. 그러나 만약 우리가 현재와 같은 고속도로를 계속 간다면 이 길은 1989년 지진 때 오클랜드의 880번 주간 고속도로처럼 끝날 것이다. 무너져 내려 통행이 불능한 도로 말이다.

물론 모든 미국인이 내일 당장 자발적 단순을 수용한다면 엄청난 경제적 혼란을 초래할 것임을 부정할 수는 없다. 하지만 그런 일은 일어나지 않는다. 우리가 어플루엔자에서 멀어지더라도 그 과정은 몇 세대에 걸쳐 점진적으로 이루어질 것이기 때문이다. 국내총생산으로 측정하는 경제 성장은 낮아질 것이고 어쩌면 마이너스로까지 떨어질지도 모른다. 하지만 경제학자 줄리엣 쇼어가 지적하듯이 미국보다 훨씬 느리게 성장하지만 국민 삶의 질은 우리보다 높은 유럽 나라들이 많다. 그들은 여가, 시민 참여, 낮은 범죄율, 높은 직업 안정성, 소득 형평성, 건강, 전체적으로 만족스러운 생활 등을 누린다. 네덜란드, 덴마크, 스웨덴, 노르웨이 등이 이런 나라다. 하지만 이런 나라들의 경제가 붕괴한다는 조짐은 어디에도 없다. 그리고 성장과 지속가능성의 조화를 강조하는 그들의 태도는 좌 · 우파를 넘어 폭넓게 수용된다. 네덜란드의 보수파 정치인인 전 수상 뤼트 뤼버스의 말을 들어 보자.

> 네덜란드인이 1인당 국민총생산의 극대화에 목표를 두지 않은 건 사실이다. 오히려 우리는 삶의 질을 높이고자 노력한다. 네덜란드 경제는 노동시간당 효율이 매우 높지만, 1인당 총노동시간은 상당히 한정되어 있다. 우리는 그런 방식이 좋다. 말할 필요도 없이, 직업과 관련이 없는 삶의 다른 중요한 측면을 누릴 여유가 더 많기 때문이다.

태도 수정

반어플루엔자 법률은 경제 성장 속도를 떨어뜨리거나 전혀 성장하지 않는 정체 경제를 초래할지 모르지만, 그러면 좀 어떤가(다음 장에서 논의하겠지만, GDP는 사회적 건강의 척도로는 여러모로 부실한 기준이다). 어플루엔자 바이러스를 퇴치하면 성장률은 떨어질지 모르지만 대신 스트레스가 줄고 여가가 늘고 건강 수준이 높아지고 수명이 길어질 것이다. 가족, 친구들, 공동체에 할애할 시간도 많아질 것이다. 교통량도 줄고 도로 위의 분란도 줄고 소음도 줄고 오염도 줄고, 더 친절하고 우호적이며 더 의미 있는 생활방식이 정착할 것이다.

1960년대의 어느 TV 광고에서 한 배우는 쿨Kool 담배가 신선한 공기를 한 모금 들이켰을 때처럼 상쾌하고 깔끔하다고 주장했다. 요즘 그 광고를 보면 웃음을 참을 수 없지만 처음 전파를 탔을 때는 그 말을 우습게 생각한 사람은 아무도 없었다. 그 뒤 우리는 담배가 건강에 해롭고 조용한 살인자라는 것을 깨달았다. TV에서 담배 광고는 금지되었다. 담배에 대한 세금도 무겁게 물리고 흡연 구역을 제한하며 담배로 말미암은 모든 손해를 담배 회사들이 보상하게 하려고 애를 쓴다. 우리는 한때 담배가 매력적이라고 생각했지만 오늘날은 대다수가 역겹다고 생각한다.

흡연에 관한 한, 우리의 태도는 명확히 바뀌었다. 어플루엔자 역시 해롭다는 증거가 늘고 있는 마당이니, 이제 다시 한번 태도를 수정할 때임이 확실하다.

09 정기검진하기

국민총생산에는 대기 오염과 담배 광고, 살육의 고속도로를 가르는
앰뷸런스도 포함되어 있다. 우리의 문에 채우는 특수 자물쇠와
그것을 부수는 사람들을 수용할 감옥도 포함된다……
하지만 우리 가족의 건강과 교육의 질, 놀이의 즐거움은 참작하지 않는다.

• 로버트 케네디, 1969년

회복 중인 암 환자는 몸의 상태가 어떻게 달라지는지를 알고자 정기검진을 받아야 한다. 어플루엔자의 경우도 마찬가지다. 일단 회복의 길에 들어서면, 매년 검사를 받는 것이 재발을 예방하는 데 도움이 된다. 부채, 광고에 대한 취약성, 소유 강박 등의 끈질긴 병균들은 개인만이 아니라 공동체와 국가 경제도 다시 병들게 한다. 정기검진을 받으면 숨어 있는 병균을 찾아내어 박멸할 수 있다.

감히 주장하지만 투자 수익, 세입, GDP 등과 같은 양적 지표가 우리의 건강에 관해 알고 싶은 모든 것을 알려줄 수는 없다. 좀더 전체적인 그림을 보여주는 대안적인 지표들이 있다. 개인 소비보고서, 공동체 지표, 진정 진보 지수(GPI), 그리고 피버 인덱스Fever Index 등이 그것이다.

복잡한 삶의 요소

우리는 삶의 복잡한 요소들을 너무 쉽게 "우리에게 충분한 돈이 있는가?"라는 질문으로 요약한다. 『돈이냐 삶이냐』의 공동 저자 비키 로빈은 이 질문이 너무 협소하다고 생각한다. 돈은 실은 우리의 생명 에너지와 바꾼 것임을 지적하면서 그녀는 이렇게 묻는다.

- 이미 소모한 생명 에너지에 비례해서 성취와 만족, 가치를 얻었는가?
- 생명에너지의 지출 방향이 우리의 가치와 생의 목적에 부합한가?

한 사람이 아픈지 건강한지 알기 위해 몸무게만 재면 된다고 생각하는 사람은 없을 것이다. 혈압도 그 자체로는 한 사람의 건강 여부를 말해주지 않는다. 마찬가지로 총지출액은(GDP처럼) 맹목적으로 양만 나타내지 질은 나타내지 않는다. 그것으로는 생존과 번영을 구분할 수 없다.

자가진단

행복 혹은 사는 즐거움을 측정하는 무척 간단한 방법이 하나 있다. 아침에 침대에서 나오고 싶은지 알아보는 것이다. 하지만 원기 왕성하게 일어난다 해도 직장에서 오후쯤 되면 해고될지도 모른다는 불안이 엄습하는 건 진실이다(사는 즐거움은 고작 그 정도다). 더 심한 경우는 갑자기 어플루엔자보다 훨씬 중한 병에 걸려 1년밖에 살 수 없게 되는 것이다. 당신은 사람들과 공동체, 자연과 관계를 맺는 가장 중요한 일을 하고 있는가? 늘 하고 싶으면서도 돈을 벌거나 쓰느라고 너무 바빠서 아직 못하는 일은 무엇인가? 가장 크게 긍지를 느끼는 일을 어떻게 하면 더 많이 할 수 있을까? 우리로 하여금 삶을 찬찬히 돌아보고 자신을 추스르게 하는 질문들이다. 솔직한 답변은 환상과 낡아빠진 틀을 벗겨 버린다. 이런 답변은 정말로 중요한 것이 무엇인지 정확히 알게 해준다. 어빈 얄롬이 말했듯이, "생애의 계획을 갖지 않으면 삶은 그저 우연한 사건이 되고 만다."

삶을 되찾는 첫걸음은 가장 가치 있는 것을 분별하는 것이다. 인간관계, 생과 사, 성취, 모험, 자각, 실망 등 인생에서 가장 중요한 사건들을 노트에 적어 보라. 성인이 되어 처음 살았던 집, 처음 사랑에 빠졌던 때를 떠올려 보라. 물질적 소유물의 중요성에 대해 생각해 보라. 그것들이 인간관계, 정감, 생의 활동만큼 완전한 만족을 주는가 생각해 보라.

이제 가장 중요한 원칙들을 목록으로 작성해 보라. 공정성과 신뢰, 조건 없는 사랑, 자연보호, 금전적 안정, 안전감, 건강 유지 등이 목록에 오를 것이다. 인생의 중요한 결정을 내릴 때 기준으로 삼아야 할 원칙들이다. 우리에게 가장 중요한 최고의 가치이기 때문이다. 이 원칙들을 자신의 인간관계, 직장 생활, 장래 계획 등에 적용해 보고, 부와 물질에 대한 끊임없는 추구와 노력에 비해 그 가치가 보잘 것 없는 건 아닌지 자문해 보라.

연례적인 자기 검진을 할 때면 노트를 꺼내어 작성 중인 자서전을 검토하라. 지난해의 사건 가운데 생애 '최대 히트작'에 들어갈 만한 것이 있는가? 한 해를 보낸 마당에 돌이켜 생각하니 중요하지 않은 사건이 있는가? 한 해를 살면서 만난 사람 중에 존경할 만한 사람은 누구인가? 자신만의 윤리적 원칙을 따랐는가? 몇 가지 예외는 용인할 만한가?

잘가라, 어플루엔자

자, 이제 마지막 일격이다. 잘 가라, 어플루엔자! 자신이 기록해 온 개인사와 가치들을 한 해 지출 내용과 비교 검토하면, 삶을 자기 방식대로 살고 있는지 판단할 수 있다. 매년 세금을 정산할 때면 자기 감사보고서도 작성하라(그렇다고 스스로 절대로 넘어서는 안 될 데드라인 같은 건 설정하지 마라. 이 모든 것이 자신에게 생명선을 주자는 것이니까). 자신의 소비 지출이 정말로 중요한 가치와 부합하는가? 주거와 오락, 전자제품에 너무 많이 지출한 건 아닌가? 지출을 충당하려고 초과근무를 하고, 그 때문에 가족과 함께 지내는 시간을 줄이지는 않았는가? 자선기금을 내고 기뻤는가? 자신이 지출한 돈에서 어떤 반대급부를 얻었는가?

공동체 검진

최근 〈덴버 포스트〉지는 해발 1.6킬로미터 높이에 위치한 덴버 시가 각종 조사에서 살기 좋은 곳으로 선정되었다고 보도했다. 하지만 덴버의 교통 문제 역시 점차 심각해져 위험 수위에 가깝다는 기사도 실었다. 좋은 일에는 나쁜 일도 따르기 마련이다. 그러나 나쁜 정도가 어느 수준인가?

이는 기본적으로 공동체 활동가들이 10년 전에 시애틀에서 자문한 질문이다. 덴버를 중심으로 한 대도시권의 지속가능성 지표를 산출하기 위해 업계 지도자와 선출직 관리, 의사, 환경운동가 등 각계각층을 대표하는 인사들로 위원회를 꾸렸을 때였다(그들이 말하는 '지속가능성'은 문화 · 경제 · 환경 · 사회 영역에서 장기적인 건강과 활력을 뜻한다). 40가지 지표를 장기적으로 추적하기는 쉽지 않은 과업이지만,

이 사업의 조정위원인 리 해쳐는 그 지표가 사람과 장소, 그리고 시애틀 경제의 건강에 대해 재산가치와 주택 착공 건수 등의 전통적인 척도보다 더 종합적인 피드백을 제공한다고 확신했다. 이미 수백 명이나 되는 시애틀 시민이 그 지표를 창출하고 유지하기 위해 수천 시간을 들여 자원봉사를 해왔다.

리 해쳐는 이 지표를 결합해 보면 공동체 내에서 전체론적 사고를 키우는 데 도움이 된다고 말한다. "알을 낳기 위해 돌아오는 야생 연어의 수를 예로 들어봅시다. 이 지표에는 경제(관광, 여가 활동,

시애틀의 40가지 지속가능성 지표

• 야생연어	• 집 장만의 용이성
• 습지	• 빈곤층 아동
• 생물 다양성	• 응급실 이용
• 토양 침식	• 공동체 자본
• 대기의 질	• 성인 문맹률
• 보행자 친화적인 거리	• 고등학교 졸업
• 동네의 공터	• 교사의 인종 다양성
• 불투과성 지표면	• 예술 교육
• 인구	• 학교 자원봉사
• 주거용 물 사용량	• 청소년 범죄
• 고형폐기물산출량과재순환량	• 청소년공동체활동 참여
• 오염예방과재생가능자원의사용	• 재판의 공정성
• 농지 면적	• 낮은 출산율
• 교통량과 연료 소비량	• 아동천식환자의 입원율
• 재생가능,불가능에너지 사용량	• 선거 참여
• 고용집중도	• 도서관, 시민회관이용실태
• 실질실업률	• 예술 활동 참여도
• 개인소득의 분배	• 정원이나 뜰 가꾸기
• 보건의료비	• 이웃 간의 우애
• 기본욕구충족에필요한노동시간	• 삶의 질에 대한 인식

어업)뿐만 아니라 환경(벌목과 하천을 오염시키는 시가지의 유입수)도 연결되어 있습니다. 만약 연어의 수가 더 많아진 것을 확인했다면 그건 아마 우리가 그들과 공유하는 서식처를 더 잘 관리하고 있다는 증거일 것입니다."

한 공동체가 아이들에게 훌륭한 예술교육을 한다면 10대 범죄율이 떨어지고, 고등학교 졸업자 수가 증가하며 전체적인 실업률도 떨어진다. 반면 가난한 아동의 수가 증가하면 범죄와 질병도 증가하고 그 결과 공동체에 아물기 어려운 상처가 생길 것이다.

18년 동안 시애틀에서 살아온 린다 스톰에게 그 지표는 중요하다. "시애틀이 내게 의미하는 바는 내가 걸을 수 있고 이웃을 만날 수 있으며(보행자 친화적인 거리, 도시 마을의 빈터, 돈독한 우의) 신선하고 깨끗한 공기를 마실 수 있고 토착 식물을 볼 수 있는 곳이 집 가까이에 있다는 것입니다." 그러나 이 특성 중 많은 것은 불투과성지표면(현재 시애틀의 육지 영역 중 59퍼센트가 포장되어 있다)과 같은 부정적 지표의 증가와 비례해 감소하고 있다.

공동체의 건강을 반영하는 피드백이 있으면 최소한 집중적인 관리를 촉구하는 자극이 될 수는 있다. 리 해처는 이 점을 재미있게 설명한다. "지표는 비행기 조종석의 각종 계기와 같습니다. 그것을 세심히 설계하고 면밀히 주시함으로써, 우리는 비행 상태를 알고 어디로 가야 하는지 올바른 결정을 내릴 수 있습니다. 계기가 없으면 우리는 엉덩이로 나는 것이나 다름없지요."

국가의 검진

뉴스 진행자와 투자 중개인, 임대업자들은 국내총생산(GDP)을 국가 번영의 지표로 삼는다. 하지만 GDP가 우리 경제가 실제로 건강한지를 말해주는가? 진보재정의협회(RP)라는 기구의 경제학자들은 그렇지 않다고 생각한다. 「크다고 좋은 것이 아닌 이유」라는 제하의 보고서에서 그들은 이렇게 쓰고 있다.

멀리 연례 휴가를 떠난 친구에게서 편지를 받았다고 상상해 보자. 생애 최고의 해라는데, 그 이유가 어느 때보다 많은 돈을 썼기 때문이라고 한다. 이스트베이 산지에 갔을 때 마침 우기였다. 지붕이 새고 마당이 가울기 시작했다. 지붕을 다시 올리려면 먼저 여러 층의 지붕재를 서까래만 남기고 벗겨내야 했으며, 마당이 쓸려나가는 것을 막기 위해 토목기술자를 불러야 했다. 얼마 뒤, 제인은 교통사고로 다리가 부러졌다. 입원, 수술, 물리치료, 자동차 교체, 집수리비 등을 대느라고 저축액을 상당히 축냈다. 다음에는 강도를 당하는 바람에 컴퓨터와 TV 두 대와 VTR과 비디오카메라를 새로 샀다. 그들은 또 새 물건을 지키기 위해 가정안전시스템을 설치했다.

이들은 어느 때보다 많은 돈을 써서 GDP 증가에 얼마간 기여했지만, 그들이 더 행복해졌는가? 말도 안 되는 소리! 차라리 지옥 같은 해였다. 그렇다면 GDP가 계속 상승하는 나라는 어떤가? 그 나라 사람들은 더 행복해지는가? 분명히 말하지만 그건 돈이 어떻게 쓰이는지에 달렸다.

진보재정의협회는 GDP에 꼭꼭 숨어 있는 '부정적 요소'에 조명을 들이대었다. GDP는 지난 반세기 동안 전통적인 경제학자에게 특효약이었다. GDP가 높아지기만 하면 만사형통이다. 정치인들

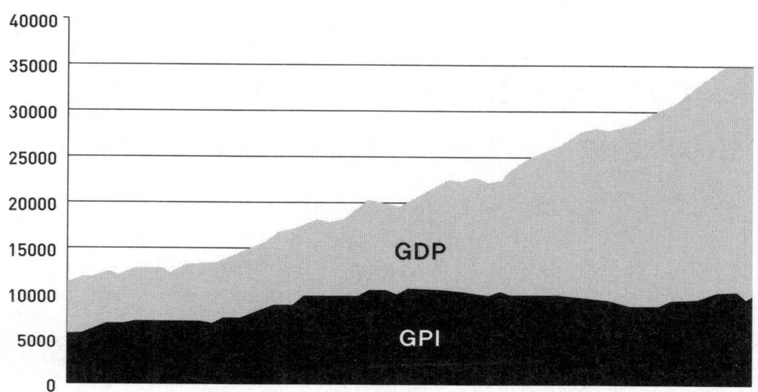

자료출처: 진보재정의협의회의 「더 큰 것이 좋지 않은 이유: GPI」

은 자기네 경제 정책이 효과를 발휘하는 증거로 상승하는 GDP를 제시하며, 투자자들은 GDP가 팽창하면 그들의 주가도 팽창할 것이라고 굳게 믿는다. 그러나 GDP(다음에는 GNP)의 주요 설계자인 사이먼 쿠즈네츠조차 국가의 복지를 GNP와 같은 척도로 추정하기는 거의 불가능하다고 생각한다.

전체적인 수치가 계속 커지는데도, 여러 핵심 변수는 갈수록 더 나빠지는 까닭이다. 앞에서 언급했듯이 부유층과 나머지 사람들 사이의 격차가 커지고 있다. 게다가 국가의 국외 차입도 갈수록 느는데, 이는 저조한 저축과 산더미처럼 쌓인 가계 채무에서 비롯한 증상이다. 우리가 화석연료에 중독된 탓에 경제적·환경적 비용도 계속 불어나고 있다.

그늘을 제공하는 나무를 베어 도로를 넓히고 주택 소유자들이 에어컨을 살 때도 GDP는 올라간다. 부모가 이혼할 때, 새 감옥을 지을 때, 의사가 항우울제를 처방할 때도 GDP는 올라간다. GDP에 대한 오염의 기여도 크다. 진보재정의협회의 조앤 클리주나스는 그 점을 이렇게 설명한다. "GDP는 오염을 최소한 4배로 계산합니다. 오염물질이 생산될 때, 정화될 때, 의료비 형태로 그리고 법적 다툼이 벌어져 소송비가 발생할 때죠." 사실 면밀히 분석하면 GDP로 환산한 경제의 많은 부분은 범죄, 낭비, 환경파괴에 토대를 두고 있음을 알 수 있다.

모든 금전 거래를 총합하는 GDP와 대조적으로 GPI는 각각의 지출을 평가하여 가사, 육아, 자원봉사와 같은 '보이지 않는' 자산을 더하고 국민 경제에 부수되는 '부정적 요소'를 뺀다.

클리주나스는 물론이고 국가에 대한 연례 검진에 유용한 도구로서 해마다 GPI를 GDP와 나란히 발표하라고 주장하는 경제학자가 갈수록 늘고 있다.

천연자원에 대해 평가하려면 추가적인 수단이 필요하다. 우리가 가진 것과 우리가 사용한 것을 비교하는 것이다. 진보재정의협회의 생태학적 점유 면적과 같은 도구는 우리의 소비주의 생활방식

GPI에 포함되는 지출

- 범죄 비용
- 대기오염 비용
- 가족와해 비용
- 소음공해 비용
- 여가상실
- 습지상실
- 불완전고용 비용
- 농지상실
- 내구소비재 비용
- 재생 불가능한 자원의 고갈
- 통근 비용
- 장기 환경손상 비용
- 가정오염 제거비용
- 오존층파괴 비용
- 자동차사고 비용
- 장령림(長齡林) 상실
- 수질오염 비용

이 자연의 재생 속도보다 얼마나 더 빠르게 자원을 먹어치우는지 연 단위로 보여준다. 우리가 자연을 보존하지 않는다면 저축한 돈으로 쇼핑 잔치를 즐기는 낭비가처럼, 미래에는 자연으로부터 이자를 꾸준히 받을 수가 없다.

진보재정의협회의 경제학자 마티스 웨커네이걸은 이렇게 말한다. "생태 발자국은 시장 분석에서 발판을 얻고 있습니다. 일부 은행들은 공채의 안전성을 분석하기 위해 우리를 고용합니다. 그들은 '각 나라가 생태적으로 손실을 내고 있지 않은지, 자국의 천연적인 부를 과소비하고 있지 않은지' 알고 싶어 하는 거지요."

GPI와 생태 발자국은 사실 일반상식에 분석적이고 실제적인 날을 붙인 도구에 불과하다. 개인이나 공동체의 건강과 마찬가지로, 국가적 활력은 파워포인트 그래프나 무심히 계속되는 영업의 문제가 아니라 사람, 장소, 자연 자본, 미래세대의 건강과 같은 진정한 현실의 문제이다. 우리 사회의 모든 수준에서, 이제 전체론적인 정기검진의 일정을 짜야 할 때다.

10 욕구와 필요 줄이기

여러분과 자녀에게 한마디 하겠다.
함께 지내고, 꽃을 배우고, 가벼워지시라.

• 게리 스나이더, 『거북섬Turtle Island』

오랫동안 병을 앓고 있다가 갑자기 기적적으로 다시 온몸에 생기가 가득 찼을 때의 기분을 모르는 사람은 없을 것이다. 그동안 지나쳤던 일에 뛰어들고 싶고, 새로운 일을 하고 싶은 강한 열의를 느낀다. 고립감과 무력감, 소외감은 사라졌다. 우리가 어플루엔자를 퇴치했을 때도 바로 이런 현상이 벌어진다. 손목시계의 눈금판에 눈금이 '삶'과 '죽음' 두 가지밖에 없다고 상상해 보라. 당신이 정말로 중요한 것을 추구하기 위해 우선순위를 바꿀 때, 눈금판의 바늘은 기운차게 '삶' 쪽으로 되돌아간다.

이 책을 쓰면서 우리는 많은 사람과 이야기를 나누고 그들의 생각을 많이 받아들였다. 초기에 원고를 읽은 어떤 사람은 어플루엔자 환자와 전쟁 포로 사이에서 유사점을 보았다. "우리는 환경과 공동체와 마음의 평화를 파괴하는 경제의 포로들이 아닐까요? 전쟁이 끝나 우리가 석방되었을 때 느낌이 어떨지 상상해 보세요. 어플루엔자가 우리의 삶에서 축출되었을 때 어떤 기분이 들지 상상해 보라는 말입니다. 훌훌 날아갈 듯한 해방감을 느낄 거예요."

또 다른 검토자는 미국의 낮은 저축률에 대해 읽고서 거의 아무런 저축 없이 갑자기 은퇴하여 생활방식을 저단으로 변속해야 하는 500만 명을 상상했다. 그는 머리를 흔들며 말했다. "대규모 차고 세일이 벌어지겠지요. 나는 지금 그런 징후들을 볼 수 있습니다. 신차와 다름없는 포드 익스커션이 300달러! 대형 TV(56인치)가 공짜! 대형 온수욕조도 공짜!"

세 번째 사람은 집집이 거실에 코끼리가 한 마리씩 들어 있는 데도 한사코 무시하려 애쓰는 것 같다고 논평했다. "우리는 그놈을 어떻게 쫓아낼지 모르기 때문에 그냥 함께 사는 데 익숙해집니다."

하지만 코끼리, 곧 바이러스를 퇴치하기 위해 취할 수 있는 조치는 대단히 많다. 주류 대중매체의 시야에서는 크게 벗어나 있지만 많은 일이 옛날 풀뿌리 방식으로 이미 진행되고 있다. 직장에서는 복장 규정에서 노동자 소유제까지 많은 변화가 일고 있다. 신앙과 영성이 부활하고, 질 좋은 식품과 대체 의학, 먹어도 좋을 만큼 '그린' 미용 제품들(오트밀로 만든 스킨크림, 쌀과 생으로 만든 샴푸 등)이 나올 정도로 건강에 대한 관심이 높아지고 있다. 주택 건설업체들이 실시한 최근의 설문조사에서는, 지난해에 에너지 효율이 주택 구매자들의 가장 중요한 선택 기준이 된 것으로 밝혀졌다. 소비 행태와 환경 변화 사이의 연관성도 밝혀지고 있다. 명백히 우리의 경제는 이행移行 중이다.

우리는 이 책을 읽는 독자가 이미 수많은 사람에게 효능을 보인 어플루엔자 치료법을 배우기를 바란다. 치료법은 다양하지만 어느 치료법이나 회복의 실마리는 자신에게 문제가 있음을 인정하는 것이다. 이 점은 개인, 공동체, 생물지역, 국가 등 모든 차원에 똑같이 적용된다.

정신착란적 믿음에서 벗어나기

영적 지도자인 조아나 메이시는 우리 문명을 향해 숨을 깊이 들이쉬고 우리에게 큰 문제가 있음을 인정하며 모두 함께 솔직한 대화를 나눌 것을 촉구한다. 그녀는 자연이(인간도 포함된) 실제로 작용하는 방식에 토대를 둔 새로운 세계 윤리를 창출하려고 노력하고 있다. 그녀가 『소생Coming Back to Life』이라는 책에서 밝혔듯이, 과거에는 세계를 여러 부분과 조각의 총합으로 보았지만 이제 대전환과 새로운 이해 방식을 받아들일 마음의 준비가 되었다.

생명이 상호의존적이고 자기 조직적이라는 생각은 영적靈的 수준에서는 항상 인식됐는데, 이제 그런 인식이 생물학과 물리학에도 모습을 드러내고 있다. 메이시의 말에 따르면 세계의 생명체들이 분리된 부분의 집합이 아니라 역동적으로 조직되어 미묘하게 균형을 이루고 있고 매 순간 모든 기능에서, 모든 에너지와 정보의 교환에서 상호의존적이라는 과학적 증거가 축적됨에 따라 믿음이 사실로 바뀌고 있다고 한다.

메이시는 지구의 체계는 건강을 유지하기 위해 마치 자동 온도 조절장치처럼 피드백을 이용한다고 설명한다. 하지만 인간의 피드백은 오로지 이윤밖에 모르는 경제에 의해 단절되고 있다. "우리가 세계의 상태를 두고 고뇌하는 건 당연하다. 우리는 그것의 필수 구성요소이기 때문이다. 몸의 세포들이 그렇지 않은가? 몸이 외상을 입으면 우리는 고통을 느낀다…… 그러나 우리는 그 고통을 단순히 일시적인 기능장애로 보는 경향이 있다. 상업광고나 선거캠페인만 보면, 성공적인 사람은 낙관樂觀으로 가득하다…… '즐겁게 어울려라' '항상 미소를 잃지 마라' '뭔가 근사한 말을 하지 못하겠으면 아무 말도 하지 마라'"

환경과 문화의 여러 측면이 병들었음을 인정하지도 않고 어떻게 그 병을 치료할 수 있겠는가? 그녀는 이렇게 결론을 내린다. "문제는 현실에 대해 고통을 느끼는 것이 아니라 그 고통을 억누르는 것이다. 고통을 슬그머니 피하거나 무디게 하려는 노력이 효과적인 대응을 가로막고 있다." 정치적·사회적 참여에 등을 돌리는 우리의 자발적 분리도 시민의 집단적 힘을 감소시킨다. 우리가 엄밀히 '우리' 보다는 '나' 로 행동할 때 분열되고 정복당하는 건 정해진 이치다.

우리는 '우리가 세계를 소유하고 있다' 거나 '빠를수록 좋다' 는 등의 정신착란적인 믿음이 드리운 그늘 속에서 삶을 살아간다. 빠를수록 좋다는 믿음에 대해 모한다스 간디는 이렇게 비판했다. "방향이 잘못되어 있는데 속도가 아무리 빠르다고 한들 무슨 소용인가" 유서 깊은 도리토스(미국 펩시코의 스낵 제조사인 프리토레이가 만든 콘 스낵 브랜드) 광고는 어플루엔자에 감염된 우리의 세계관을 그대로 보여준다. "양껏 씹어 삼켜요. 우리가 더 만들 테니까." 하지만 메이시를 비롯한 많은 사람은 이 컨베이어벨트식 사고방식에 대한 우리의 면역 체계를 강화시켜 줄 세계를 보는 새로운 방법을 제시한다. 그들은 화려한 광채 저편의 좀더 견실하고 풍부한 실재에 주목한다. 그들은 우리에게 삶을 사려고 구경 다니지 말고(백화점에서든 인터넷에서든), 좀더 열정적으로 삶을 살라고 촉구한다.

친환경 제품

뉴아메리칸드림센터의 소장 벳시 테일러는 의식적으로 '우리' 방식으로 행동한다. 그녀는 우리가 끼치는 해악을 똑바로 보고 거기에 적극적으로 대처한다. 그녀와 센터의 동료는 산업혁명이 시작되면서 연기가 나기 시작했다고 믿는다. "집에 불이 났는데 집 안에 아이들이 있습니다. 지구온난화는 현재 생명의 토대 자체를 위협하고 있어요. 그런데도 사람들은 여전히 사실을 인정하지 않고 있습니다."

테일러는 우리 각자의 역할이 중요하다는 건 인정하면서도 사람들이 개별적으로 행동해서는 문제를 해결할 수 없다고 말한다. 그녀는 기술혁신과 정책개혁, 획기적인 의식전환에 의해 형성된 긍정적 미래(새로운 꿈)를 구상하고 있다. 그녀는 이렇게 예측한다. "25년 내에 자원과 에너지를 다른 방식으로 사용하는 사람들에게 인센티브를 주는 새로운 정책이 시행될 것입니다. 교통과 폐기물 관리, 재활용, 조세 등에 대한 새로운 정책은 개인과 집단의 현명한 소비를 도울 것입니다…… 상품의 가격은 천연자원의 사용과 낭비에 따르는 진정한 환경 비용을 반영할 것입니다. 정부는 자체 구매력을 이용해 환경친화적인 제품을 위한 시장을 형성할 것입니다."

요컨대 테일러는 잠을 자면서 걷는 우리의 문화가 잠을 깨기 직전이라는 강력한 증거를 보고 있다. "서점에 가서 보면 가치와 균형, 명상, 단순한 생활에 대한 책이 수백 권이나 나와 있습니다. 우리의 웹사이트도 한 가지 증거입니다. 올 한 해, 우리 사이트는 800만에서 1,000만 건의 방문 횟수를 기록할 것입니다. 사람들이 지속가능한 생활에 대해 더 많이 알게 되었기 때문입니다." 뉴아메리칸드림센터의 최종 목표는 소비를 줄일 뿐만 아니라 지속가능한 제품들을 구매하는 현명한 선택법으로 소비의 방향까지 바꾸는 것이다. 달리 말해 우리가 좀더 현명해진다면 우리는 갈수록 개선된 설계와 더 완전한 소비 정보를 택할 것이다. 예를 들어 우리는 자연적인 해충 통제가 살충제 살포를 대체하는 지속가능한 농업을 지지할 것이다. 우리는 설계 개선을 지지하여 걸어 다닐 수 있는 공동체를 건설함으로써 차량 정체로 허비하는 시간을 줄일 것이다.

"사람들은 소위 지속가능한 경제란 우리가 희생하고 좋은 생활을 포기하는 것을 의미한다고 생각합니다." 테일러의 설명이다. "하지만 현재의 꿈을 추구하면서 우리가 이미 포기하고 있는 것들을 보세요. 문화적 전통과 고유한 지혜, 생물종, 언어, 인간관계, 신뢰, 공동체, 건강 등 돈보다 더 소중한 것들 말입니다." 테일러의 새로운 꿈에서, 단순성이라는 말은 소비를 줄이는 것 이상의 의미가 있다. 그건 바람직하지 못한 생각, 쓰레기, 스트레스를 줄이는 것을 의미한다. 그건 참다운 것을 바라고 인공적이고 피상적인 것을 버리는 것을 의미한다. 그건 물질생활의 단순성만이 아니고 목적의 단순성, 두뇌의 명석함까지 의미한다. 그건 혼란에 빠지지 않고, 만족을 느끼고 연관을 맺는 것을 의미한다.

그녀가 말하는 꿈은 빈약하거나 엉성하지 않다. 정밀하고 우아하며 질質로 가득 차 있다. 현재의 어지러운 잠에서 깨어난다 해도 우리는 마대를 걸치지는 않을 것이다. 우리는 이질적인, 값비싼 짐을 끌고 다니지 않고도 우리의 욕구를 충족할 수 있을 것이다. 우리는 그때도 여전히 지금과 같거나 더 많은 부를 갖겠지만, 그 가치는 좀더 생산적인 목적에 다시 배분될 것이다. 테일러는 더 깨끗하고 연료를 덜 먹는 차세대 자동차, 첨단 풍력발전기에서 생산하는 '녹색 전력', 석유화학 섬유를 쓰지 않은 의복, 자기 고장에서 재배하는 유기농산물, 우리의 건강을 해치지(특히 공공요금 청구서를 받았을 때) 않는 건물을 예로 든다. "기업들이 녹색제품 라인을 늘려감에 따라 기업 문화가 어떻게 달라지고 있는지 보세요. 필립스사의 고성능 컴퓨터 칩은 대규모 발전소 대여섯 곳은 필요 없게 만들지 모릅니다. 또 캘리포니아 주 산타모니카와 같은 도시를 보세요. 이 도시에선 공공건물들에 태양열 난방을 하고 공립학교의 급식소에 유기농산물을 공급합니다."

"현재 시장에 나와 있는 것들은 대개 삶의 질이 아니라 사회적 지위와 이미지에 연결되어 있어요. 우리는 롤 모델의 도움을 받아 이런 상황을 바꿀 수 있습니다." 그녀는 농구 스타 하킴 올라주원을 예로 든다. 그는 스폴딩사와 손잡고 올라주원이라는 브랜드로 35달러짜리 운동화를 공급했다(100달러가 넘는 운동화가 많다는 사실을 상기하라). "점점 더 많은 사람이 자신의 신념에 따라 행동하고, 그 신념이 긍정적인 가치에 토대를 둔 것일 때, 우리는 새로운 꿈을 꾸게 될 것입니다." 벳시 테일러의 말이다.

리빙 머신

인터뷰한 사람들은 하나같이 우리 사회의 격언들이 시대에 뒤진 레퍼토리라고 지적했다. 그중에서도 "연극은 계속되어야 한다"는 격언은 특히 구식이라고 한다. 연극이 계속되어야 한다는 데 대해, 어플루엔자를 성공적으로 퇴치한 사람들은 "왜?" 하고 묻는다. 사람들이 늘 조심해야 한다면, 그리고 우리 경제가 위험을 빈민층과 환경에 전가하는 피라미드 구조라면 대본을 바꾸는 것이 어떠냐? 그들은 묻는다. 달나라에 가는 것보다 더 크고, 심지어 나치를 저지하는 것보다도 더 중요한 새로운 임무를 선언하는 것이 어떠냐? 질質과 생태계, 공평성, 다양성, 신축성, 민주주의가 지속가능한 경제 속에 혼합되는 새로운 르네상스 쪽으로(얼른!) 옮기는 것이 어떠냐? 우리가 이 세대의 전례 없는 부를 재분배함으로써 우리 자신의 삶뿐만 아니라 손자의 손자들의 삶까지 개선하는 역사적 전환을 이루는 건 분명하다. 삶의 질을 높일 수 있는데 왜 구태여 쓰레기를 감내하는가?

어느 면에서 질적인 삶과 어플루엔자의 관계는 마늘과 뱀파이어의 관계와 같다. 내구성과 적합한 재료와 효율적인 설계는 전체적인 가치를 유지하면서도 물질을 산더미같이 사들여야 할 필요성을 제거하기 때문이다. 그건 '얼마나 많이'가 아니라 '얼마나 잘'을 묻는 새로운 종류의 수학이다.

우리가 이 책 전반에 걸쳐 지적해 왔듯이 낭비와 자연자본의 상실과 사회적 해악을 용인하는 경제에는 진정한 비용이 숨어 있다. 반면, 지속가능성을 위해 설계한 경제에는 이득이 많이 숨어 있다. 일례로 유기농산물을 먹을 경우의 숨은 이득은 농지에서 토양 침식을 막고, 낭비되어 유실된 영양분 탓에 호수에서 조류藻類가 창궐하는 것을 막는 것이다. 건강에 좋은 식품은 일반적으로 건강한 농토에서 나온다. 마찬가지로 재활용 종이를 사들이는 경우의 숨은 이득은 오직 재활용 재료로만 만든 제품을 완비한, 활기 넘치는 재활용 산업의 창출을 돕는 것이다.

우리는 매우 생산적이지만 비교적 쉬운 생활방식의 변화에 대해 말하고 있다. '세계관'과 같은 커다란 어떤 것을 바꾸는 건 버거울지 모르지만, 메이시의 대전환과 테일러의 새로운 꿈은 실은 우리 일상 생활의 한 부분에 불과하다. 폴 호컨은 그 점을 이렇게 말한다.

성과 인종, 나이, 직업, 교육 수준이 각기 다른 다양한 사람들을 한 방에 모아 그들이 50년 후에 살고 싶은 세상은 어떤 세상인지 물었다. 직장에 가기 위해 두 시간 동안 차를 몰고 싶은가? 아니다. 건강하게 살고 싶은가? 그렇다. 안전한 곳에서 살고 싶은가? 자식들이 희망이 있는 곳에서 살기를 바라는가? 박해받을 염려 없이 예배할 수 있기를 바라는가? 자연이 더 나빠지지 않고 원상회복된 세상에서 살고 싶은가? 동의하지 않는 사람은 아무도 없었다. 우리의 희망은 똑같은 것이다. 우리가 할 일은 거기 갈 방법에 대한 설계 기준에 합의하는 것이다.

훌륭한 설계가 마련되면 우리는 1,000년을(8년이면 수명이 다하는 월마트의 건물들과는 달리) 견딜 건축물을 지을 수 있다. 또 생태 환경에 대한 지식이 성숙함에 따라 존 토드가 고안한 '리빙 머신'★처럼 자연을 모방한 폐기물관리 기법도 활용할 수 있다. 리빙 머신은 다양한 바이오시스템을 이용하여 물을 예술적으로 정화한다. 저축(화석연료)이 아니라 직접소득(태양)에서 오는 에너지도 이용할 수 있다. 우리는 현지 은행들을 뒷받침함으로써 지역 사람들의 생활을

★ 미생물과 조류, 수생, 식생, 태양에너지를 이용하여 폐수에서 양분과 고체, 세균, 미량 금속을 거르고 분쇄하는 자연 체계를 따라 고안된 생물학적 폐수정화시스템

뒷받침할 수 있다. 패스트푸드를 골칫거리와 동의어로 여기는 '슬로우푸드' 운동의 회원들이 주장하듯이, 스트레스가 적은 생활방식을 택해 가족이나 친구와 지낼 시간을 더 많이 누릴 수 있다. 만약 다 닳은 패러다임을 재활용하여 우리의 결정과 정책을 두려움보다는 희망에 의해 추진되는 새 패러다임으로 바꾼다면 우리가 원하는 것을 얻을 수 있을 것이다. 우리는 기능 장애를 일으킨 미래가 어떤 모습일지 잘 알고 있다. 우리의 에너지를 소모시키고 우리의 균형감각을 해체하는 나쁜 소식이 끊임없이 이어지는 미래 말이다. 우리가 만약 이제까지와 같은 길을 계속 간다면, 우리의 경제는 결국 타이타닉호처럼 심해에 가라앉을 것이며, 그때 바닷물은 말할 수 없이 차가울 것이다.

"그런 일은 일어나지 않는다. 현재 우리 경제가 얼마나 튼튼한데 가라앉는다는 말인가." 우리는 서로 이렇게 말한다. 하지만 그런 일은 일어날 수 있고, 우리가 서두르지 않으면 정말로 일어날 것이다. 우리는 우리의 신념을 공공 정책으로, 지속가능성을 위한 구상을 현실로 바꾸어야 한다.

욕구와 필요를 줄이자

개인적으로 보면 한 사람이 잘 먹고, 잘 자고, 이웃과 교류하기 위해 백만장자까지 될 필요는 없다. 의문의 여지 없이 우리는 소비를 줄여야 한다. 이용할 수 있는 자원만이 아니라 우리의 쓰레기를 버릴 만한 장소도 얼마 남지 않았기 때문이다. 하지만 이 책의 핵심적인 논지는 단순히 소비를 줄이는 것을 넘어 욕구와 필요를 줄이는 차원에 이른다. 우리는 부유하고 유명한 사람의 생활방식을 좇는 태도를 버리고, 만족할 줄 알고 건강한 사람의 생활방식을 따를 수 있다.

풍요로운 생활방식에서 비롯하거나 심화하는 각종 질병과 싸우기 위해 우리가 지출하는 돈을 생각해 보라. 그리고 어플루엔자는 돈을 더 많이 쓰는 것이 아니라 더 적게 씀으로써 치료할 수 있는 유일한 질병이라는 사실을 기억하라.

이제 결론을 내려야 할 때다. 생을 마감할 때가 되어 살아온 역정을 되돌아보는 당신의 인생 이야기는 얼마나 흥미로울까? 그 가운데 얼마쯤이 깨끗함과 우아함, 친절과 배려에 관한 것일까? 주인공인 당신은 실물만큼 크고 의젓한 모습일까, 아니면 산더미 같은 물건 속에서 미친 듯이 허우적대는 만화 속 인물처럼 초라하고 우스꽝스러운 모습일까? 그건 당신에게, 아니 우리 모두에게 달렸다!

감사의 글

우선 비키 로빈에게 감사한다. 그녀는 번득이는 영감과 지지를 아끼지 않고 후원했고 방대한 단순화 작업에 도움을 주었다. 또한 이 책의 「개정판을 내면서」를 써주었다.

비바 보에게도 감사한다. 그녀는 TV 방송 〈어플루엔자〉와 〈어플루엔자 탈피〉를 존과 함께 연출했다. 그녀의 통찰력과 아이디어는 상상할 수 없을 정도로 이 책에 힘을 실어주었다. TV 방송 〈어플루엔자〉를 사회 본 스콧 시몬에게도 감사한다. 그녀는 이 책의 추천의 글을 써주었다. 크리스 드 보어와 프랜시스 스트릭크웰다, 호프 마스톤에게도 감사한다. 그들은 이 프로그램을 만드는 내내 인터뷰와 자료 검색을 했다. 그리고 프로그램에 관여한 모든 사람에게도 감사한다.

수잔 세첼러와 퓨 자선기금, 머크 패밀리 펀드, 정상재단, KCTS 방송국, 오르건 공용 방송국, 새 도로지도 만들기 재단, ITVS 등에 감사한다. 이들은 이 프로그램이 가능하도록 도움을 아끼지 않았다. 불프로그 영화사의 존 호스킨스-아브라엘과 위니 셰러와 PBS 방송국의 애니 로빈슨에게도 감사한다.

이 책의 내용과 아이디어를 내준 모든 분에게 감사한다. 어니 앤핀슨, 모니크 틸포드, 원다 우르반스카, 프랭크 레버링, 세실 앤드류스, 그리고 그 외 자발적으로 단순화 운동에 참여한 사람들에게 감사한다. 이 원고를 읽고 도움을 준 다윈 그리핀, 트리쉬 파디언, 조지프 웹, 스튜어트 레니어, 스콧 가스먼, 제니퍼 리스에게 감사한다. 그리고 연구를 보조해준 로버트 마이어에게도 감사한다.

파울라 위젤, 데이비드 드 그라프, 올리버와 비비안 드 그라프는 애정과 지지와 인내를 보여주었다. 환경에 평생을 바친 데이비드 웰 박사를 기리고 싶다. 무척 현명하고 기략이 풍부한 마조리 웰과 데이브가 계속해서 일을 할 수 있도록 고무시켜준 콜린과 리비에게도 감사한다. 하모니 마을의 데이브 친구 모두에게 감사한다. 그들은 이 프로젝트를 다방면으로 도왔다. 특히 마콘과 기니 코웰즈, 매트와 린다 월스윅, 웬디 하노피, 찰리 라니어, 밥 폴슨, 에디 게일에게 감사하다. 우리의 대리인 토드 키슬리에게도 감사하다.

머크 패밀리 펀드와 트루 노스 재단, 스레시홀드 재단, 위든 재단, 프레드 겔레르트 재단에게 특히 감사를 표한다. 이들은 이 책을 쓰는데 재정적인 지원을 해줬다.

죠앤 클리에주나스와 진보재정의협의회의 모든 분에게 감사한다. 이들은 우리를 믿고 도움을 주었다. 스티븐 피에르산티와 베르트러 출판사의 모든 사람에게 감사를 전한다. 단순한 삶 포럼과 뉴아메리칸드림센터의 친구들에게도 고마움을 전한다. 그들은 모두 단순하고 천천히 사는 행복한 세상을 건설하려고 열심히 일하는 멋진 사람들이다.

우리는 특히 파멜라 랜즈에게 특별히 고마움을 전하고 싶다. 랜즈는 늘 명랑하게 자료를 조사하고 또 재조사해서 이번 개정판에서는 자료를 업데이트했다.

특별히 고마움을 전해야 할 또 다른 사람은 〈시애틀 포스트-인텔리전서〉의 데이비드 호시다. 그는 생각보다 훨씬 더 멋진 삽화를 그려주었다. 우리는 플리쳐 상을 두 번이나 탄 그의 예술적인 재능에 탐복하지 않을 수 없었다. 그의 삽화는 우리의 말 천 마디보다 훨씬 더 가치가 있다.

마지막으로 여러분에게 감사를 전한다. 이 책을 쓰는 데 무척 긴 시간이 걸렸지만 혹시 오류나 빠진 것이 있다면 그것은 모두 저자들의 잘못이니 널리 용서를 구한다.

참고 자료

Abdullah, Sharif. Creating a *World That Works for All.* San Francisco: Berrett-Koehler, 1999.

Ableman, Michael. *From the Good Earth.* New York: Abrams, 1993.

———.*On Good Land.* San Francisco: Chronicle Books, 1998.

Acuff, Dan. *What Kids Buy and Why.* New York: Free Press, 1997.

Affluenza. A documentary produced by John de Graaf and Vivia Boe for the Public Broadcasting Service, 1997.

American Society of Plastic Surgeons, "2003 Cosmetic Surgery Trends,"Arlington Heights, Ill.:2004, as found at *www.plasticsurgery.org*

Andrews, Cecile. *The Circle of Simplicity.* New York: Hapercollins, 1997.

Andrews, Paul. "Compaq's New ipaq May Be the PC for Your Pocket," *Seattle Times,* November 5, 2000.

Aronowitz, Stanley, and William DiFazio. *The Jobless Future.* Minneapolis: University of Minnesota Press, 1994.

Ashley, Steven. "Smart Cars and Automated Highways,"
Mechanical Engineering online, May 1998.
http://www.memagazine.org/backissues/may98/features/smarter.html

AtKisson, Alan. *Believing Cassandra.* White River Junction, Vt.:Chelsea Green, 1999.

Atwater, Lee, and T. Brewster. "Lee Atwater's Last Campaign," *Life* magazine, February 1991, 67.

Ayres, Ed. *God's Last Offer: Negotiating for a Sustainable Future.* New York: Four Walls Eight Windows, 1999.

Barber, Benjamin R. *A Place for Us.* New York: Hill & Wang, 1998.

Bartlett, Donald, and James Steele. America: *What Went Wrong?* Kansas City, Mo.: Andrews & McNeal, 1992.

———. *America: Who Really plays the Taxes?* New York: Touchstone,

1994.

Beder, Sharon. *Global Spin: The Corporate Assault on Environmentalism.* White River Junction, Vt: Chelsea Green, 1997.

Bellah, Robert, et al. *Habits of the heart.* Berkeley and Los Angeles: University of California Press, 1985.

———. *The Good Society.* New York: Knopf, 1991.

Bennett, William. *The Index of Leading Cultural Indicators.* New York: Touchstone, 1994.

Berringer, Felicity. "Giving by the Rich Declines," New York Times, May 24, 1992.

Blakely, Edward J., and Mary Gail Snyder. *Fortress America: Gated Communities in the United States.* Washington, D.C.: Brookings Institution Press, 1997.

Blix, Jacqueline, and David Heitmiller. *Getting a Life.* New York: Viking, 1997.

Bodnar, Janet. *Mom, Can I have That?* Washington, D.C.: Kiplinger, 1996.

———. *Dr. Tighwad's Money-Smart Kids.* Washington, D.C.: Kiplinger, 1997.

Boodman, Sandra G. "For More Teenage Girls, Adult Plastic Surgery," *Washington Post*, October 26, 2004.

Bowman, Chris. "Medicines, Chemicals Taint Water: Contaminants Pass through Sewage Plants," *Sacramento Bee*, March 28, 2000.

Boyte, Harry, and Nancy Kari. *Building America.* Philadelphia: Temple University Press, 1996.

Bradshear, Keith. "GM Has High Hopes for Road Warriors," *New York Times*, August 5, 2000.

Brandt, Barbara. *Whole Life Economics.* Philadelphia: New Society, 1995.

Brockway, Sandy, ed. *Macrocosm USA: Possibilities for a New Progressive Era.* Cambria, Calif.: Macrocosm USA, 1992.

Bordy, Jane. "Cybersex Gives Birth to a Psychological Disorder," *New York Times*, May 16, 2000: D7.

Brooks, David. *On Paradise Drive.* New York: Simon & Schuster, 2004.

Brower, Michael, and Warren Leon. *The Consumer's Guide to Effective Environmental Choices.* New York: Three Rivers Press, 1999.

Brown, Lester. *Eco-Economy: Building an Economy for the Earth.* New

York: W. W. Norton, 2001.

———. "Europe Leading World into Age of Wind Energy," Earth Policy Institute Web site, April 8, 2004. *http://www.earth-policy.org/Updates/Update37.htm*

———. *Outgrowing the Earth: The Food Security Challenge in an Age of Falling Water Tables and Rising Temperatures.* New York: W. W. Norton, 2005.

Brumer, Leah. "Capital Idea," *Hope* Magazine, Fall 1999: 43-45.

Brylawski, Michael. "Car Watch: Move Over, Dinosaurs," *RMI Solutions Newsletter*, Rocky Mountain Institute, Spring 2000: 12.

Bunting, Madeleine. *Willing Slaves: How the Overwork Culture Is Ruling Our Lives.* London: Harpercollins, 2004.

Callahan, David. *The Cheating Culture: Why More Americans Are Doing Wrong to Get Ahead.* New York: Harcourt Publishers, 2004.

Callenbach, Ernest. *Living Cheaply with Style.* Berkeley, Calif.: Ronnin Publishing, 1993.

Clente, Gerald. *Trends 2000.* New York: Warner, 1997.

Chapman, Kim. "Americans to Spend More on Media than Food in 2003," *Rocky Mountain News*, December 17, 1999.

Chappell, Tom. *The Soul of a Business.* New York: Bantam, 1993.

Childs, James Jr. *Greed: Economics and Ethics in Conflict.* Minneapolis: Fortress Press, 2000.

Chiras, Dan, and David Wann. *Superbia.* Gabriola Island, BC: New Society Publishers, 2003.

Clapp, Rodney, ed. The *Consuming Passion.* Downer's Grove, Ill.: Intervarsity, 1998.

———. "Why th Devil Takes Plastic," *The Lutheran*, March 1999.

Cobb, Clifford W. "Roads Aren't Free: The Estimated Full Social Cost of Driving and the Effects of Accurate Pricing," *Working Paper Number 3.* San Francisco: Redefining Progress, July 1998.

Cobb. Clifford W., Gary Sue Goodman, and Joanne Kliejunas. *Blazing Sun Overhead and Clouds on the Horizon: The Genuine Progress Report for 1999.* San Francisco: Redefining Progress, December 2000.

Cohen, Joel. *How Many People Can the Earth Support?* New York: W. W. Norton, 1995.

Cohen, Scott. "Shopaholics Anonymous," *Elle* magazine. May 1996:120.

Colburn, Theo, Diane Dumanoski, and John Peterson Myers. *Our stolen Future: Are We Threatening Our Fertility, Intelligence, and Survival? A Scientific Detective Story.* New York: Dutton, 1996.

Consumers Union, "How Green Is Your Pleasure Machine?" April 20, 2000. http://www.grist.org/advice/possessions/2000/04/20/possessions-cars/

Courtright, *Alan. The 6/12 Plan.* Self-published, 1986.

Cowley, Geoffrey, and Sharon Begley. "Fat for Life," *Newsweek*, July3, 2000: 40-47.

Cross, Gary. *An All-Consuming Century.* New York: Columbia University Press, 2000.

Cullen, Dan. "Indenpendents Hold Market Share for 2001; Market Share by Dollar Grows," *Bookselling This Week*, April 18. 2002.

Daly, Herman. *Steady-state Economics.* Washington, D.C.: Island Press, 1991.

Daly, Herman with John Cobb. *For the Common Good.* Boston: Beacon, 1994.

Daspin, Eillen. "Volunteering on the Run," *Wall Street Journal*, November 15, 1999, W1.

De Bell, Garrett, ed. *The Environmental Handbook.* New York: Ballantine, 1970.

De Geus, Marius. *The End of Over-consumption.* Utretcht, the Netherlands: International Books, 2003.

De Graaf, John, ed. *Take Back Your Time.* San Francisco: Berrett-Koehler, 2003.

———. "Childhood Affluenza." *In About Children*, by Arthur Cosby et al, 10-13. Washington D.C.: American Academy of Pediatrics Press, 2005.

De Grote-Sorenson, Barbara, and David De Grote-Sorenson. *Six Weeks to a Simpler Lifestyle.* Minneapolis: Augsburg. 1994.

Devall, Bill. *Living Richly in an Age of Limits.* Salt Lake City: Gibbs Smith, 1993.

Devall, Bill, and George Sessions. *Deep Ecology.* Layton, Utah: Gibbs Smith Publishers, 1985.

Dewitt, Calvin. *Earth-wise.* Grand Rapids, Mich: CRC Publications, 1994.

Dickson, Paul. *Timelines.* Reading, Mass.: Addison-wesley, 1991.

Dlugozima, Hope, James Scott, and David Sharp. *Six Months Off.* New York: Henry Holt, 1996.

Dominguez, Joe, and Vicki Robin. *Your Money or Your Life: Transforming Your relationship with Money and Achieving Financial Independence.* New York: Viking, 1992.

Donovan, Webster. "The Stink about Pork," *George*, April 1999: 94.

Dolye, Kenneth. *The Social Meanings of Money and Property.* Thousand Oaks, Calif.: Sage, 1999.

Dungan, Nathan. *Prodigal Sons and Material Girls: How Not to Be Your Child's ATM.* New York: Wiley, 2003.

Durning, Alan. *How Much Is Enough?* New York: W. W. Noton, 1992.

Durning, Alan, and John C. Ryan. *Stuff: The Secret Lives of Everyday Things. Seattle*: Northwest Environment Watch, 1997.

Earnest, Leslie. "Household Debt Grows Precarious as Rates Increase," *Los Angeles Times*, May 13, 2000.

Easterbrook, Gregg. *The Progress paradox.* New York: Random House, 2003.

Ehrenhalt, Alan. *The Lost City.* New York: Basic Brooks, 1995.

Ehrenreich, Barbara. "Maid to Order," *Harper's*, April 2000: 59-70.

Elkin, Bruce. *Simplicity and Sucess.* Victoria, BC: Trafford Publishing, 2003.

Elkind, David. *The Hurried Child.* Reading, Mass: Addision-Wesley, 1988.

Ellul, Jacques. *The Technological Society.* New York: Vintage, 1964.

Elwood, J. Murray. *Not for Sale.* Notre Dame, Ind.: Sorin, 2000.

Energy Information Adminstration. *Annual Energy Review 1997*, DOE/EIA-0384(97). Washington, D.C.: U.S. Government Printing Office, July 1998.

Escape from Affluenza. A documentary produced by John de Graaf and Vivia Boe for the Public Broadcasting Service, 1998.

Etzioni, Amitai. *The spirit of Community.* New York: Crown, 1993.

Fagin, Dan, Marianne Lavelle, and Center for Public Integrity. *Toxic Deception: How the Chemical Industry Manipulates Science, Bends the Law, and Endangers Your Health.* Monroe, Maine: Common Courage Press, 1999.

Faludi, Susan. *Stiffed.* New York: Morrow, 1999.

Fassel, Diane. *Working Ourselves to Death*, San Francisco: Harper San Francisco, 1990.

Fetto, John. "Time for the Traffic," *American Demographics*, January 2000.

http://www.findarticles.com/p/articles/mi_m4021/is_2000_Jan/ai_59172246

Follbre, Nancy. *The New Field Guide to the U.S. Economy.* New York: New Press, 1995.

Forbes, Peter, ed. *Our Land, Ourselves.* San Francisco: Trust for Public Land, 1999.

Foster, Richard. *Freedom of Simplicity.* San Francisco: Harper & Row, 1981.

Fox, Matthew. *The Reinvention of Work.* San Francisco: Harper San Francisco, 1994.

Frank, Robert. *Luxury Fever.* New York: Free Press, 1999.

Frank, Thomas. *One Market under God.* New York: Doubleday, 2000.

Freeman, Richard, and Arthur Ticknor. "Wal-Mart Is Not a Business, It's an Economic Disease," *Executive Intelligence Review*, November 14, 2003.

Fromm, Erich. *The Sane Society.* New York: Rinehart, 1995.

———. *The Heart of Man.* New York: Harper & Row, 1964.

———. *Marx's Concept of Man.* New York: Frederick Ungar, 1971.

———. *The Anatomy of Human Destructiveness.* Greenwich, Conn.: Fawcett, 1973.

———. *To Have or to Be?* New York: Bantam, 1982.

Fukuyama, Francis. *Trust.* New York: Free Press, 1995.

Gallbraith, John Kenneth. *The Affluent Society.* Boston: Houghton Mifflin, 1998.

Galeano, Eduardo. *Upside Down.* New York: Metropolitan, 2000.

Gardner, Gary. "Why Share?" *Worldwatch* magazine, July-August 1999: 10.

Gardner, Gary, and Payal Sampat. "Forging a Sustainable Materials Economy," in Worldwatch Institute, *State of the World 1999.* New York: W. W. Norton, 1999.

Giddens, Anthony. Beyond Left and Right: *The Future of Radical Politics.* Standford, Calif.: Standford University Press, 1994.

Gini, Al. *The Importance of Being Lazy.* New York: Routledge, 2003.

Goldberg. M. Hirsh. *The Complete Book of Greed.* New York: William Morrow, 1994.

Goodwin, Neva, Frank Ackerman, and David Kiron, eds. *The Consumer Society.* Washington, D.C.: Island Press, 1997.

Gore, Al. *Earth in the Balance: Ecology and the Human Spirit.* Boston: Houghton Mifflin, 1992.

Grieder, Willam. *The Soul fo Capitalism: Opening Paths to a Moral Economy.* New York: Simon & Schuster, 2003.

Grigsby, Mary. *Buying Time and Getting By.* Albany: SUNY Press, 2004.

Hammond, Jeff, et al. *Tax Waste, Not Work: How Changing What We Tax Can Lead to a Stronger Economy and a Cleaner Environment.* San Francisco: Redefinging Progress, April 1997.

Hawken, Paul. *The Ecology of Commerce.* New York: Harper Business, 1993.

Hawken, Paul with Amory and Hunter Lovins. *Natural Capitalism.* Boston: Little, Brown, 1999.

Hayden, Anders. *Sharing the work, Sparing the Planet.* London: Zed Books, 1999.

Hayden, Tom. *The Love of Possession Is a Disease with Them.* New York: Holt, Renehart & Winston, 1972.

———. *Reunion.* New York: Random House, 1988.

Heloise. *Hints for a Healthy Planet.* New York" Perigee, 1990.

Hendrickson, Mary, et al. "Consolidation in Food Retailing and Dairy: Implications for Farmers and Consumers in a Global Food System," National Farmers Union, January 8, 2001.

Henwood, Doug. *After the New Economy.* New York: New Press, 2003.

Hertsgaard, Mark. *Earth Odyssey.* New York: Broadway Books, 1998.

Hewlett, Sylvia Ann, and Cornell West. *The War against Parents.* Boston: Houghton Mifflin, 1998.

Hochschild, Arlie Russell. The Time Bind. New York: Metropolitan, 1997.

Hoffman, Edward. *The Right to be Human: A Biography of Abraham Maslow.* Wellingborough, UK: Crucible Press, 1989.

Holy Bilble. New International Version.

Honore, Carl. *In Praise of Slowness.* New York: HarperCollins, 2004.

Humnicutt, Benjamin. *Work without End: Abandoning Shorter Hours for the Right to Work.* Philadelphia: Temple University Press, 1988.

———. *Kellogg's Six-Hour Day.* Philadelphia: Temple University Press,

1996.

Ikuta, Yasutoshi. *Cruse O Matic: Automobile Advertising of the 1950s.* San Francisco: Chronicle Books, 2000.

Illich, Ivan. *Tools for Conviviality.* New York Harper & Row, 1973.

———. *Energy and Equity.* New York: Perennial, 1974.

———. *Shadow Work.* Boston: Marion Boyars, 1981.

Jacobson, Michael, and Laurie Ann Mazur. *Marketing Madness.* Booulder, Colo.: Westview, 1995.

Josephson, Eric, and Mary Josephson, eds. *Man Alone.* New York: Dell, 1970.

Kasser, Tim. *The High Price of Materialism.* Cambridge, Mass.: MIT Press, 2002.

Kasser, Tim, and Allen D. Kanner, eds. *Psychology and Consumer Culture: The Struggle for a Good Life in a Materialistic World.* Washington D.C.: American Psychological Association, 2003.

Kasser, Tim, and Richard Ryan.; "A Dark Side of the American Dream." *Journal of Personality and Social Psychology 65,* no. 2(1993): 410-422.

Kawachi, Ichiro, and Bruce Kennedy. *The Health of Nations.* New York: Free Press, 2002.

Kelley, Linda. *Two Incomes and Still Broke.* New York: Times Books, 1996.

Kelley, Marjorie. *The Divine Right of Capital.* San Francisco: Berrett-Koehler, 2001.

Kidd, Michael. White paper on self-storage. Springfield, Va: Self-Storage Association, March 2000.

Kitman, Jamie Lincoln. "The Secret History of Lead," *the Nation,* March 20, 2000, 6.

Klein, Naomi. *No Logo.* New York: Harper Collins, 2000.

Korten, David. *When Corporations Rule the World.* San Francisco: Kumarian/Berrett-Koehler, 1995.

———. *The Post-Corporate World.* San Francisco: Kumarian/Berrett-Koehler, 2000.

Lafargue, Paul. *The Right to Be Lazy.* Chicago: Charles Kerr, 1989.

Lane, Robert E. *The Loss of Happiness in Market Democracies.* New Haven, Conn.: Yale University Press, 2000.

Lardner, James. "The Urge to Splurge," *U.S. News and World Report,* May

24, 1998.

Lasch, Christopher. *The Culture of Narcissism: American Life in an Age of Diminishing Expectations*. New York, W. W. Norton, 1978.

———. *The Minimal Self: Psychic Survival in Troubled Times*. New York, W. W. Norton, 1984.

———. *The True and Only Heaven: Progress and Its Critics*. New York: W. W. Norton, 1991.

———. *The Revolt of Elites: And the Betrayal of Democracy*. New York: W. W. Norton, 1995.

Lasn, Kalle. *Culture Jam*. New York: Eagle Brook, 1999.

Layard, Richard. *Happiness*. New York: Penguin, 2005.

Leder, Drew. "It's Vrimminal the Way We've Put 2 Million in Cages," *San Francisco Examiner*, February 10, 2000.

Leider, Richard, and David Shapiro. *Repacking Your Bags*. San Francisco: Berrett-Koehler, 1996.

Leopold, Aldo. *A Sand County Almanac*. New York: Ballantine Books, 1986.

Lerner, Michael. *The Politics of Meaning*. Reading, Mass.: Addison-Wesley, 1996.

Levering, Frank, and Wanda Urbanska. *Simple Living*. New York: Viking, 1992.

Lewis, David, and Darren Bridger. *The Soul of the New Consumer*. London: Nicholas Brealey Publishing, 2000.

Lewis, Sara Elizabeth. *Waterfront Property*. New York: Universe, 2003.

Lightman, Alan. *The Diagnosis*. New York: Pantheon, 2000.

Linden, Eugene. *The Future in Plain Sight*. New York: Columbia University Press, 1970.

Linn, Susan. *Consuming Kids: The Hostile Takeover of Childhood*. New York: New Press, 2004.

Loh, Jonathan, ed. *Living planet Report 2000*. Sponsored by the World Wildlife Fund, the UNEP World Conservation Monitoring Centre, Redefining Progress, and the Centre for Sustainability Studies. Available Through Redefining Progress and World Wildlife Fund International, October 2000.

Lohr, Steve. "Maybe It's Not All Your Fault," *New York Times*, December 5,

2004.

Louv, Richard. *Childhood's Future.* New York: Houghton Mifflin, 1990.

———. *The Web of Life.* Berkeley, Calif.: Conari Press, 1996.

Luhrs, Janet. *The Simple Living Guide.* New York: Broadway, 1997.

Luttwak, Edward. *Turbo-Capitalism.* New York: HarperCollins, 1999.

Mack, Burton. *The Lost Gospel.* San Francisco: Harper San Francisco, 1993.

———. *Who Wrote the New Testament?* San Francisco: Harper San Francisco, 1995.

Macy, Joanna, and Molly Young Brown. *Coming Back to Life: Practices to Reconnect Our Lives, Our World.* Gabriola Island, B.C.: New Society Publishers, 1998.

Makowner, *Joel. The Green Business Letter,* March 1994.

Mander, Jerry. *Four Arguments for the Elimination of Television.* New York: William Morrow 1978.

———. *In the Absence of the Sacred.* San Francisco: Sierra Club, 1991.

Maney, Kevin. "The Economy According to eBay," USA Today, December 29, 2003.

http://www.usatoday.com/money/industries/retail/2003_12_29-ebay-cover_x.htm

Marchard, Roland. *Advertising the American Dream.* Berkeley and Los Angeles: University of California Press, 1985.

Marcuse, Herbert. *One Dimensional Man.* Boston: Beacon, 1964.

———. *An Essay on Liberation.* Boston: Beacon, 1969.

Martineau, Pierre. *Motivation in Advertising.* New York: McGraw-Hill. 1971.

Marx, Karl. "The Economic and Philosophical Manuscripts of 1844," in *Marx's Concept of Man*, by Erich Fromm. New York: Frederick Ungar, 1971.

Marx, Karl, and Friedrich Engels. *Capital.* New York: Modern Library, 1906.

———. "The Communist Manifesto," in *Basic Writings on Politics and Philosophy*, edited by Lewis Feuer, 1-41. Garden City, N.Y.: Anchor, 1959.

McCarthy, Eugene, and William McGaughey. *Non-Financial Economics.* New York: Praeger, 1989.

McElvaine, Robert. "*What's Left?* Holbrook, Mass." Adams Media, 1996.

McKenzie, Richard. *The Paradox of Progress: Can Americans Regain*

Their Confidence in a Prosperous future? New York: Oxford University Press, 1997.

McKenzie-Mohr, Doug, and William Smith. *Fostering Sustainable Behavior.* Gabriola Island, BC: New Society Publishers, 1999.

McKibben, Bill. *The Age of Missing Information.* New York: Random House, 1992.

———. *The Comforting Whirlwind.* Grand Rapids, Mich.: Eerdmans, 1994.

———. *Hope, Human and wild.* New York: Little Brown, 1995.

———. *Enough.* New York: Henry Holt, 2003.

McLuhan, T. C. *Touch the Earth: A Self-portrait of Indian Existence.* New York: Touchstone, 1976.

McNeal, James U. *Kids as Customers: A Handbook of Marketing to Children.* New York: Lexington Books, 1992.

Meadows, Donella. "How's Green Group to Survive without Junk Mail?" *Global Citizen,* June 2000.

Meadows, Donella, Dennis Meadows, and Jorgen Randers. *Beyond the Limits.* White River Junction, Vt.: Chelsea Green, 1992.

———. Limits to Growth: The 30-ear Update. White River Junction, Vt.: Chelsea Green, 2004.

Merkel, Jim. *Radical Simplicity.* Gabriola, Island, B.C.: New Society Publishers, 2003.

Messenger, Jon, ed. *Working Time and Workers' Preferences in Industrialized Countries.* London: Routledge, 2004.

Miller, Perry, ed. *The American Transcendentalists.* Garden City, N.Y.: Anchor, 1957.

"Millions Still Going Hungry in U.S., Report Finds," Reuters, September 9, 2000.

Mitchell, Stacy. *10 Reasons Why Vermont's Homegrown Economy Matters and 50 proven ways to Revive It.* Burlington, Vt.: Preservation Trust of Vermont, 2003.

Molnar, Alex. *Giving Kids the Business.* New York Westview, 1996.

"Money Changes Everything," *American Behavioral Scientist,* July/August 1992: 809.

Moore, Michal. "Bush and Gore Make Me Wanna Ralph," Michael Moore

Web site, July 19, 2000.

Moore-Ede, Martin. *The Twenty-four Hour Society: Understanding Human Limits in a World That Never Stops.* Reading, Mass.: Addison-Wesley, 1993.

Morton, A. L., ed. *Political Writings of William Morris.* New York: International Publishers, 1973.

Myers, David. *The American Paradox.* New Haven, Conn.: Yale University Press, 2000.

———. "Wealth, Well-Being, and the New American Dream, "Center for a New American Dream Web site," July 4, 2000. http://www.newdream.org/live/column/2.php.

Myers, Norman, and Julian Simon. *Scarcity or Abundance?* New York: W. W. Norton, 1994.

Nabhan, Gary, and Stephen Trimble. *The Geography of Childhood.* Boston: Beacon, 1994.

Naisbitt, John. *High Tech/High Touch: Technology and Our Accelerate Search for Meaning.* London: Nicholas Brealey Publishing, 2001.

Nasar, Sylvia. "Even among the Well-Off, the Richest Get Richer," *New York Times*, May 24, 1992.

National Conference of Catholic Bishops. *Economic Justice for All.* Washington D.C.: National Conference of Catholic Bishops, 1986.

Naylor, Thomas, and William Willimon. *Downsizing the USA.* Grand Rapids, Mich.: Eerdmans, 1997.

Naylor, Thomas, William Willimon, and Magdalena Naylor. *The Search for Meaning.* Nashville, Tenn.: Abingdon Press, 1994.

Naylor, Thomas, William, and Rolf Ostenberg. *The Search for Meaning. in the Workplace.* Nashville: Abingdon Press, 1996.

Needleman, Jacob. *Money and the Meaning of Life.* New York: Doubleday Currency, 1991.

Nelson, Joyce. "Great Golbal Greenwash: Barston-Marsteller. Pax Trilateral and the Brundtland Gang vs. the Environment," *CovertAction* 44: 26-33, 57-58.

Netherlands National Institute of Public Health and environmental Protection, *Concern for Tomorrow.* Bilthoven, The Neverlands: Netherlands National Institute of Public Health and Environmental

Protection, 1989.

New Road Map Foundation and Northwest Environment Watch. All-Consuming Passion: Waking Up From the American Dream. Pamphlet. Seattle: New Road Map Foundation and Northwest Environment Watch, 1998.

"News and Trends," *Psychology Today*. January/February 1995: 8.

New York Times. *The Downsizing of America*. New York: Times Books, 1996.

Northwest Earth Institute Discussion Courses. *Deep Ecology, Voluntary Simplicity*. Portland, Ore.: Northwest Earth Institute Discussion Courses, 1998.

O'Connell, Brian. *Civil Society: The Underpinnings of American Democracy*. Medford, Mass.: Tufts University Press, 1999.

O'hara, Bruce. *Working Harder Isn't Working*. Vancouver, BC.: New Star, 1993.

Oldenburg. Ray. *The Great Good Place: Cafes, Coffee Shops, Bookstores, Bars, Hair Salons, and Other Hangouts at the Heart of a Community*. New York: Paragon House, 1989.

O'Neill, Jessie. *The Golden Ghetto*. Center City, Minn.: Hazelden, 1997.

Orwell, George. 1984. New York: Signet Books, 1981.

Packard, Vance. *The Waste Makers*. New York: McKay, 1960.

———. *The Status Seekers*. New York: McKay, 1960.

———. *The Hidden Persuaders*. New York: Pocket Books, 1973.

Panati, Charles. *Extraordinary Origins of Everyday Things*. New York: Harper & Row, 1987.

Parker, Thornton. *What If Boomers Can't Retire? How to Build Real Security, Not Phantom Wealth*. San Francisco: Berrett-Koehler, 2000.

Perucci, Robert, and Earl Wysong. *The New Class Society*. Lanham, Md.: Rowman & Littlefield, 1999.

Philipson, Ilene. *Married to the Job*. New York: Free Press, 2002.

Phillips, Kevin. *The Politics of Rich and Poor*. New York: Random House, 1990.

Postel, Sandra. Dividing the Waters: Food, Security, Ecosystem Health, and the New Politics of Security. Worldwatch paper 132. Washington, D.C.: Worldwatch Institute, 1996.

Postman, Neil. *Amusing Ourselves to Death.* New York: Viking, 1986.

———. *Conscientious Objections.* New York: Vintage, 1988.

Princen, Thomas, Michael Maniates, and Ken Conca. *Confronting Consumption.* Cambridge, Mass.: MIT Press, 2002.

Prud'Homme, Alex. "Taking the Gospel to the Rich," *New York Times,* February 14, 1999: BU 13.

Putnam, Robert D. *Bowling Alone: The Collapse and Revival of American Community.* New York: Simon & Schuster, 2000.

Rampton, Sheldon, and John Stauber. *Trust Us, We're Experts.* New York: Tarcher/Putnam, 2001.

Redefining Progress. *Why Bigger Isn't Better: The Genuine Progress Indicator-1999 Update.* San Francisco: Redefining Progress, 1999.

———. *The Genuine Progress Indicator: 2000 Update.* San Francisco: Redefining Progress, 2000.

Reingold, Jennifer, and Ronald Grover. "Special Report: Executive Pay," Business week, April 15, 1999.

Ricciardi, A., and J.B. Rasmussen. "Extinction Rates of North American Freshwater Fauna," Conservation Biology 13(1999): 1220-22.

Rifkin, Jeremy. *Time Wars.* New York: Simon & Schuster, 1987.

———. *The End of Work.* New York: Tarcher/Putnam, 1995.

———. *The Age of Access.* New York: Tarcher/Putnam, 2000.

———. *The European Dream.* New York: Tarcher, 2004.

Riley, Trish. "How Healthy Is Your Home?" *South Florida Parenting,* 2004.

Robbins, John. *Diet for a New America.* Tiburon, Calif.: H. J. Kramer, 1998.

Robbins, Ocean, and Sol Solomon. *Choices for Our Future: A Generation Rising for Life on Earth.* Summertown, Tenn.: Book, 1994.

Robinson, Joe. *Work to Live.* New York: perigee, 2003.

Robinson, John, and Geoffrey Godbey. *Time for Life.* University Park, Pa.: Pennsylvania State University Press, 1997.

Ropke, Wilhelm. A Humane Economy: *The Social Framework of the Free Market.* Indianapolis, Ind.: Liberty Fund, 1971.

Rosen, Ruth. "Polluted Bodies," *San Francisco Chronicle,* February 3, 2003.

Rosenblatt, Roger, ed. *Consuming Desires.* Washington, D.C.: Island Press, 1999.

Roszak, Theodore, Mary E. Gomes, and Allen D. Kanner, eds. *Ecopsychology*. San Francisco: Sierra Club Books, 1995.

Roth, Larry, ed. *The Best of the Living Cheap News*. Chicago: Contempoary, 1996.

———. *The Simple Life*. New York: Berkley, 1998.

Rubin, Lilian. *Families on the Fault Line*. New York: Harper Perennial, 1994.

Running Out of Time. A documentary produced by John de Graaf and Vivia Boe for the Public Broadcasting Service, 1994.

Ryan, John. *Seven Wonders*. San Francisco: Sierra Club Books, 1999.

Rybczynski, Withold. *Waiting for the Weekend*. New York: Viking, 1991.

Sahlins, Marshall. "The Original Affluent Society." In *The Consumer Society*, edited by Neva Goodwin, Frank Ackerman, and David Kiron. Washington, D.C. Island Press, 1997.

Sakaiya, Taichi. *The Knowledge-Value Revolution; or, A History of the Future*. Translated by George Fields and William Marsh. Tokyo and New York: Kodansha Internnational, 1991.

Saltzman, Amy. *Downshifting*. New York: HarperCollins, 1991.

Sanders, Barry. *A Is for Ox*. New York: Pantheon, 1994.

Schleuning, Neala. *Idle Hands and Empty Hearts*. New York: Bergin & Garvey, 1990.

Schlosser, Eric. "Fast Food Nation: The True Costs of America's Diet," *Rolling Stone* magazine, Sep, 3, 1998.

———. *Fast Food Nation*, Boston: Houghton Mifflin, 2001.

Schor, Juliet. *The Overworked American*. New York: Basic Books, 1992.

———. *The Overspent American*. New York: Basic Books, 1998.

———. *Born to Buy*. New York: Charles Scribner, 2004.

Schut, Michael, ed. *Simpler Living, Compassionate Life*. Denver: Living the Good News, 1999.

Schwartz, Barry. *The Paradox of Choice: Why More Is Less*. New York: Ecco Press, 2004.

Schwarz, Walter, and Dorothy Schwarz. *Living Lightly*. Charlbury, UK: Jon Carpenter, 1998.

Segal, Jerome. *Graceful Simplicity*. New York: Henry Holt, 1999.

Seiter, Ellen. *Sold Separately*. New Brunswick, N.J.: Rutgers, 1995.

Sessions, George, ed. *Deep Ecology for the 21st Century.* Boston: Shambala Press, 1995.

Shames, Lawrence. *The Hunger for More.* New York: Times Books, 1989.

Shapiro, Isaac, and Robert Greenstein. *The Widening Income Gulf.* Washington, D.C.: Center on Budget and Policy Priorities, Sep 4, 1999.

Sharp, David. "Online Sales Fail to Slow Onslaught of Catalog Mailings," Associated Press, Dec 25, 2004.

Shenk, David. *The End of Patience.* Bloomington, Ind.: Indiana University Press, 1999.

Shi, David. *The Simple Life: Plain Living and High Thinking in American Culture.* Athens, Ga.: University of Georgia Press, 2001.

Shorris, Earl. *A Nation of Salesmen.* New York: Avon, 1994.

Shrady, Nicholas. *Sacred Roads.* San Francisco: Harper San Francisco, 1999.

Silverstein, Ken. "Trillion-Dollar Hideaway," *Mother Jones,* 11-12, 2000.

Simon, Stephanie. "Scientists Inspect Humdrum American Lives," *Los Angeles Times,* October 28, 1999.

Slater, Philip. *The Pursuit of Loneliness.* Boston: Beacon Press, 1970.

Smith, J. W. *The World's Wasted Wealth.* Part 2: *The Cause and Curse of Poverty in Today's World.* Cambria, Calif.: Institute for Economic Democracy, 1994.

Sobel, David. *Beyond Ecophobia: Reclaiming the Heart in Nature Education.* Great Barrington, Mass.: Orion Society, 1996.

St. James, Elaine. *Simplify Your Life with Kids.* Kansas City: Andrews McMeel, 1997.

Stauber, John C., and Sheldon Rampton. *Toxic Sludge Is Good for You: Lies, Damn Lies and the Public Relations Industry.* Common Courage Press, Monroe, Me., 1995.

Steamer, James. *Wealth on Minimal Wage.* Chicago: Dearborn Financial, 1997.

stein, Herbert, and Murray Foss. *The New Illustrated Guide to the American Economy.* Washington, D.C.: American Enterprise Institute, 1995.

Steingraber, Sandra. *Living Downstream: An Ecologist Looks at Cancer and the Environment.* Reading, Mass.: Addison-Wesley, 1997.

Strasburger, Victor C. *Adolescents and the Media.* Thsound Oaks, Calif.: Sage Publications, 1995.

Strasser, Susan. *Satisfaction Guaranteed.* New York: Pantheon, 1989.

Suzuki, David. *Earth Time.* Toronto: Stoddart Publishers, 1998.

Swenson, Richard. Margin. Colorado Springs, Colo.: Navpress, 1992.

———. *The Overload Syndrome.* Colorado Springs, Colo.: Navpress, 1998.

———. *A Minute of Margin.* Colorado Springs, Colo.: Navpress, 2003.

Theobald, Robert. *Reworking Success.* Gabriola Island, B.C.: New Socieity, 1997.

Thompson, William Irwin. *The American Replacement of Nature.* New York: Doubleday Currency, 1991.

Thurow, Lester. *The future of Capitalism.* New York: Penguin, 1996.

Tischler, Linda. "What's the Buzz?" *Fast Company* 82(May2004), 76.

"Top 100," *Nation's Restaurant News*, June 24, 2002.

Twitchell, James. *Adcult USA.* New York: Columbia University Press, 1996.

———. "Two Cheers for Materialism." In *Utne Reader*, November/December 2000. Also in *The Consumer Society Reader*, edited by Juliet B. Schor and Douglas B. Holt, 167-172. New York: The New Press, 2000.

"2003 Market Measure," *Do-It-Yourself Retailing*, November 2002.

Urbanksa, Wanda, and Frank Levering. *Nothing's Too Small to Make a Difference.* WinstonSalem, N.C.: John F. Blair 2004.

U.S. Census Bureau. *Statistical Abstract of the United States.* Washington, D.C.:U.S. Government Printing Office, 1999, 2004-5.

U.S. Environmental Protection Agency. Chemical Information Collection and Data Development(Testing) Web site. *http://www.epa.gov/opptintr/chemtest/index,htm.*

"Video Stores Seek Class Action in Suit against Blockbuster," *The Home Town Advantage Bulletin*, Institute for Local Self-Reliance, November 2000.

Wachtel, Paul. *The Poverty of Affluence.* New York: Free Press, 1983.

Walker, Bob. "Mall Mania," *Sacramento Bee*, October 19, 1998.

Walker, Rob. "The Hidden (In Plain Sight) Persuaders," *New York Times Magazine*, December 5, 2004.

Wallis, Jim. *The Soul of Politics.* New York: New Press, 1994.

Walsh, David. *Designer Kids.* Minneapolis: Deaconess, 1990.

———. *Selling Out America's Children.* Minneapolis: Fairview Press,

1995.

Wann, David. *Biologic*. Boulder, Colo.: Johnson Books, 1994.

———. *Deep Design*. Washington, D.C.: Island Press, 1996.

Warren, Elizabeth. "Bankruptcy Borne of Misfortune, Not Excess," The *New York Times*, Sep 3, 2000.

Wattenberg, Ben. *Values Matter Most*. Washington, D.C.: Regnery, 1995.

Weil, Andrew. *Eating Well for Optimum Health*. New York: Alfred A. Knopf, 2000.

Weil, Michelle, and Larry Rosen. *Technostress*. New York: John Wiley, 1997.

Williams, Terry Tempest. *Refuge*. New York: Vintage, 1991.

———. Leap. New York: Pantheon, 2000.

Willimon, William, and Thomas Naylor. *The Abandoned Generation: Rethinking Higher Education*. Grand Rapids, Mich.: Eerdmans, 1995.

Wolf, Stewart. *The Power of Clan: The Influence of Human Relationships on Heart Disease*. Somerset, N.J.: Transaction Publishers, 1998.

Worldwatch Institute. *State of the World*. New York: W. W. Norton, Published annually 1995-2000.

———. *Vital Signs* 1995-2000. New York: W. W. Norton. 2000.

———. *Vital Signs* 2003. New York: W. W. Norton. 2003.

Yalom, Irvin. *Existential Psychotherapy*. New York: Basic Books, 1980.

Yearning for Balance: Views of Americans on Consumption, Materialism, and the Environment. A report prepared by the Harwood Group for the Merck Family Fund: Bethesda, Md., 1995.

Yeoman, Barry. "Steel Town Lockdown," *Mother Jones*, May/June 2000.

Zablocki, Benjamin. *The Joyful Community*. Chicago: University of Chicago Press, 1980.

Zajonc, Donna. *The Politics of Hope*. Austin, Texas: Synergy Books, 2004.

저자 **존 드 그라프**(John De Graaf)

그라프는 현재 시애틀에 살며 30여 년간 공영 텔레비전 방송국의 다큐멘터리 연출자로 일하고 있다. 그의 수많은 프로그램이 PBS 방송국을 통해 골든아워에 방영되었다. 대표적인 작품으로는 『For Earth's Sake: The Life and Times of David Brower,』『Running Out of Time』『Affluenza』『Escape from Affluenaz』등이 있다. 그는 여러 대학 강단에서 강연하고, 에버그린 스테이트 칼리지에 객원교수로 활동하고 있다. 또한 워싱턴 액스탠션 대학에서 다큐멘터리 제작을 강의한다. 그라프는 '자기 시간 돌려받기' 캠페인을 전국적으로 펼쳐나가고 있다. 그는 『David Brower: Friend of the Earth』를 공동 저술했고, '단순한 삶 포럼'을 이끌고 있다.

데이비드 왠(David Wann)

왠은 현재 사는 콜라도 주 골든에서 공동체를 설계하고 건설하는 일에 참여하고 있다. 그는 10년이 넘게 미국 환경청에서 정책분석가로 활동했고, 여러 대학에서 강의한다. 그는 언론에 수많은 기사를 썼고, 지속가능한 생활방식을 주제로 비디오와 텔레비전 프로그램을 여러 편 제작했다. 그의 책 『Biologic』(1994)은 생물학적 현실에 토대를 둔 개인적 실천에 대해 다루었고,『Deep Design』(1996)은 지속가능한 기업에 토대를 둔 경제 일반의 전망을 다루고 있다.

토마스 네일러(Thomas H. Naylor)

네일러는 듀크 대학의 명예 경제학 교수로 30년 동안 재직했다. 그는 또 미들베리 대학에도 강의를 나간다. 그는 작가 겸 사회비평가로, 30개가 넘는 나라의 정부와 대기업 상담을 도맡아 왔다. 1933년 버몬트 주 샬로트로 이사해 공동체와 단순한 삶에 대해 글을 쓰고 있다. 〈뉴욕타임스〉, 〈인터내셔널 헤럴드 트리뷴〉, 〈로스앤젤레스 타임스〉, 〈보스턴 글로브〉, 〈크리스천 사이언스 모니터〉, 〈네이션〉, 〈비즈니스위크〉 등에 글을 기고하고 있다. ABC, CBS, CNN, NPR, CBC 방송국 등에도 출연했다.

삽화 **데이비드 호시**(David Horsey)

호시는 〈시애틀 포스트-인텔리전서〉 소속으로 퓰리처 상을 받은 만화가이다. 그의 작품은 트리뷴미디어서비스(TMS)를 통해 전 세계적으로 방영되고 있다. 현재 그는 미국 만화가협회 회장을 맡고 있다. 시애틀에서 아내와 두 자녀와 함께 살고 있다.

옮긴이 **박웅희**

전남대를 졸업하고 현재 출판기획자와 전문번역가로 활동 중이다. 옮긴 책으로는 『제5도살장』『고양이 요람』『타임 퀘이크』『갈라파고스』『거짓말의 진화』『아시모프의 바이블』『마음의 속도를 늦추어라』『달라이라마 평전』『세계에서 가장 경이로운 자연 문화유산』『로마 서브 로사』외 다수가 있다.